DIE MÄRCHEN DER WELTLITERATUR

Begründet von Friedrich von der Leyen

Nordamerikanische Indianermärchen

Herausgegeben von

Gustav A. Konitzky

EUGEN DIEDERICHS VERLAG

CIP-Kurztitelaufnahme der Deutschen Bibliothek

Nordamerikanische Indianermärchen
hrsg. von Gustav A. Konitzky. – 16–18. Tsd.
Düsseldorf, Köln: Diederichs, 1982.
(Die Märchen der Weltliteratur)
ISBN 3-424-00301-8 Hln.
ISBN 3-424-00302-6 Ldr.
NE: Konitzky, Gustav A. [Hrsg.]

16.–18. Tausend 1982

Einbandgestaltung: Hans Hermann Hagedorn
Gesamtherstellung: Passavia Passau
ISBN 3-424-00301-8 Hln.
ISBN 3-424-00302-6 Ldr.

1. Das Weltall der Navaho-Indianer

(Navaho)

Dunkel und unsichtbar war die erste Welt am Anfang allen Seins, so dunkel wie die Wolle schwarzer Schafe. Diese Welt der dunklen Erde war klein, eine winzige Insel auf dem unendlichen Weltennebel. Vier Himmelsrichtungen gab es, und über jeder lag eine Wolke. In der Mitte aber wuchs die Weltenkiefer, von der alle Kiefern ihren Anfang genommen haben. Die vier Wolken enthielten das Wesen dieser ersten Welt, die gestaltlos war, und jede Wolke hatte eine bestimmte Farbe. Die schwarze Wolke enthielt das Weibliche, das in ihr war wie das Kind im Leibe der Mutter. Die weiße Wolke aber war das Männliche, das wie das erwachende Licht, wie die Dämmerung war, von der alles seinen Ausgang nimmt.

Im Osten, dort, wo die schwarze und die weiße Wolke sich berührten, entstand Erster Mann. Mit ihm wurde Weißer Mais geboren, der wunderbar war in seiner Regelmäßigkeit. Der Ort aber, an dem dies geschah, heißt Maissamen-Ort. Erster Mann und Weißer Mais waren ohne Form und Dinglichkeit, denn die erste Welt war die Welt der Nebelwesen, aus denen erst alles werden sollte, was wir heute um uns sehen.

Im Westen, dort, wo heute die Sonne versinkt, erschien eine blaue Wolke und neben ihr eine gelbe Wolke. Wo sich beide berührten, entstand Erste Frau und mit ihr Gelber Mais. Zugleich wurden Weiße Muschel, Türkis und Yuccapflanze geschaffen.

Erster Mann stand im Osten der dunklen Welt; er war die Dämmerung, der Anfang, der Spender allen Lebens. Erste

Frau aber stand im Westen, Sinnbild der Dunkelheit und des Todes. Erster Mann trug einen Bergkristall in der Hand, Zeichen des Begreifens, des klaren Denkens, Symbol des Verstandes und des Feuers. Als er diesen flammen ließ, erwachte sein Geist aus der untätigen Dämmerung der ersten Schöpfung und begriff sein Dasein. Erste Frau aber ließ Türkis brennen, dessen blaues Licht weithin leuchtete.

Höher stiegen nun die weiße und die schwarze Wolke, Raum zu geben ihrer Schöpfung, und Erster Mann wanderte hinaus in die Dunkelheit auf der Suche nach dem blauen Feuer im Westen. Zweimal kehrte er vergeblich zurück; da nahm er einen Zweig der Weltenkiefer und ließ sich von ihm den Weg weisen. So sah er Erste Frau am Rauch vom Türkisfeuer. Diese aber machte sich auf, das Feuer im Osten zu suchen. Wohl sah sie, daß das Feuer aus Bergkristall heller brannte als das ihrige aus Türkis. So erkannte sie die Stärke des Mannes und folgte ihm nach Osten.

Zu dieser Zeit entstand Großer Wassergeborener Coyote, der mit männlichen Kräften ausgestattet war. Alles, was im Wasser und im Himmel war, kannte er in seiner Weisheit. Als er Ersten Mann und Erste Frau traf, sagte er ihnen, daß er aus einem Ei geschlüpft sei. Erster Mann sah die Macht und die Weisheit dieses Wesens und vertraute sich seiner Führung an.

Ein viertes Geschöpf war unterdes entstanden, haarig und voller Listen. Es hatte den Namen Erster Zorn und sah aus wie ein Coyote. Von ihm sagt man, daß es länger auf der Welt sei als alle übrigen Wesen. Auch erschienen vier Wesen von gelber Farbe, die Wespenleute. Sie kannten das Geheimnis des bösen Zaubers und waren mächtig in allerlei dunklen Künsten. So gab es nun acht Wesen in der Welt der Dunkelheit. Doch bald darauf erschienen weitere vier Geschöpfe. Klein und behende waren sie, hatten schwarze Augen und trugen rote Röcke; beißen konnten sie, denn sie waren Ameisen. Nach ihnen tauchten schwarze Gestalten auf mit wulstigen Lippen und vorstehenden Augen: die schwarzen

Ameisen, die über gewaltige Zauberkräfte verfügen und sich noch heute gegenseitig umbringen.

Allmählich entstanden so alle Wesen, voran die Stinkameisen, die harmlos waren, wenn sie auch übel rochen. Nach ihnen erschienen Käfer und Libellen. Auch die Fledermausleute und Spinnenmann und Spinnenfrau sind damals geschaffen worden. Ihnen folgten Salzfrau und Salzmann, und die erste Welt begann zu klein zu werden für all die Geschöpfe, die auf ihr Platz zu finden hofften. Jeder wachte eifersüchtig auf sein Recht, und dauernd gab es Zank und Streit.

Da zogen Erster Mann und Erste Frau, Großer Wassergeborener Coyote, Erster Zorn und alle übrigen, die nach ihnen gekommen waren, hinaus und verließen die erste Welt. Sie kletterten hinauf in die zweite Welt, die blau war wie der Himmel am Mittag und wie der Türkis im Schoße der Felsen. Hier fanden sie eine Anzahl von Wesen, die jene zweite Welt bewohnten. Blauhäher und Blauspecht lebten hier zusammen mit Blaureiher und dem blauen Habicht. Alle gefiederten Wesen von blauer Farbe entstammen dieser zweiten Welt des blauen Nebels, der wie ein Schleier über allem lag. Auch die Schwalbenleute lebten in dieser zweiten Welt. Sie waren es, die den anderen das Leben erschwerten. So machten sich die Geschöpfe der ersten Welt wieder auf den Weg, gefolgt von allem Getier der blauen Welt. Allen voran aber flog der Blauhäher, der auch den Eingang zur dritten Welt fand, der unter dem blauen Nebel verborgen war.

Die dritte Welt war gelb wie der Sand der Wüste. Diese gelbe Welt wurde von zwei Flüssen durchflossen, einem von Norden nach Süden und einem zweiten von Osten nach Westen. Der erste Fluß war männlich, der zweite jedoch war weiblich, denn jedem Männlichen entspricht ein Weibliches. In der Mitte der dritten Welt durchflossen sie einander, daher hieß der Ort Stelle-der-kreuzenden-Wasser. Sechs Berge gab es in der gelben Welt, die das Wesen der heutigen Berge enthielten, wenn sie auch keine Gestalt und Wesenheit besaßen. Im Osten lag der Berg der weißen Muscheln, im Süden der Berg der Türkise, im Westen stand der Berg der Seeohren und im Norden der Berg der gläsernen Lava. In der Mitte der dritten Welt aber befanden sich der Mutterberg und der Berg der gestreiften Steine.

Die gelbe Welt war ebenso sonnenlos wie alle vorhergegangenen Welten, doch lebten in ihr zahlreiche Wesen. Am Berge der weißen Muscheln wohnte Türkis, ein Junge, dem das männliche Schilf unterstand. Weiter im Osten lag das Land der Steinmenschen, die noch heute um uns sind, wenn wir sie auch nicht zu sehen vermögen. Dort, wo die Wüste uns Luftspiegelungen vorgaukelt, ist das Land der Steinleute. Östlich davon aber lebten jene zwölf Buckligen, denen seit alters her Saaten und Fruchtbarkeit unterstanden. Am Rande der Welt, dort, wo das Ende ist, wohnten Heiliger Mann, Heilige Frau, Heiliger Junge und Heiliges Mädchen.

Im Westen wohnte die Frau der weißen Muscheln, die das weibliche Schilfrohr hütete. Noch weiter nach Westen begann das Land der Erdfeuermenschen, und westlich von diesen wohnten die Maismädchen, die Beschützer der Fruchtbarkeit. Am Ende der Welt aber lebten vier heilige Wesen.

Im Mittelpunkt wohnten die Klippenmenschen, mächtige Wesen, deren Totenstädte noch heute verlassen in den Höhlen stehen. Auf den Bergen wohnten die Schwalbenmenschen in ihren Erdhäusern. Hier war auch die Heimat der Eichhörnchen und Mäuse, der Truthähne, Hirsche, Berglöwen, Spinnen, Eidechsen und Schlangen. An den beiden Flüssen hausten die Biberleute und allerlei Wassergetier. Auch die Geister, die unter dem Wasser leben, hatten hier ihre Heimat. Alles war ohne feste Form, denn alles war dunkel.

Erster Mann rief alle zusammen, zog Weißen Mais hervor, der mit ihm geschaffen worden war, und auch Erste Frau legte Gelben Mais auf die Erde, denn es war Zeit zu säen. Großer Truthahn, dem Wasser und Regen unterstehen, trat heran und tanzte über den Kolben. Dann ließ er aus seinem Gefieder vier Maiskörner fallen, ein graues, ein blaues, ein schwarzes und ein rotes Korn. Große Schlange tanzte ebenfalls und schenkte vier Samenkörner: Kürbis, Melone, Wassermelone und Kantalupe. Noch heute kriechen diese Pflanzen auf dem Boden entlang, ganz wie ihr Spender. Danach begannen alle, die Felder zu bestellen.

Groß war die Ernte, und Türkis kam, um Erste Frau zu besuchen, denn Türkis war von Anbeginn bei ihr gewesen, damals, als sie das blaue Feuer entzündet hatte. Vier Häuptlinge herrschten über die Welt: Große Schlange, Berglöwe, Otter und Bär. Erster Mann war erzürnt über Türkis, denn er wollte Erste Frau für sich allein haben. Türkis aber hatte alte Rechte auf Erste Frau. Aus Zorn weigerte sich Erster Mann, zu den vier Häuptlingen zu sprechen, die stets zu ihm um Rat kamen. Viermal stieg die weiße Wolke, die in der gelben Welt die Zeit einteilte, doch schweigend blieb Erster Mann in seiner Hütte. Dann aber reinigte er sich und bereitete sich vor auf sein Tun. Großer Wassergeborener Coyote gab ihm den Rat, alle männlichen Wesen um sich zu versammeln und sie über das Wasser zu führen. Dort, wo beide Flüsse ihre Fluten vermischten, setzte er mit allen männlichen Wesen über auf das jenseitige Ufer. Das Männliche und das Weibliche waren nun getrennt, jeder war allein und mußte für sich selbst sorgen. Die Männer ernährten sich von der Jagd, die Frauen bestellten eine Weile lang allein ihre Gärten, aber am Ende sahen beide, daß ihnen etwas fehlte. Schließlich sprach Erster Mann: »Wir sehen unseren Fehler ein, in Zukunft wissen wir, wie wir uns verhalten müssen.« Dann brachten sie die Frauen über den Fluß, und männliche und weibliche Wesen waren wiederum vereint. Vier Tage lang fasteten die Männer und reinigten sich, während die Frauen weitab von dieser Stelle bleiben mußten. Dann aber legte Erste Frau ihren Arm um Ersten Mann und versprach, von nun an auf ihn zu hören.

Alle Geschöpfe kehrten zurück zu ihren Wohnplätzen, ganz so, wie es vordem gewesen war. Viel Zeit verging, und es schien, als ob ein jeder das gefunden hatte, was er begehrte. Aber Erste Frau begann sich zu langweilen, denn das Leben floß zu gleichförmig dahin. Daher begab sie sich zu Erstem Zorn, der aussah wie ein Coyote, und sprach zu ihm: »Ich habe viel ausgestanden. Meine Gärten wollten nicht tragen, und meine Kinder sind gestorben unter meinen Händen. Hier nimm den Regenbogen und gehe damit an die Stelle, wo die beiden Flüsse sich begegnen. Bringe mir von dort die beiden Kinder des Großen Büffels, jenes Ungeheuers, dem die Gewässer untertan sind.«

Erster Zorn war sogleich bereit, denn immer, wenn es Unheil zu stiften gab, freute er sich. Eilig wanderte er über den Regenbogen zum Heim des Großen Büffels, stahl dessen Kinder, einen Jungen und ein Mädchen, und verbarg diese unter seinem zottigen Fell.

Nicht lange darauf sahen die Bewohner der gelben Welt einen hellen Schein über den ganzen Horizont laufen. Aus dem Osten kam der Hirsch und berichtete atemlos, daß von dort eine große Wasserwoge komme, die alles unter sich begrabe! Königsfischer kam von Norden und erzählte ebenfalls von einer großen Flut. Auch aus Süden und Westen kam die Nachricht vom großen, alles verschlingenden Wasser. Langsam begann die Erde zu versinken, denn Erster Zorn hatte dem Großen Büffel, dem Herrn aller Gewässer, die Kinder geraubt. Niemand wußte, warum das Wasser kam, nur Erster Zorn und Erste Frau ahnten den wahren Grund, aber sie schwiegen beide.

Erster Mann sandte alle Geschöpfe auf den Berg der weißen Muscheln und hieß sie die Saaten bringen, von denen sie sich nährten. Erster Mann aber lief zu jedem der Berge und nahm von ihnen ein wenig Erde, die er in seinen Medizinbeutel tat. Immer höher stieg das Wasser. Als Erster Mann und die Seinen den Berg der weißen Muscheln hinaufeilten, bemerkte er, daß er seinen Medizinbeutel verloren hatte. Schon wollte er sich in die Fluten stürzen, um danach zu tauchen, als Königsfischer sich anbot, den verlorenen Beutel zu holen. Ohne diesen Beutel konnte Erster Mann nicht leben, er war machtlos ohne diesen Helfer, der ihm die Kraft gab, Regen herbeizurufen und Saaten wachsen zu lassen. Als er sein Kleinod wieder in den Händen hielt, blies er viermal darüber hin zum Dank, daß ihm das Seine wiedergegeben war.

Als Erster Mann auf dem Gipfel des Berges der weißen Muscheln ankam, sah er, daß alle bereits vor ihm dort angelangt waren, jeder mit seiner Bürde. Türkis hatte das männliche Schilf mitgebracht, während die Frau der weißen Muscheln das weibliche Schilfrohr gerettet hatte. Jeder hatte seine Lieblingspflanzen geborgen, und Spinnenmann hatte sich zur Vorsicht eine Baumwollstaude mitgenommen. Erster Mann aber zog einen Trieb der Weltenkiefer hervor, den er auf dem Gipfel in die Erde tat, denn es war wichtig, daß die Kiefer erhalten blieb. Dann gebrauchte er die Zauberkräfte aus seinem Medizinbeutel, um den Baum von neuem wachsen zu lassen, aber die Kiefer sandte ihre Zweige nach allen Seiten, ohne viel nach oben zu wachsen. So pflanzte Erster Mann das männliche Schilf, das Türkis gebracht hatte, und befahl allen Geschöpfen, gemeinsam zu blasen, damit das Schilfrohr schnell groß werde, so wie das Feuer wächst, wenn man es bläst. Alle bliesen gemeinsam, und bald reichte das Schilf bis an das Himmelsgewölbe, das über der dritten Welt war. Ein mächtiger Halm war das, der da bis in die Unendlichkeit zu reichen schien. Darauf versuchte Erster Mann von innen her durch das Schilfrohr zu blasen, aber es gelang ihm nicht. Da schickte er den Specht hinein, damit dieser eine Öffnung schaffe. Bald kam der Specht zurück und verkündete, daß man oben bereits den Himmel sehen könne. Da kletterten Erster Mann, Erste Frau, Großer Wassergeborener Coyote, Erster Zorn, Türkis, Frau der weißen Muscheln und alle anderen hinauf in die vierte Welt, die sie durch ein männliches Schilfrohr betraten, während die gelbe Welt vom Wasserungeheuer verschlungen wurde.

Als Erster Mann die vierte Welt erreichte, sah er, daß sie klein und völlig weiß war. Immer mehr Geschöpfe kamen durch das männliche Schilf auf die vierte Welt. Schließlich kam der Truthahn als letzter durch das Rohr. Schaumbedeckt kroch er hervor, denn gleich hinter ihm kam das Wasser. Noch heute trägt er die Schaumspritzer auf seinem Federkleide. Gleich darauf erschien der Große Büffel, das Ungeheuer, dem die Gewässer untertan waren, steckte seinen Kopf durch das Loch im Schilfrohr und blickte um sich. Blitze zuckten von seinen mächtigen Hörnern, und das zottige Fell schwamm überall im Wasser. Der Große Büffel war schrecklich anzusehen. Erster Mann fragte ihn, warum die Flut gekommen sei und sie aus der dritten Welt vertrieben habe. Da zog Erster Zorn die beiden Kinder des Großen Büffels hervor aus seinem Pelze und fragte scheinheilig, ob dies vielleicht der Grund sei.

Türkis nahm sogleich einen Korb und füllte ihn mit den blauen Steinen. Darauf häufte er blauen Pollen von blauen Blumen, gelben Maispollen, Pollen von Wasserlilien und legte zuoberst einen Bergkristall, ein Pollenkorn des Wassers. Den gefüllten Korb stellte er dem Großen Büffel zwischen die Hörner, während Erster Zorn sich bereit erklärte, das männliche Kind des Großen Büffels zurückzugeben. »Von nun an soll es Schwarze Wolke heißen, verehrt von allen als männlicher Regen, der mit Blitz und Donner zur Erde reist. Das Mädchen aber will ich behalten. Sie soll fortan als weiblicher Regen verehrt werden und als gelbe, weiße und blaue Wolken leise und sanft die Erde befruchten. Sanft wie die Hand einer Liebenden soll sie die Erde berühren und den Menschen helfen, ihnen das Leben leicht machen.« Mit diesen Worten legte er den Jungen in den Opferkorb. Der Große Büffel aber kehrte zurück in die dritte Welt, und mit ihm verschwanden die Wasserfluten, die er gebracht hatte.

Während das Wasser sich langsam verlief, erschien mit einem Male ein neues Wesen, das vorher noch niemand gesehen hatte. Es nannte sich Dachs und behauptete, von der gelben Wolke der ersten Welt abzustammen. Später stellte sich heraus, daß er dort entstanden war, wo die gelbe Wolke die Erde berührt hatte. Jene gelbe Wolke, deren Ursprung die Sonne ist, und die dunkle Erde, in der er lebt, waren die Eltern des Dachses.

Erster Mann sah bald, daß die vierte Welt zu klein war und zu öde, um allen Geschöpfen Leben zu geben. Auch hatte der Große Büffel zu viele Fluten vergossen, als er seinen Kopf aus dem Schilfrohr steckte, so daß an ein Säen nicht zu denken war. Daher pflanzte Erster Mann das weibliche Schilfrohr, das die Frau der weißen Muscheln betreut hatte, und sah zu, wie es rasch bis in den Himmel wuchs. Dann trug er dem Dachs auf, hinaufzusteigen in die fünfte Welt. Doch bevor der Dachs noch zurückgekehrt war, begann es mit einem Male im Inneren des Rohres zu tropfen. Immer schneller fielen die Wassertropfen, und kurz darauf erschien der Dachs und erklärte, daß er Angst habe vor dem Wasser. Da sandte Erster Mann das Heupferd auf die Suche nach der fünften Welt. Heupferd war ein braver und furchtloser Geselle, den so leicht nichts erschüttern konnte. Aus Schilf machte er sich ein Stirnband zurecht, steckte zwei Pfeile hinein und kletterte hinauf in die fünfte Welt.

Als Heupferd oben aus dem weiblichen Schilfrohr sah, war er sehr erstaunt, denn er erblickte nichts als Wasser. Mit großen Augen sah ihn ein Haubentaucher an, der ebenfalls zwei Pfeile an einem Stirnbande trug. Heupferd gab sich große Mühe, den Vogel von seinen Zauberkräften zu überzeugen. Großartig zog er seine beiden Pfeile aus dem Stirnbande und begann anschließend je einen Pfeil unter seinen gläsernen Flügeln durchzuziehen. Der Taucher aber traute seinen Augen nicht, denn er glaubte, daß dies seltsame Wesen Pfeile durch seinen Körper zu ziehen vermöge. Erschrocken über diesen ungewöhnlichen Gesellen, schwamm er nach Osten davon. Mit ihm verschwand sogleich das Wasser. Schon wollte Heupferd sich auf den Rückweg machen, als aus Süden ein blauer Vogel angeschwommen kam, der ebenfalls eine große Menge Wasser mitbrachte. Kaum hatte er diesen vertrieben, kam bereits aus Norden ein weißer Vogel geschwommen. Wieder führte er sein Kunststück vor und verscheuchte den Wasserbringer. Auch ein gelber Vogel, der aus Westen kam, wurde von der Zaubermacht des Heupferdes so beeindruckt, daß er umkehrte. Als der letzte Vogel verschwunden war, bemerkte das Heupferd, daß es sich auf trockenem Lande befand. Eilig kehrte es zurück in die vierte Welt und berichtete von seinen Abenteuern. Dabei vergaß es nicht, sich und seine Künste ins rechte Licht zu setzen, um bei den anderen Eindruck zu machen.

Wiederum wurde Dachs ausgesandt, um die fünfte Welt zu prüfen. Irgendwo mußte man säen und ernten, wenn man nicht verhungern wollte. Über und über mit Schlamm bedeckt kam der Dachs zurück, denn noch immer war die Erde nicht hart genug. Da beschloß Erster Mann, die Häuptlinge der fünf Winde um Hilfe anzurufen, die in der sechsten Welt leben, der Welt, die über der fünften liegt. Erster Mann opferte kleine Stücke der blauen Steine für die fünf Häuptlinge, die daraufhin die Winde auf die Erde sandten, um die fünfte Welt vorzubereiten für Ersten Mann. Beim zweiten Besuch kam der Dachs sauber und vergnügt zurück und berichtete, daß es jetzt dort oben schön und trocken sei, gerade recht zum Leben. Da führte Erster Mann Erste Frau und alle übrigen Geschöpfe hinauf in die fünfte Welt, in die ewig wechselnde, schillernde Welt der Gegenwart. Die Stelle, an der sie diese Welt zum ersten Male betraten, wurde von vier Bergen eingerahmt, und die Quelle, aus der sie alle gekommen sind, läßt heute noch Blasen aufsteigen zum Zeichen, daß hier der Eingang zur unteren Welt ist.

Als alle Geschöpfe durch das weibliche Schilf heraufgestiegen waren, nahm Erster Mann den Berglöwen, schmückte ihn mit rotem, weißem, gelbem und schwarzem Mais und schmückte den Wolf mit weißen Federn. Dann stellte er beide einander gegenüber. Die Geschöpfe aber teilte er ein in zwei Gruppen und gab der ersten die Wahl zwischen den beiden Häuptlingen, die er geschmückt hatte. Diese beriet lange und wählte am Ende den Wolf. Berglöwe wurde nun zum Häuptling über die zweite Gruppe bestellt. Die Gefolgschaft des Wolfes wurde zu Tieren, alles, was fliegt, kriecht, läuft und schwimmt, erkennt ihn als Häuptling an. Berglöwe jedoch wurde der erste Häuptling der Menschen, die wie wir waren. Er brachte den Menschen den Mais, den sie heute noch pflanzen und ernten.

Die sechste Welt ist über uns, es ist die Welt der Geister. Dorthin kommen wir, wenn wir diese Welt verlassen müssen. Die siebente Welt aber ist das große All, wo alle Einzelheiten zu einer Einheit werden, wo Form und Gestalt zerrinnen zu einem Nichts, das in Wirklichkeit ein Alles ist, denn alles kommt aus dem Nichts. Einst wird alles, was jetzt getrennt ist, verschmelzen zu diesem einen All, das in der siebenten Welt ist und über die übrigen Welten gebieten wird.

2. *Erster Mann und die Ordnung der Welt*

(Navaho)

Nachdem Menschen und Tiere geschieden waren, baute Erster Mann ein Haus. Dazu sang er die heiligen Lieder und vollführte jene Zeremonien, die wir heute noch anwenden, wenn ein Hogan gebaut wird. Der Eingang zu seiner Hütte lag im Osten, ganz wie es die Sitte vorschreibt. Nachdem die Arbeit getan war und alle Habseligkeiten im Hogan aufgestapelt lagen, ruhte Erster Mann sich aus. Ausgestreckt lag er auf dem Rücken, die Füße nach Osten, während Erste

Frau ebenfalls ruhte, ihre Füße nach Westen gerichtet. So lagen ihre Köpfe beieinander, ihre Gedanken vermischten sich, und diese Gedanken waren heilig.

Türkis und Weiße Muschel, ein Junge und ein Mädchen, die ebenfalls im Hogan lebten, wunderten sich über das lange Schweigen, und schließlich sprach Türkis: »Was plant ihr, daß es euch den Mund versiegelt?« Erster Mann aber antwortete ihm: »Heilig sind die Gedanken, und unser Plan ist gut. Denn wir denken an die Zeit, die nach uns sein wird. Wir denken an das, was unser Werk sein muß, damit die, die nach uns kommen und diese Welt bewohnen, leben und gedeihen können.«

Mit Hilfe des Großen Wassergeborenen Coyoten entwarf Erster Mann einen Plan, nach dem die Erde ihre Ordnung haben sollte. Es sollten darin eine Sonne sein und Tage und Nächte. Und die Welt sollte diesmal ohne jenes Wesen eingerichtet werden, das schon früher so viel Unglück gebracht hatte; Erster Zorn sollte nicht länger teilhaben an den Plänen zur Gestaltung der Erde.

Erster Mann breitete die heilige Hirschdecke aus auf den Boden und legte darauf einen großen Türkis, so groß, daß ein Mann mit ausgestrecktem Arme den oberen Rand nicht erreichen konnte. Um diesen Stein steckte er im Kreis zwölf Adlerfedern in den Sand und auch zwölf Federn vom Grünspecht. Dem großen Türkis gab er dann Mund, Nase und Augen und zeichnete unter den Mund einen gelben Streifen. Erster Zorn, der kam, um zu sehen, was es gäbe, wurde vom Ersten Manne vertrieben.

Danach machte sich Erster Mann auf, um den Herrn des Erdfeuers zu besuchen, der dort wohnte, wo das flüssige Feuer aus der Erde quoll. Diesen bat er, dem Türkis, der die Sonne werden sollte, von seiner Wärme abzugeben. Unter den Türkis aber legte Erster Mann eine große, runde Muschel, vollendet in ihrer Form und blendend weiß; aus ihr sollte der Mond entstehen. Anschließend berührte Erster Mann sein

Werk mit jenem Bergkristall, mit dem er einst in der ersten Welt das Feuer entzündet hatte. In zwei dichten Kreisen standen die Menschen um das Werk, um Erstem Zorn den Zutritt zu verwehren, aber immer wieder schlich sich dieser heran und versuchte, eine Erklärung aus den Menschen herauszulocken. So verstärkte Erster Mann die Wachen, die nunmehr in drei Kreisen um den Türkis und die Muschel standen.

Türkis und Weiße Muschel, die beiden Kinder, die im Hogan waren, wurden nun geholt, und Erster Mann sprach zu ihnen: »Eingehen sollt ihr in diese beiden Formen, die der Welt das Licht bringen werden. Türkis, du sollst die Sonne sein, und mit jener zwölftonigen Flöte aus männlichem Schilfrohr, die du stets bläst, sollst du den Ablauf der Monate bestimmen. Du, Weiße Muschel, sei von nun an der Mond, und mit deiner Flöte aus weiblichem Schilf setze den Ablauf der Gezeiten fest.« Und so geschah es, daß die beiden verwandelt wurden und eingingen in den Stein und in die Muschel, die wie Sonne und Mond waren.

Erster Mann gab nun jedem Monat ein Zeichen und eine Bedeutung, setzte fest, was in jedem Monat geschehen müsse, und dann gab er jedem von ihnen einen Namen. Aber Mond und Sonne wollten belohnt sein für die Arbeit, die ihnen aufgetragen war. Türkis sprach daher: »Ich fordere für meine Dienste das Leben jeglicher Kreatur, aller Menschen und Tiere auf der Erde, im Wasser und unter dem Wasser. Entweder sollen ewiges Leben und ewige Dunkelheit herrschen, oder aber es soll Tag und Nacht geben und Leben und Tod.«

In diesem Augenblick erschien Erster Zorn wiederum und beklagte sich, daß man ihn bei diesen Vorbereitungen nicht befragt habe. Nun sei er gekommen, um Unordnung zu bringen. Darauf zeichnete er seltsame Striche in den Sand und sprach: »Erster Mann, der du so weise bist, sag mir, was dies bedeuten soll. Wenn du nicht richtig raten kannst, so werden alle darunter leiden müssen.« Da flüsterte Kleiner Wind dem

Ersten Manne die Bedeutung zu, und Erster Mann sprach: »Der erste Strich bedeutet grüne Blätter, denn er ist von der Farbe des Türkis. Der zweite Strich ist weiß wie die Farbe der Muschel und bedeutet fallende Blätter, die reif sind vom langen Sommer. Der dritte Strich ist schwarz wie die Berge im Winter, wenn die Blätter gefallen sind. Der vierte Strich besteht aus weißen Perlen, die so weiß sind wie der Schnee auf den Bergen. Der fünfte Strich ist glänzend wie Bergkristall, er erinnert mich an Eis und Schnee auf den Flüßen und Bächen.«

Erster Zorn erwiderte: »Du hast richtig gelesen, denn genau das habe ich gedacht, als ich die Striche in den Sand gezeichnet habe. Da du es selbst gesagt hast, wird es von nun an Sommer und Winter geben. Aber damit du bestraft wirst für dein Verhalten, will ich den sechs Monaten des Sommers und den sechs Monaten des Winters je ein paar Tage hinzufügen, so daß sie beide länger sind als die Mondwechsel. Auch wird der Frost manchmal früher, manchmal später kommen, und der Sommer wird in gewissen Jahren auf sich warten lassen. Am Ende werdet ihr sehen, daß nicht alles so einfach ist, wie Erster Mann es geplant hatte. Da ich das Kind vom Großen Büffel nicht länger nötig habe, um über Regen und Wasser zu gebieten, will ich das Mädchen in den Fluß tun. Wenn die Menschen von nun an Regen haben wollen, müssen sie zum Fluß gehen und die Tochter des Großen Büffels darum bitten.« Dann sagte er allen, wo diese fortan zu finden sei, und verließ die Versammelten.

Erster Mann und seine Helfer machten sich nun daran, den Himmel zu errichten. Im Osten stellten sie einen schwarzen Pfahl auf, der das Himmelsgewölbe stützen sollte; im Süden einen blauen, im Westen einen gelben und im Norden einen weißen Pfahl, damit das Himmelsgewölbe nicht auf die Erde fallen konnte. Um die Pfähle und um den ganzen Horizont zog Erster Mann je vier Kreise, einen gelben, einen weißen, einen schwarzen und einen blauen, auf daß der Bau dauern möge für alle Zeiten und niemand auf der Welt ihm Schaden antun könne. Nun setzten sie die Sonne in den Himmel und gaben dem Mond Macht über die Dunkelheit. Dann gab Erster Mann den Sternen ihre Plätze und belegte jeden mit einem Namen. In der Mitte des Himmelsgewölbes aber hatte er ein Loch gelassen, damit es einen Weg gab in die nächste Welt.

Nachdem Erster Mann den Himmel geschaffen hatte, erschien die Erdfrau bei ihm, und er sprach zu ihr: »Himmelsgewölbe sei fortan dein Gatte. Blicke nach Osten, und dein Mann wird nach Westen blicken, so seht ihr euch immerfort. Wenn aber der Nebel über der Erde liegt und alles in seinem Dunst verhüllt, dann werden wir wissen, daß der Himmel die Erde besucht hat.«

So machte Erster Mann den Himmel und die Erde, gab Sonne und Mond ihre Plätze, schuf aus den Proben der sechs heiligen Berge der dritten Welt die Berge und Hügel der fünften, in der wir leben. Allen Menschen und Tieren gab er Namen und Wohnung. Noch heute sind sie um uns, und die Ordnung der Welt ist so, wie Erster Mann es gewollt hat damals, als seine Gedanken sich mischten mit denen von Erster Frau.

3. Die Gahe

(Chiricahua-Apachen)

Groß und gewaltig ist der Zauber der Gahe, und die alten Leute wissen viele Geschichten von ihnen zu berichten. Im Inneren bestimmter Berge haben sie ihre Wohnung, vom Kind-des-Wassers, dem Weltenschöpfer, empfingen sie ihre Macht. Es ist nicht gut, wenn man sie beim Namen nennt, denn oft fühlen sie sich beleidigt und bringen Krankheiten zu den Menschen, um sich zu rächen. Besser ist es, wenn man sie die Menschen der Berge nennt, denn sie sind so alt wie jene.

Die Gahe waren schon da, als es noch keine Weißen und keine Mexikaner im Lande gab, ja sie sind älter als alle Chiricahuas.

Einst, als die Chiricahua-Apachen in einem großen Lager wohnten, gab es einen Mann unter ihnen, der den Zauber der Gahe kannte. Lange Zeit hatten die übrigen Bewohner keine Ahnung, daß einer unter ihnen von den Riten der Bergmenschen wußte. Dieser Mann aber hatte von den Gahe auf seltsame Weise erfahren. Vor Jahren zog er mit einer kleinen Gruppe von Verwandten durchs Land. Nach ein paar Tagen, oder auch nach ein paar Wochen, wurde das alte Lager aufgegeben und ein neues errichtet, denn die Gegend war bald ohne Wild und ohne wilde Früchte. Bei dieser Gruppe aber waren zwei Jungen, die von Geburt an Krüppel waren. Der eine war blind, während der zweite keine Beine hatte, aber sehr gut sehen konnte. Immer, wenn das Lager verlegt wurde, trugen die Frauen die beiden Krüppel zum nächsten Lagerplatz. Schließlich aber wurden sie so schwer, daß man beschloß, sie beim nächsten Male zurückzulassen. So stellte man einen Wasservorrat für sie bereit, ließ das Feuer brennen, nachdem die Frauen einen Stoß Holz bereitgelegt hatten, und überließ die zwei Jungen ihrem Schicksal.

Zunächst wußten sich die beiden keinen Rat. Nach einer Weile jedoch sprach der Blinde: »Ich will dich tragen, und wenn du auf den Weg achtest, werden wir schon zurechtkommen.« Darauf folgten sie den Spuren der übrigen Indianer. Am Ende aber ging ihnen der Wasservorrat aus, und ermattet blieben sie am Wegrand liegen. Schon glaubten sie sterben zu müssen, denn nur selten kamen Menschen in diese Gegend. So fand Graukopf, der Spaßmacher unter den Gahe, die beiden Krüppel und brachte sie in die Berge, dorthin, wo die Gahe hausen. Viele Gahe kamen zusammen, als die beiden Jungen ins Lager gebracht wurden. Die Berggeister legten ihre Tanzkostüme an, bemalten sich mit den heiligen Farben der Erde und begannen zu tanzen und zu singen, um die

Jungen zu heilen. Denn groß ist die Zauberkraft der Gahe, und in vielen geheimen Künsten sind sie bewandert. Die beiden Krüppel beteten unterdessen zu den Gahe und baten um das, was ihnen fehlte. Dunkle Wolken zogen auf, Blitz und Donner kamen vom Himmel hernieder, und die Krüppel wurden unsichtbar. Als sich die Wolken verzogen und die Jungen wieder zum Vorschein kamen, waren sie von ihren Gebrechen geheilt, während die vier Gahe und Graukopf um das Feuer tanzten.

Nach diesem nächtlichen Erlebnis wurden die Jungen gefragt, ob sie zurückkehren wollten zu ihren Familien, und beide stimmten zu. Da brachten die Gahe sie bis in die Nähe des Lagers. »Bleibt vier Tage lang auf jenem Hügel, der dicht am Lager liegt. Wenn man euch entdeckt, so bedeutet den Menschen, daß sie vier Tage lang nicht zu euch kommen dürfen. Sagt ihnen, wer ihr seid und woher ihr kommt, damit sie von der Macht der Gahe erfahren.«

Zunächst wollte niemand den Jungen glauben, doch nach vier Tagen sahen alle, daß sie tatsächlich geheilt worden waren. Niemand außer den Gahe aber hätte solch ein Wunder vollbringen können. Da begannen die Menschen zu begreifen, daß es in den Bergen Wesen gab, die mächtiger waren als sie selbst. Da hörten sie, daß die Gahe Zauber kannten, die wirksamer als all das waren, dessen die Medizinmänner der Menschen fähig waren. Und die Menschen wußten fortan, daß das Tanzen und Trommeln aus den Bergen von den Gahe kam, jenen Wesen, die wir zwar kennen, aber nicht sehen können, weil sie im Inneren der Berge wohnen.

Nie wieder vergaßen die Chiricahua-Apachen nach diesem Ereignis die Geister in den Bergen. Die alten Männer sahen darauf, daß das Wissen von den Bergwesen und ihren Zeremonien vererbt wurde auf die nächste Generation. Und so wußte auch jener Mann im großen Lager der Chiricahuas von den Medizintänzen der Gahe. Als im Lager eine Krankheit ausbrach, beschloß er, nach dem Vorbild der Gahe ein

Tanzfest abzuhalten, um die Krankheit aus dem Lager zu vertreiben. Er wußte, wie die Masken beschaffen sein mußten, die die Gahe bei ihrem Zauber verwenden.

»Seht den Hügel dort, an seinem Hange, verborgen vor den Augen der übrigen Bewohner, will ich die Tänzer für den Zauber vorbereiten. Vier Tänzer brauche ich, denn vier Gahe sind es, die um das Feuer tanzen. Der Große Schwarze Gahe des Ostens, der Große Blaue Gahe des Südens, der Große Gelbe Gahe des Westens und der Große Weiße Gahe des Nordens, sie alle sollen helfen, die Krankheit zu bannen. Auch Graukopf, der Spaßmacher, soll erscheinen. Drei oder vier verdiente Krieger sollen mit uns gehen und uns helfen, die Tänzer zu bemalen. Niemand darf uns dabei sehen, daher muß alles im Lager bleiben. Groß ist der Zauber, und niemand soll die Tänzer beim Namen nennen oder gar zeigen, daß er sie erkennt. Wohl sind es Sterbliche, denen wir in unserer Not das Kleid der Gahe anziehen, denen wir die bunten Erden auf die Haut streichen, aber was wir tun, bleibt dennoch gefährlich.«

Alle im Lager befolgten diesen Rat, nur ein kleines Mädchen konnte seine Neugierde nicht bezähmen und schlich sich an jene Stelle, von der der Mann gesprochen hatte. Dort sah sie, wie einer der Tänzer bemalt wurde. Niemand sah das Kind, doch als es Abend war und die Menschen sich um das große Feuer scharten, an dem die Gahe tanzen sollten, sprach jener Mann, der die Gahe kannte: »Ein Mädchen hat uns belauscht! Ich weiß nicht, welche Folgen dies haben wird, doch hatte ich alle zu Beginn gewarnt.« Dann sang er zu den Gahe und bat um Nachsicht. Lauschend blieb er unbeweglich stehen, als ob er jemand sprechen hörte. »Hört, die Gahe werden kommen und um das Feuer tanzen. Nur wenn wir das Mädchen unter dem Feuer vergraben, kann es gerettet werden!«

Kurz darauf erschienen die Gahe, nicht verkleidete Menschen, sondern jene Wesen aus den Bergen, die nicht zum

Stamm der Chiricahua-Apachen gehörten. Den maskierten Tänzern bedeuteten sie, zu verschwinden. Dann begannen sie mit dem Zauber, den die Chiricahuas damals zum ersten Male sahen und der noch heute solch große Bedeutung hat. Da war der Große Gahe des Ostens, der schwarz war wie die Himmelsrichtung, zu der er gehörte, denn schwarz ist der Osten, ehe es dämmert. Als zweiter erschien der Große Gahe des Südens, dessen Farbe wie der Himmel war, wenn die Sonne am Mittag stillsteht und rastet. Dann kam der Große Gahe des Westens, dessen Farbe dem Sonnenuntergang entnommen ist, gelb und leuchtend wie die Wolken über der Wüste. Der Große Weiße Gahe des Nordens kam als vierter, denn weiß und schneebedeckt ist der Norden und kalt wie das weiße Licht des Mondes über den Bergen. Als letzter aber erschien Graukopf, der Spaßmacher der Gahe, der mächtiger war als die vier Gahe zusammen. Daher konnte er jeden vertreten und allen Ratschläge geben.

Zuerst trat der Große Schwarze Gahe auf, tanzte mit den anderen drei ums Feuer und suchte nach dem Mädchen. Die vier trugen gleiche Kleidung und gleiche Masken, doch hatte jeder seine besondere Bedeutung. Aus den vier Himmelsrichtungen kamen sie zum Feuer, kehrten zurück in die Dunkelheit, um sodann wiederum einer hinter dem anderen dem Feuer zuzustreben. Viermal kamen sie aus Osten, viermal aus Süden, Westen und Norden. Alle trugen Schwerter in den Händen, auch der Spaßmacher hatte zwei. Aber der Große Schwarze Gahe des Ostens konnte das Mädchen nicht finden. In der nächsten Nacht versuchte der Große Blaue Gahe des Südens seine Kunst, aber auch er konnte das Mädchen unter dem Feuer nicht entdecken. In der dritten Nacht erschienen die Gahe wiederum, diesmal war der Gelbe Gahe des Westens an der Spitze. Überall im Lager suchten sie nach dem Mädchen, tanzten um das Feuer und beteten zu ihm. Nach jedem Tanz wühlte der Große Gelbe Gahe des Westens in der Asche, als ob er der Lösung ganz nahe sei, aber am

Ende gab auch er auf. Als der Tag zu dämmern begann, waren die Gahe mit einem Male verschwunden.

Der Mann, der mit dem Zauber der Gahe begonnen hatte, versuchte mittlerweile die Gahe daran zu hindern, das Mädchen zu finden. Auch der Große Weiße Gahe des Nordens hatte nicht genügend Zauberkraft, die Versteckte zu entdecken. Doch als die vier Gahe das vierte Mal aus Norden zum Feuer kamen, sprang plötzlich Graukopf, der Spaßmacher, zum Feuer, riß die brennenden Scheite auseinander und zog das Mädchen bei den Haaren aus dem Versteck. Graukopf hatte sich als mächtiger erwiesen als die vier Großen Gahe. Mit ihren Schwertern zerstückelten sie die Unvorsichtige zur Strafe für ihre Neugierde. Dann waren sie lautlos aus dem Lager verschwunden, ehe noch jemand die Zeit gehabt hätte, sich nach ihnen umzudrehen.

Niemand weiß, wohin die Gahe gehen; nur daß sie in den Bergen wohnen, ist gewiß. Ein paar Apachen wollten einst die Gahe verfolgen, als sie vom Feuertanz in ihre Berge zurückkehrten. Auf ihren schnellsten Pferden setzten die Krieger den geheimnisvollen Besuchern nach, konnten sie aber nicht einholen. Als die Gahe an einer Felswand angekommen waren, stießen sie ihren schrillen Ruf gegen die Verfolger aus und waren gleich darauf im glatten Stein verschwunden. Kurz danach brach eine schwere Seuche aus im Lager dieser Menschen und raffte alle bis auf den letzten Krieger hinweg. So hatten sich die Gahe an ihren neugierigen Verfolgern gerächt. Gar groß ist die Macht und der Zauber der Wesen im Berg, und besser ist es, wenn man nicht von ihnen spricht.

4. Der Spieler und der Truthahn

(Jicarilla-Apachen)

Lange ist es her, da lebte einmal ein Mann, der stets sein Glück versuchen mußte, daher nannten ihn die Leute den Spieler. Überall, wo die Männer zum Glücksspiel zusammenkamen, war auch er nicht weit, aber er hatte kein Glück, so sehr er sich auch mühte. Nach und nach verlor er alles, was er besaß, und nur ein zahmer Truthahn war ihm geblieben, der ihm überall nachfolgte.

Eines Tages, so erzählt man, hörte der Truthahn, wie sich einige Verwandte über das Lotterleben des Spielers unterhielten: »Wir wollen ihm noch einmal Gelegenheit geben zu gewinnen. Wenn er wieder verliert, müssen wir ihn umbringen, denn es geht nicht an, daß er weiterhin auf unsere Kosten lebt und unser Eigentum verspielt.«

Der Truthahn berichtete dem Spieler, was er vernommen hatte, und als dieser wiederum im Spiel verlor, schlug der Vogel vor, daß sie sich aus dem Staube machen sollten, bevor es zu spät sei. Sie sagten niemandem von ihren Plänen, verließen das Dorf und wanderten zum Fluß hinunter. Dort angekommen, sprach der Truthahn: »Geh und suche eine dicke Fichte aus, die nicht zu weit vom Ufer steht. Ich will derweil zum Biber gehen und ihn um seine Werkzeuge bitten. Dann schwimmen wir auf dem Stamm den Fluß hinunter.«

Am nächsten Morgen machte sich der Spieler an die Arbeit, um den Fichtenstamm zu fällen. Als es Abend wurde, war der Stamm beinahe am Umfallen. Da sagte sich der Spieler: »Den Rest mache ich am Morgen, jetzt ist es genug. Man soll nicht zuviel Arbeit auf einmal bewältigen wollen.« Er hatte nämlich herausgefunden, daß Bäumefällen schwieriger als Spielen war.

Als der Spieler am nächsten Morgen zurückkehrte, stand

der Stamm so gerade und unversehrt am Ufer, als ob er nie etwas von einem Beile gespürt habe. Wieder machte sich der Mann an die Arbeit, wieder blieb ein Rest für den nächsten Tag, und zu seinem großen Erstaunen stand am Morgen der Stamm wiederum unbeschädigt am Ufer. Auch am dritten Tage erging es ihm nicht anders. Als er am vierten Tage wieder bei der Arbeit war, diesmal fest entschlossen, nicht aufzuhören, bevor der Stamm am Boden lag, hörte er mit einem Male eine Stimme hinter sich: »Was machst du mit meinen Bäumen?« Erstaunt sah sich der Spieler um, wer ihn wohl belauscht haben könnte, und da stand der Schwarze Geist vor ihm, der, der die Erde geschaffen hat!

»Den Stamm brauch ich, um den Fluß hinunterzuschwimmen bis zu dem Punkt, wo das Wasser nicht mehr weiterfließt.«

Schwarzer Geist half dem Spieler bei der Arbeit, schnitt den Stamm mit einem Schlag auf die richtige Länge zu und setzte dann die Baumkrone wieder auf den Stumpf. Beide wuchsen sogleich zusammen, ein neuer Stamm erschien, und bald darauf stand die Fichte wieder unversehrt an ihrer Stelle am Flußufer. »Niemand soll fortan einen meiner Bäume fällen, ohne meine Zustimmung zu haben«, sprach der Schwarze Geist, »denn alle Bäume sind mein seit Anbeginn.« Seitdem beten die Apachen zum Schwarzen Geist, ehe sie einen seiner Bäume anrühren.

Als der Stamm am Boden lag, kam dem Spieler ein neuer Gedanke. Er würde die Stromschnellen in der Schlucht des donnernden Wassers kaum überleben, wenn er rittlings auf dem Stamme den Fluß hinuntertrieb. Verkröche er sich jedoch in einen hohlen Stamm, so überlegte er, dann würde das Holz seinen Körper umgeben wie der harte Knochen das weiche Mark. So bat der Spieler den Schwarzen Geist um Rat, wie er den Stamm wohl aushöhlen könne. Dieser rief sogleich die Spechte herbei und trug ihnen auf, den Stamm nach den Wünschen des Spielers auszuhöhlen. Als sich die Spechte an die Arbeit machten, sprach der Schwarze Geist zum Spieler: »Da du von ihnen Hilfe gefordert hast, mußt du ihnen auch einen Lohn geben. Geh und suche etwas, was den Spechten gefallen könnte.«

Nach einer Weile kehrte der Spieler mit schwarzen, blauen, gelben, weißen und roten Steinperlen zurück, die er den Spechten als Lohn für ihre Arbeit gab. Seitdem tragen die Spechte bunte Kleider, die mit Perlenstickereien verziert sind. Der Schwarze Geist aber war mit einigen blauen Blumen zufrieden, die der Truthahn gesammelt hatte.

Nun war der Stamm zur Reise bereit, und der Spieler kroch in sein seltsames Gefährt. Truthahn aber bat sogleich die Spinnen, die Öffnung zu verschließen. Da kamen aus den vier Himmelsrichtungen die schwarze Spinne, die blaue Spinne, die gelbe Spinne und die weiße Spinne, um dem Spieler zu helfen. Während die Spinnen sich an die ihnen übertragene Arbeit machten, rief der Truthahn die Schwalbe. Die schwarze Spinne hatte derweil ein schwarzes Netz gesponnen, darüber spann die zweite ein blaues Gewebe, dann folgte ein gelbes Netz, über das die weiße Spinne ihr schimmerndes Gespinst befestigte. Kaum war das letzte Netz vollendet, als auch schon die Schwalbe damit begann, eine feste Lage Schlamm über die Öffnung zu mauern, durch die kein Wasser zu dringen vermochte.

Der Truthahn hatte mittlerweile dem Biber sein Werkzeug zurückgebracht und ihn gebeten, den Stamm ins Wasser zu rollen, da er ja in diesen Dingen Erfahrung habe. Sogleich beeilte sich der Biber, diesen Wunsch zu erfüllen, und rollte den ausgehöhlten Stamm in den Fluß. Rasch trieb er in der Strömung davon. Der Truthahn folgte am Ufer und ließ den Stamm nicht aus den Augen.

Ohne Unterlaß trug das Wasser den Spieler seinem unbekannten Ziele zu. Vier Tage und vier Nächte reiste er in dem seltsamen Gefährt den Fluß hinab, und an jedem der vier Tage hatte er ein neues Hindernis zu überwinden. Am Mittag des ersten Tages ergriff das Wasserungeheuer den Stamm und wollte ihn nicht fortlassen. Erst als der Truthahn ihm Früchte anbot, ließ es den Stamm fahren. Am zweiten Tage fischten die Klippenleute, die in den Geisterstädten der großen Höhlen wohnen, den Stamm aus dem Wasser. Wieder hatte der Truthahn große Mühe, sie zu überreden, den Stamm weiterzulassen. Am dritten Tage hielt Otter den Stamm auf, und am vierten Tage endlich sah Kabaskin, der Geist des Wassers, dem alle Wasser der Erde gehören, den schwimmenden Baumstamm und verlangte eine Belohnung, wenn er ihn passieren ließ.

Weiter schwamm der Spieler im hohlen Holze, denn Kabaskin ließ den Stamm schließlich in die Schlucht des donnernden Wassers treiben. Kabaskin, der Geist des Wassers, der dort in jener Schlucht seine Wohnung hatte, ist allmächtig. Nichts geschieht, ohne daß Kabaskin davon erfährt. Das Wasser, das ihm gehört, fließt rings um die ganze Welt, die eine Insel ist. So sieht Kabaskin alles, hört alles, weiß alles und wird von allen verehrt, denn niemand kann ohne das Wasser leben. Auch der Truthahn hatte ihn mit großer Ehrfurcht behandeln müssen, damit er am Ende den Spieler fortließ.

Schließlich erfaßte ein Wirbel den Stamm und trieb ihn ans Ufer. Da rief der Truthahn: »Der-auf-dem-Wasser-treibt, wir sind da!« Sogleich befreite sich der Spieler, der von nun an einen neuen Namen hatte, aus dem Stamme, besah sich den Fluß und den Berg am anderen Ufer und dachte dabei: ›Diese Stelle gefällt mir. Hier möchte ich bleiben und einen Garten pflanzen.‹ Der Truthahn aber antwortete auf diesen Gedanken: »Vom Denken allein wächst nichts, die Saat habe ich bei mir. Nimm den Grabstock und brich den Boden auf, dann wollen wir pflanzen.« Erstaunt begann der Mann mit der Arbeit, und bald hatte er ein großes Stück ebenes Land umgebrochen. Darauf stellte sich der Truthahn im Osten auf und lief die Kante des Feldes entlang. Überall blieben schwarze Maiskörner zurück. Als er die südliche Kante entlanglief, war dort mit einem Male blauer Mais. Im Westen lag kurz darauf gelber Mais am Boden, während im Norden Bohnen, Kürbiskerne und Tabaksamen in die umgebrochene Erde fielen. Denn der Truthahn ist seit alters her der Herr aller Saaten.

Sorgsam bettete der Mann die Samenkörner in die Erde. Dann war sein Feld bestellt, und Der-auf-dem-Wasser-treibt schlug in der Nähe sein Lager auf. Schon nach zwölf Tagen trugen seine Pflanzen, und die Ernte konnte beginnen. Wieder hatte der Truthahn seine Hand im Spiele gehabt. Nur der Tabak sollte bis zum nächsten Tage stehenbleiben. Abends, nach der Ernte, saß der Mann mit dem Truthahn am Ufer und blickte über den Fluß nach Osten. Mit einem Male glaubte er dort einen Lichtschimmer zu sehen. Lange dachte er darüber nach, wer wohl am jenseitigen Ufer sein Lager haben mochte. Gleich am nächsten Morgen begab er sich über den Fluß, um nachzusehen, aber er konnte niemanden entdecken. In der folgenden Nacht sah er wiederum Licht, als ob dort ein Feuer unterhalten würde. Wieder sah er am anderen Morgen nach und kehrte am Mittag erfolglos zurück zu seinem Garten. In der dritten Nacht sah er ganz deutlich, daß dort am anderen Ufer ein Feuer brannte, aber alles Suchen blieb vergeblich.

Zu dieser Zeit hatte er auch seinen Tabak geerntet, von dem er nun stets einen Beutel voll bei sich trug. In der vierten Nacht wiederholte sich der Lichtschein, und diesmal beschloß der Mann, ganz sicherzugehen. Er nahm einen gegabelten Ast und steckte ihn so in den Boden, daß er den Lichtschein durch die Astgabel beobachten konnte. Am nächsten Morgen sah er durch die Astgabel und merkte sich genau die Stelle, an der das Feuer gebrannt haben mußte. Dann setzte er über den Fluß in der festen Absicht, herauszufinden, was es mit dem nächtlichen Lichtschein für eine Bewandtnis habe.

Als er sich der Stelle näherte, sah er ein junges Mädchen, das an einem Bache damit beschäftigt war, Leder einzuweichen. Vorsichtig schlich der Mann näher und versteckte sich hinter ein paar Büschen, um besser beobachten zu können. Da begann neben ihm auf einem Zweige eine Zikade zu musizieren. Laut und hell klangen die Töne durch die morgendliche Stille, und dem Manne war es, als ob jemand auf einer Flöte zu blasen begonnen habe. Und als er sich umsah, bemerkte er, daß Zikade wirklich auf einer Flöte blies, einer Flöte, die vier verschiedene Farben hatte. »Gib mir deine Flöte«, bat er den Zikadenmann, »damit ich sehe, ob ich auch so gut spiele wie du.«

Doch kaum hatte er das Instrument an die Lippen gesetzt und ihm den ersten Ton entlockt, als das Mädchen mitten in der Arbeit innehielt. Weiter spielte der Mann auf der Zikadenflöte; da kam das Mädchen suchend auf die Stelle zu, an der er verborgen saß. Beim vierten Ton jedoch hatte sie ihn entdeckt, und mit Windeseile lief sie auf eine Felswand zu! Rasch gab der Mann dem Eigentümer die Flöte zurück und sprach: »Hab Dank für deine Hilfe, Zikadenmann.« Darauf eilte er dem Mädchen nach und kam gerade zurecht, um zu sehen, wie es in der Felswand verschwand, ohne daß dort eine Öffnung war. Der-auf-dem-Wasser-treibt folgte ihr sogleich und bemerkte zu seinem Erstaunen, daß er ebenfalls durch den Felsen gehen konnte, als ob es Wasser sei. Bald darauf bemerkte er ein Lager; ein alter Mann und eine alte Frau saßen dort vor einer Hütte.

Kaum hatte die Frau ihn erblickt, da rief sie aus: »Hier kommt mein Schwiegersohn! Ich muß mich rasch verstecken!« Denn bei diesen Menschen herrschte die Sitte, daß Schwiegersohn und Schwiegermutter einander nicht begegnen durften, ganz so, wie es die Apachen noch heute halten. Der alte Mann hingegen blieb ruhig sitzen und sah dem Gast entgegen. Dann nahm er eine Pfeife zur Hand, stopfte sie mit allerlei Kräutern und reichte sie dem Besucher. Als dieser zu rauchen begann, wurde ihm fast übel! So nahm er von seinem Tabak und bot dem Alten seine eigene Pfeife an. Süß und angenehm war der Geschmack, so überwältigend, daß der alte Mann keine Worte fand, sein Lob auszudrücken. Ja nach dem ersten Zuge verfiel er in einen Zustand der Verzückung, saß unbeweglich da, als ob er des Guten zuviel empfangen habe! Der-auf-dem-Wasser-treibt blies dem alten Manne Tabaksrauch zuerst auf den rechten Fuß, dann die rechte Hand, den Scheitel, auf die linke Hand und schließlich auf den linken Fuß, so wie es die Medizinmänner tun, wenn sie eine Krankheit austreiben wollen. Bald darauf hatte der Alte sein Gleichgewicht wiedergefunden. Der-auf-dem-Wasser-treibt bemerkte bald, daß man in diesem Lager weder Tabak noch Mais, weder Bohnen noch Kürbisse kannte und daß die Menschen ausschließlich von der Jagd lebten. Nur die Frauen zogen ab und zu hinaus, um wilde Früchte und Samen zu sammeln. Der Alte aber, der am Tabak solch großen Gefallen gefunden hatte, war der beste Jäger weit und breit; daher hieß er auch Der-die-Tiere-hat.

Bei seinem nächsten Besuch brachte Der-auf-dem-Wasser-treibt allerlei Geschenke aus seinem Garten mit, die von allen ungläubig bestaunt wurden. Als er kurz darauf das Mädchen zur Frau nahm, das er an jenem Bache überrascht hatte, zog er, wie es sich gehörte, ins Lager seiner Frau. Er zeigte den Menschen dort, wie man sät und erntet, wie man für die Pflanzen sorgen muß und welche Gerichte aus den einzelnen Früchten gekocht werden konnten. Er selbst aber lernte von seinem Schwiegervater alle Geheimnisse der Jagd. Daher kommt es, daß die Apachen heute nicht nur gute Jäger sind, sondern auch ihre Gärten haben.

5. Der Rabe und die Tiere

(White-Mountain-Apachen)

Vor uralten Zeiten lebten viele Tiere wie Menschen und gingen wie diese auf die Jagd. Aber einige Tiere, die wir heute kennen, waren auch damals schon Tiere; Hirsch, Bergziege, Antilope und Bergschaf waren gleich als Tiere geschaffen worden und wurden von allen anderen gejagt. Als die Tiere wieder einmal hinauszogen in die Berge, um Hirsche zu erlegen, schloß sich der Rabe ihnen an. Aber während alle übrigen Beute ins Lager brachten, kam der Rabe ohne Fleisch zurück, denn er war von Natur aus faul und lebte lieber auf Kosten anderer. Als er um seinen Anteil an der Beute bat, verspotteten ihn die übrigen Tiere und begannen zu kochen und zu braten, während der Rabe sehnsüchtig zuschaute, wie ein Fleischbrocken nach dem anderen in den Mägen der glücklichen Jäger verschwand, ohne daß ihm jemand ein Stück angeboten hätte. Doch als der Rabe böse wurde und zu essen forderte, riet man ihm: »Geh doch dort drüben an die Stelle, wo wir die Beute zerwirkt haben. Dort ist genug Blut auf der Erde, um satt zu werden.« Ärgerlich machte sich der Rabe auf den Heimweg und beschloß, es den Tieren heimzuzahlen.

Als er daheim ankam, fragten ihn seine Kinder, warum er denn ohne Beute heimgekehrt sei. Da erzählte er ihnen von seinem Erlebnis und berichtete, wie übel man ihm mitgespielt hatte. Anschließend setzte er sich in einen stillen Winkel und begann zu überlegen: ›Ich bin schlau, das weiß jeder. Ich bin mindestens so schlau wie die übrigen Tiere zusammen, das weiß ich sicher. Vielleicht bin ich aber viel schlauer als alle anderen, das wird sich bald herausstellen.‹

Nach diesen Überlegungen machte er sich daran, alle Hirsche, die er finden konnte, an einer Stelle zusammenzutreiben. Damals waren die Hirsche noch zahm und ließen sich leicht erlegen, eine einzige Wunde brachte ihnen den sicheren Tod.

Später ist dies alles anders geworden. Bald hatte der Rabe alle Hirsche beisammen, trieb die ganze Herde in eine große Höhle und verschloß den Eingang mit einer Platte aus Türkis. Dann machte er sich wieder auf den Weg und ruhte nicht, bis er alle Gabelantilopen beisammen hatte. Diese sperrte er in eine zweite Höhle und verschloß den Eingang dazu mit einer Platte aus schwarzem Obsidian. Auch fing er alle Bergschafe ein und versteckte sie unter der Erde. Den Eingang zu diesem Versteck verschloß der Rabe mit einer Platte aus rotem Speckstein. Den kleinen Weißwedelhirschen erging es nicht besser, sie wurden ebenfalls zusammengetrieben und in einer Höhle verborgen. Den Eingang zu dieser verschloß der alte Mann Rabe mit einer Platte aus weißen Muschelschalen.

Der - die - Ungeheuer - tötet, der gute Geist der Menschen, dessen Vater die Sonne war, sah nun, daß die Menschen kein Wild finden konnten und Hunger leiden mußten. So verwandelte er sich in eine Fliege, denn er hatte die Macht, sich in vielerlei Gestalt zu bewegen. Als Fliege kam er dorthin, wo der Rabe in der Sonne saß und sein Werk überdachte. Der alte Mann Rabe war so tief in Gedanken versunken, daß er nicht bemerkte, wie eine Fliege sich auf seinen Rükken setzte. Lange Zeit saß die Fliege dort und hörte zu, was alter Mann Rabe dachte, dann verschwand sie ebenso unbemerkt, wie sie gekommen war, und flog zurück zu den übrigen Tieren. Dort nahm Der - die - Ungeheuer - tötet wieder seine menschliche Gestalt an und sprach: »Ich habe den Raben besucht und seine Gedanken belauscht. Er freut sich über die Not, die im Lande herrscht, aber er ist zu vorsichtig, um selbst in seinen Gedanken das Versteck zu verraten. Denn versteckt hat er die Tiere gewiß, seine Lippen rochen nach Hirschtalg. Auch war er so vollgefressen, daß er sich kaum rühren konnte. Der Rabe leidet keinen Hunger, das ist sicher. Ich will euch helfen, die Hirsche wiederzufinden. Brecht hier das Lager ab und errichtet es an einer versteckten Stelle neu. Ich aber will zurückbleiben und mich in einen kleinen Hund verwandeln, denn sicher wird der Rabe mit den Seinen bald hier erscheinen, um zu sehen, wie ihr alle hungert.«

Kaum war das Lager abgebrochen und der letzte Krieger verschwunden, als auch schon die Raben angeflogen kamen, als ob sie gewußt hätten, daß sie erwartet wurden. Noch heute halten sie es so: kaum ist das Lager abgebrochen, so sind auch schon die Raben da. Als die Kinder des alten Mannes Rabe den kleinen Hund sahen, wollten sie ihn nicht mehr hergeben, sondern nahmen ihn mit zurück in die Berge, wo der Rabe seine Wohnung hatte. Als die Raben dort ankamen, sagten die Kinder, daß sie den Hund gern dorthin bringen wollten, wo der Vater die Erde mit einem Steine verschlossen habe. Da wußte der alte Mann Rabe, daß sein Geheimnis entdeckt war.

Nicht lange darauf kam der Rabe mit Fleisch beladen zurück, denn er war heimlich unter die Erde gegangen, dorthin, wo er die Hirsche versteckt hatte. Alle begannen zu schmausen, und auch der kleine Hund wurde mit Fleisch gefüttert. Am Ende waren alle so voll, daß sie schlafen wollten, aber der kleine Hund, der in Wirklichkeit niemand anders war als Der-die-Ungeheuer-tötet, lief von einem zum anderen, leckte ihnen das Gesicht, zwickte sie ins Bein und trieb allerlei Schabernack, um sie am Einschlafen zu hindern. Erst als es schon sehr spät war, nahm der alte Mann Rabe ihn schließlich beim Genick und warf ihn aus der Hütte. Kurz darauf lag alles in tiefstem Schlaf, denn nun störte sie der kleine Hund ja nicht mehr.

Der Hund hatte jedoch mit Absicht die Raben vom Schlaf abgehalten, denn er wußte nur zu gut, jetzt würden sie so fest schlafen, daß sie nicht hören würden, was draußen vorging. Der-die-Ungeheuer-tötet nahm nun wieder menschliche Gestalt an und schlich hinaus zu den Höhlen, in denen der alte Mann Rabe die Tiere gefangenhielt, die den Bewohnern der Erde als Nahrung gegeben worden waren. Zuerst zerbrach er die Platte aus Türkis, dann jene aus schwarzem Obsidian, worauf er sich an die Platte aus rotem Speckstein machte. Schließlich hatte er auch die Platte aus weißen Muschelschalen zerbrochen, und die befreiten Tiere strömten ins Freie. Donnernd verteilten sich die Herden wieder über das ganze Land.

Alter Mann Rabe wachte schließlich auf von dem Geräusch, doch als er sah, was geschehen war, war es zu spät. So sprach er in seiner Wut: »Ich gebe euch von meiner Schlauheit und von meiner Erfahrung. Von nun an sollt ihr nie wieder auf die Menschen hören, sondern fortlaufen, sobald ihr sie erblickt. Auch will ich euch eine feine Nase geben, damit ihr bereits fortlaufen könnt, wenn nur ein Mensch in eure Nähe kommt. Die Jäger sollen fortan ihre Mühe haben, euch zu erlegen. Nur wenn euch ein Pfeil ins Herz trifft, sollt ihr sterben müssen.« Und so ist es bis auf den heutigen Tag geblieben.

6. Die vier Schwestern von Acoma

(Keres, Pueblo)

Im Dorfe Acoma, der »Himmelsstadt«, die unangreifbar auf einem Tafelberge steht, lebten einst vier Schwestern mit ihrer Mutter. Keines der Mädchen wollte heiraten, und daher war jeder Bewerber bisher abgewiesen worden. Statt sich, wie es doch für junge Mädchen nur zu natürlich ist, um die Burschen des Dorfes zu kümmern, flochten die vier Schwestern fleißig Körbe, bemalten sie mit bunten Mustern und waren stets darauf aus, sich bei dieser Beschäftigung gegenseitig zu überbieten. Häufig saßen sie alle vier auf dem Dach, von dem aus eine Leiter hinunter in die Hütte führte, und flochten an ihren Körben. Kam aber ein junger Mann in die Nähe, dann flüchteten sie ins Dunkel der Hütte, während die Mutter ruhig in der Sonne sitzenblieb. Das ganze Dorf war sich einig darüber, daß Gelbfrau, Blaufrau, Rotfrau und

Weißfrau, eben jene vier Schwestern, recht seltsame Geschöpfe waren.

Eines Tages erschien Gelber Junge auf dem Dache, ehe sich die Schwestern verkriechen konnten. Nach ein paar einleitenden Worten sagte er, daß er gekommen sei, um Gelbfrau zu heiraten. Das Mädchen aber rief nach ihrer Mutter, die auch sogleich erschien, um zu sehen, was es gäbe. Als diese erfuhr, was der Besucher wollte, ging sie in ein nach Norden gelegenes Nebengelaß und kam gleich darauf mit einer Schale gelben Maismehles zurück. Diese stellte sie auf den Boden und sprach zum Freier: »Nimm diese Schale und wirf den Inhalt gegen die Nordwand der Hütte. Bleibt das Maismehl an der Wand kleben, dann magst du meine Tochter haben.« Gelber Junge bedachte sich nicht lange, sondern sprach: »Nun gut, ich will es versuchen«, nahm die Schale mit Maismehl und schleuderte ihren Inhalt gegen die Wand, wo das Mehl zum Erstaunen aller klebenblieb! »Das Mehl haftet an der Nordwand der Hütte, ganz wie du es verlangt hast«, sagte er und stellte die Schale wieder auf den Boden.

»Gelbfrau, meine Tochter«, sprach die Mutter, »Gelber Junge sei von nun an dein Gatte, denn ich habe mein Wort gegeben. Folge ihm in seine Hütte.« Unterdessen hatte Gelber Junge ein Bündel aufgeschnürt und daraus ein Gewand zum Vorschein gebracht, das völlig gelb war und wundersam leuchtete. Die Mutter befahl der Tochter, das neue Kleid anzulegen. Aber als sich das Mädchen in diesem neuen Aufzuge betrachtete, fand sie das Gewand so häßlich, daß sie sich weigerte, es auch nur einen Augenblick länger zu tragen. So gab sie dem Freier das Kleid zurück und weigerte sich, ihm zu folgen. Der junge Mann verließ ohne ein Wort die Hütte und begab sich nach Norden, um zu seiner Wohnung zurückzukehren. Unter dem Arm aber trug er das gelbe Kleid zum Bündel verschnürt.

Am nächsten Morgen stellte sich ein zweiter Freier ein, der sich Blauer Junge nannte und gekommen war, um Blaufrau zu seinem Weibe zu machen. Auch er mußte die Schale nehmen und Maismehl an die Wand werfen, nur daß es diesmal die Westwand der Hütte war. Aber Blaufrau wollte von diesem Freier ebenfalls nichts wissen, weil sie das blaue Kleid, das er mitgebracht hatte, nicht leiden konnte. Da machte sich Blauer Junge auf den Weg zurück zu seiner Hütte im Westen.

Auch dem Roten Jungen, der um Rotfrau werben wollte, ging es am nächsten Tage nicht viel anders; auch er mußte unverrichteterdinge zu seiner Hütte zurückkehren, die weit vom Dorfe Acoma im Süden stand. So blieben die Mädchen auch weiterhin unverheiratet, und die Schwestern wunderten sich, wer wohl für Weißfrau erscheinen würde.

Inzwischen hatte der Sonnenjunge, der im Osten wohnt, die vier zaghaften Schwestern bemerkt. Daher sprach er zu seiner Mutter: »Morgen früh will ich hingehen und den vier Mädchen eine Lehre erteilen, die sie so leicht nicht vergessen sollen.« So geschah es, daß er sich am nächsten Tage nach Westen zu auf den Weg machte. Bei sich hatte er seine Flöte, ohne die er nie ausging. Ein bunter Falter begleitete ihn, denn der Sonnenjunge war allen Faltern zugetan. Nach langer Wanderung kam er in die Nähe von Acoma, setzte sich unter einen Kiefernbusch, zog seine Flöte hervor und sprach zu seinem Begleiter: »Geh und bring sie her, die vier Schwestern von Acoma. Du kannst sie nicht verfehlen, sie sind immer beim Körbeflechten. Geh ins Dorf und bring sie zu mir.« Hüpfend und tanzend vor Freude flog der Falter davon, während der Sonnenjunge ihm nachrief: »Sei ja vorsichtig, daß die Mädchen dich nicht fangen. Flieg immer nach Westen, dann kannst du das Dorf nicht verfehlen!«

Der Falter tat, wie ihm geheißen, und hatte bald die Hütte der vier Schwestern entdeckt. Munter und behende flatterte er die Leiter entlang, die in die Hütte führte, und flog im Lichtstrahl, der durch den Einstieg in das Halbdunkel der Behausung fiel, seine taumelnden Figuren. Da entdeckten ihn die Mädchen, beobachteten sein Treiben eine Weile lang und beschlossen dann, das Tier zu fangen. »Seht nur«, rief Gelbfrau, »wie bunt er ist!« Blaufrau stimmte ihr bei und rief: »Ja, was er für schöne Muster hat. Wenn man die auf einen Korb malen könnte!« Sie versuchten den farbigen Gast mit Tüchern und Körben zu fangen. Der Falter aber entwischte ihnen immer wieder, flog aus der Hütte hinaus aufs Dach, von dort auf den Dorfplatz und schließlich nach Osten zum Dorfe hinaus. Dort erwartete ihn der Sonnenjunge, der sich inzwischen in einen alten Mann verwandelt hatte.

Als der Falter bei seinem Herrn ankam, schlüpfte er sogleich in die Flöte und versteckte sich dort. Die vier Schwestern wunderten sich sehr, wohin der bunte Falter wohl verschwunden sei, aber der alte Mann, den sie fragten, wußte ihnen keine Antwort zu geben. Da die Mädchen über großen Durst klagten, lud er sie ein zu seiner Hütte. »Bis zu meinem Dorf ist es nicht weit, wenn es euch recht ist, seid ihr alle vier willkommen.« Da machten sich die Schwestern auf, in jenes Dorf zu gehen, von dem der Alte gesprochen hatte, der so wundersame Melodien auf seiner Flöte zu blasen verstand. Unterwegs kamen sie an eine Wasserstelle. Tief unten im Felsen floß eine klare Quelle. Rasch eilte der Alte voraus, sprach insgeheim eine Zauberformel, die jeden, der von diesem Wasser trank, in tiefen Schlaf versenkte, und brachte den Mädchen zu trinken. Kaum aber hatten diese getrunken, als sie so müde wurden, daß sie kaum die Augen offenzuhalten vermochten. »Nun, hier im Schatten läßt sich gut ruhen«, sprach der Alte, »ich will aufpassen, damit euch nichts geschieht.« Bald darauf waren die vier Schwestern fest eingeschlafen.

Sogleich stand der Sonnenjunge auf und sprach: »Kommt her zu mir, ihr jungen Männer des Landes, und seht die vier Mädchen, die nicht heiraten wollen.« Da versammelte sich an jenem Wasserloche eine ganze Schar von jungen Männern, unter ihnen auch die drei abgewiesenen Freier, und lauschten auf den Sonnenjungen. »Nun«, sprach dieser, »da sich die vier hier bisher geweigert haben, will ich ihnen eine Lehre erteilen, die sie in ihrem Leben nicht vergessen werden. Ich will sie zu mir nach Hause nehmen und sie strafen für ihren Hochmut. Wenn sie aber meine Prüfungen nicht bestehen, dann sollen sie sterben müssen.«

So plötzlich die Männer erschienen waren, so plötzlich waren sie auch wieder verschwunden; und als die Schwestern erwachten, deutete auch nicht eine Spur im Sande darauf hin, daß hier vor kurzem eine Anzahl von Menschen versammelt gewesen waren. Sonnenjunge, der wieder wie ein alter Mann aussah, machte sich auf den Weg, und die vier Schwestern folgten ihm. Schließlich erreichten sie das Haus der Sonne, das weit im Osten steht. Als die Mutter des Sonnenjungen die vier Mädchen kommen sah, rief sie: »Da kommen meine vier Schwiegertöchter!« und bereitete sogleich eine Schale mit Maismehl vor, die nun einmal zum Empfang einer Schwiegertochter benötigt wird. Vom Hausaltar, wo das steinerne Bild des Hausgeistes stand, bis zur Tür streute sie das Mehl und bezeichnete so einen zeremoniellen Pfad für die Mädchen. Dann begrüßte sie die Besucher und bot ihnen zu essen an, während der alte Mann in einem nördlichen Nebengelasse verschwand, das dem Eingang gegenüberlag. Kurz darauf kam der Sonnenjunge in seiner wahren Gestalt aus der gleichen Kammer. Sein Haar war mit Blumen und bunten Federn geschmückt, sein Gesicht war glatt und faltenlos, und statt mit krummem Rücken ging er nun gerade und aufrecht umher. Die vier Schwestern waren erstaunt über soviel Schönheit, und als der junge Mann seiner Mutter auftrug, den vier Mädchen Hochzeitsgewänder zu geben, weigerte sich keine, der Frau in die nach Osten gelegene Nebenkammer zu folgen, wo die Gewänder aufbewahrt wurden.

Doch bald wurde den Schwestern klar, daß es mit dem Hochzeitmachen noch gute Weile hatte. Die Alte sprach nämlich zu ihnen: »Morgen soll jede von euch Mais mahlen, erst danach will mein Sohn euch heiraten.« Danach sandte sie zwei der Schwestern mit einem Kruge fort, um Wasser zu holen. Blaufrau und Gelbfrau verließen die Hütte und wanderten nach Westen, während ihre beiden Schwestern angestellt wurden, die Hütte zu säubern. Die beiden Mädchen, die an die Quelle geschickt worden waren, kamen auch bald an jene Stelle, die noch heute Blaue Quelle heißt, weil Blaufrau dort einst Wasser geschöpft hat. Auf dem Rückweg hörten die beiden mit einem Male eine Stimme: »Blaufrau und Gelbfrau, kommt her zu mir, denn ich habe euch etwas zu erzählen!« Und bald darauf sahen sie unter Schlangenkraut versteckt die Spinnenfrau hocken, die sie gerufen hatte. »Hört auf mich, sonst wird es euch schlimm ergehen«, flüsterte diese, »denn die Mutter des Sonnenjungen will euch morgen alle umbringen. Es ist beschlossene Sache, daß ihr sterben sollt, und niemand außer der Spinnenfrau kann euch retten. Sonnenjunge ist sehr erbost, weil ihr nicht heiraten wollt. Ganz sicher hat er euch nur zu seinem Hause gebracht, damit seine Mutter euch umbringen kann. Aber ich weiß ein Mittel, ich weiß ein sicheres Mittel!« Und sogleich verschwand sie in ihrer Hütte, die ganz zwischen Blättern versteckt lag. Dort blieb sie eine ganze Weile, während die beiden Mädchen sich verwundert ansahen. Schließlich erschien die Spinnenfrau zum zweiten Male, hielt ein verschnürtes Bündel in der Hand und sprach: »Morgen früh, ehe ihr mit dem Maismahlen beginnt, reibt euch von Kopf bis Fuß mit diesem Mittel ein. Denn wenn ihr unbekleidet vor den Steinen sitzt, zwischen denen ihr den Mais zerreiben sollt, wird die Alte im Hause des Sonnenjungen plötzlich alle Insekten, die ihr untertan sind, auf euch loslassen. Alle Bienen, Wespen, Mükken, Fliegen, Schnaken, Bremsen, kurz alles, was nur kriechen und fliegen kann, wird den Auftrag haben, euch am Mahlen zu hindern. Aber es soll ihr nicht gelingen. Folgt dem Rate der Spinnenfrau, so wird sich alles zum Guten wenden!« Damit kroch sie zurück in ihr Versteck unterm Schlangenkraut, während die beiden Mädchen zum Hause des Sonnenjungen zurückkehrten.

Am nächsten Morgen wurde jedem Mädchen ein Mahlstein und ein Handstein zugewiesen, und die Alte schüttete eine große Menge Maiskörner vor jeden der Steine. Danach sagte sie zu den vier Schwestern: »Nun beginnt mit der Arbeit. Wenn ihr rechtzeitig fertig werdet, soll mein Sohn euch heiraten.« Mit diesen Worten verließ sie den Raum, während die vier Mädchen sich rasch mit dem Zaubermittel der Spinnenfrau einrieben. Als kurz darauf allerlei Getier im Raume umherzukrabbeln begann, kümmerte sich keines von ihnen um die Störung, sondern alle vier legten sich ins Zeug, um mit der aufgetragenen Arbeit rasch am Ende zu sein. Bald glänzten ihre jungen Körper vor Schweiß; Maismahlen, das war etwas, das sie alle konnten, denn jedes Mädchen in Acoma lernt diese Arbeit von klein auf.

Bald war von dem gelben Mais auch nicht ein Korn mehr zu sehen, alles war zu feinem Mehl zerrieben. Da erschien die Alte wiederum, befahl den Mädchen, das Mehl in Bastkörbe zu tun und in einen Nebenraum zu tragen. »Mein Sohn ist die Sturmwolken wecken gegangen«, sprach sie, »und anschließend will er zur Jagd in die Berge. Bis er zurückkehrt, müßt ihr noch den roten Mais und den weißen Mais mahlen und zuletzt den blauen Mais. Erst dann soll mein Sohn entscheiden, was mit euch geschehen soll.«

Den ganzen Tag lang mahlten die vier Schwestern Mais. Zuerst sangen sie noch bei dieser Arbeit, ganz so, wie sie es von daheim gewohnt waren:

Hey, hey, hey, hey, jahaah,
Vier Schwestern mahlen Mais!
Hey, hey, hey, hey, jahaah,
Roten Mais, gelben Mais,
Blauen Mais, weißen Mais,
Hey, hey, hey, hey, jahaah,
Im Haus des Sonnenjungen,
Vier Bräute mahlen Mais!
Hey, hey, hey, hey, jahaah ...

Aber nach einer Weile schlief das Lied ein, und jedes Mädchen arbeitete nach ihrem eigenen Tempo. Endlich wurde es Abend, und die Alte kam, um die Mädchen zum Essen zu holen. Auch der Sonnenjunge war zurückgekommen und sah die vollen Körbe. Da wunderte er sich, warum die Insekten wohl versagt hatten. Aber da die vier Schwestern die Prüfung bestanden hatten, sagte er zu ihnen: »In vier Tagen sollt ihr zurückkehren in euer Dorf, denn vorher will ich euch Sandalen machen für die Wanderung. Ich rate euch gut, lernt aus diesem Erlebnis. Wenn ich euch einen Freier schicke, seid nicht abweisend zu ihm, sonst hole ich euch wiederum zu mir.«

Nach vier Tagen führte der Sonnenjunge die Mädchen vor die Hütte, ließ sie auf einem Regenbogen bis in die Nähe von Acoma wandern und sprach zum Abschied: »Der Falter soll euch ins Dorf begleiten und vier Tage bei euch bleiben, damit ihr die Muster auf seinen Flügeln auf eure Körbe abzeichnen könnt.« Danach waren der Sonnenjunge und der Regenbogen mit einem Male verschwunden.

Als die vier Schwestern daheim ankamen, bestürmte die Mutter sie mit Fragen, denn sie hatte sich gesorgt, was wohl aus ihren Töchtern geworden sein mochte. Als kurz darauf die gleichen Freier wiederum erschienen, weigerte sich keines der Mädchen, das Hochzeitsgewand anzulegen. Gelber Junge heiratete Gelbfrau, Blauer Junge führte Blaufrau zurück in seine Hütte, Rotfrau nahm den Roten Jungen zum Manne, und als kurz danach Weißer Junge um Weißfrau warb, war auch die letzte der vier Schwestern vergeben. Die Bewohner von Acoma aber erzählen sich seit dieser Zeit, daß der Sonnenjunge einen Falter als Begleiter habe und wunderbar auf der Flöte zu spielen verstehe. Wenn sich aber ein Mädchen weigert, einem Freier zu folgen, dann sagt die Mutter wohl: »Paß auf, sonst holt dich der Sonnenjunge zum Maismahlen!«

7. *Das Mädchen und die Wolken*

(Zuni)

Vor alten Zeiten, als die Zuni noch in Kakima wohnten, lebte einst ein Medizinmann der Bogenbrüderschaft, der vier Töchter hatte. Alle vier waren unverheiratet und lebten bei ihren Eltern. Aber während die drei ältesten Mädchen den ganzen Tag lang Mais mahlten, kochten, Körbe flochten, Wasser holten und sich sonst nützlich machten, rührte die jüngste Tochter keinen Finger. Die übrigen Schwestern ärgerten sich über diese Faulheit, und mehr als einmal versuchten sie, ihre Schwester zur Arbeit anzuhalten. »Komm, hilf uns den Mais mahlen«, oder: »Sei uns doch beim Backen behilflich«, oder: »Wenn du schon nicht zur Hausarbeit taugen magst, dann nimm eine Hacke und hilf den Eltern im Maisfeld«, so ging es tagaus, tagein. Doch plötzlich hielt es die jüngste Schwester nicht mehr aus, sie sprang auf und lief zum Dorfe hinaus, ohne Umhang oder Schuhe mitzunehmen. Aufs Geratewohl lief sie nach Süden, nur von dem Gedanken beseelt, die Ermahnungen ihrer Schwestern nicht mehr hören zu müssen. Kaum aber hatte sie das Dorf hinter sich gelassen, als es zu regnen begann. Ohne auf die Regengüsse zu achten, lief sie weiter und kam schließlich in einen Wald. Dort setzte sie sich unter einen Baum und begann zu weinen. So fand sie ein junger Mann der Uwanami, der Wolkenwesen, die ganz weit im Süden an der Küste wohnen, dort, wo das Land aufhört und der Weltenozean beginnt. Erstaunt betrachtete der junge Mann das weinende Mädchen, das da einsam und verlassen unter dem Baume im Regen saß. Nach einer Weile fragte er: »Woher kommst du?« Da berichtete das Mädchen, warum sie aus dem Dorfe gelaufen sei, und beteuerte, daß sie unter keinen Umständen zu ihren Schwestern zurückkehren wolle.

»Nun, dann komm mit zu meinem Dorfe«, sprach der

junge Mann, »dort wird dich niemand suchen.« Das Mädchen war einverstanden und drängte: »Laß uns eilen, denn bald werden die Männer des Dorfes kommen und nachsehen, wo ich bin. Wenn sie uns hier finden, nehmen sie uns beide mit zurück zu meinen Schwestern!«

Darauf nahm der Mann das Mädchen auf den Rücken und trug ihr auf, beide Augen ganz fest zuzumachen und nicht eher zu öffnen, als bis er das Zeichen dazu gebe. Rasch erhob er sich mit seiner Last in die Lüfte und eilte nach Süden, dem Lande der Wolkenwesen zu. Erst als er am Ende der Welt angekommen war, setzte er das Mädchen am Strande des allumschließenden Weltenmeeres ab. Dann gestattete er ihr, die Augen zu öffnen. Gemeinsam bestiegen sie einen Hügel und sahen in der Ferne die Hütten eines Dorfes. Doch bevor sie das Dorf der Wolkenwesen erreicht hatten, sprach der junge Mann: »Warte hier auf mich, denn nur wenn du willkommen bist, darfst du unser Dorf betreten. Laß mich vorangehen und fragen, ob du kommen darfst.«

Als der junge Mann vor die Häuptlinge trat, begrüßten diese ihn: »Wir sind schon lange hier, du allein kommst spät. Das aber muß einen Grund haben.« Da erwiderte der Mann: »Die Tochter des Medizinmannes von Kakima bringe ich. Sie wartet vor dem Dorfe auf eure Einladung.«

Die Häuptlinge antworteten darauf: »Da sie einmal hier ist, können wir sie nicht zurückschicken, doch hättest du besser getan, sie nicht hierherzubringen. Ihr Vater ist der Medizinmann der Bogenbrüderschaft, eines mächtigen Geheimbundes, und als solcher hat er viele Freunde unter aller Kreatur. Doch da sie hier ist, mag sie bleiben. Bevor du sie ins Dorf bringst, sage ihr, wie sie sich benehmen soll, denn die Menschen sind ungebildete Wesen, die sich in besserer Gesellschaft nicht benehmen können. Erkläre ihr unsere Sitten, damit sie nicht aus Unwissenheit jemanden beleidigt.«

Rasch eilte der junge Mann zurück zu dem wartenden Mädchen, um sie ins Dorf zu führen. »Du darfst mit mir kommen«, sagte er zu ihr, »aber du mußt alle Sitten genau befolgen. Wenn du die Hütte betrittst, mußt du sagen: ›Meine Väter und Mütter, wie geht es euch heute?‹, denn man soll den Älteren mit Ehrfurcht begegnen. Dann mußt du in die Mitte des Raumes sehen, denn dort wirst du einen Streifen Mehl auf dem Boden finden, dem du folgen mußt. Gehe bis zum Altar und bitte dort um langes Leben und gute Gesundheit. Streue etwas von dem Mehl auf das Geisterbild und setze dich dann zu den übrigen Frauen. Der freie Platz bei ihnen ist für dich bestimmt. Vergiß nichts, damit du niemanden beleidigst durch deine Unwissenheit.«

Das Mädchen versprach, alles genau zu befolgen. Bald darauf stand sie vor dem Altar, streute etwas von dem heiligen Maismehl auf die Steinfigur und setzte sich dann zu den Frauen. Sogleich wurde ihr etwas zu essen angeboten, und nach dem Essen begann einer der Häuptlinge:

»Meine Tochter, an diesem Abend haben sich unsere Wege gekreuzt, freiwillig bist du zu uns gekommen. Daher wollen wir dich zu einer der Unseren machen, denn niemand kommt zu uns, der zu den Menschen zurückkehren will. Willst du aber nicht bei uns bleiben, dann gehe sogleich zurück, ehe es zu spät ist.«

Das Mädchen weigerte sich nicht, denn es gab ja niemanden, zu dem sie hätte gehen können. Unter keinen Umständen aber wollte sie ihre Schwestern wiedersehen. Da nahmen die Frauen sie bei den Händen, führten sie in ein Nebengemach, wuschen ihr Haar und ihren Körper und bekleideten sie mit einem weißen Gewande. Anschließend wurde sie zurückgeführt, und einer der Häuptlinge bedeutete ihr, sich in der Mitte des Raumes auf den Boden zu setzen. Alle stimmten Gebete für sie an und lehrten sie die geheimen Zauberformeln der Wolkenwesen.

Daheim in Kakima hatten die Eltern die ganze Nacht über nach ihrer Tochter gesucht, waren von Haus zu Haus gelaufen, hatten alle Bewohner befragt, aber niemand wußte von ihr oder hatte sie fortgehen sehen. Da rief der Vater, der Medizinmann der Bogenbrüderschaft, den Habicht zu Hilfe. Als der Habicht im Dorfe erschien, begrüßte er den Vater mit folgenden Worten:

»Da du gewollt hast, daß unsere Wege sich treffen, mußt du einen Grund gehabt haben. Sage mir, was dich bedrückt, denn nur dann vermag ich dir zu helfen. Deine Sorgen sind auch meine Sorgen, denn du bist mein Freund.«

Der Vater erzählte von dem Verschwinden seiner jüngsten Tochter, von der vergeblichen Suche und davon, daß das Mädchen ohne Schuhe und ohne Umhang fortgelaufen sei. Der Habicht hörte geduldig zu und versprach, all sein Können einzusetzen, um die Tochter zu finden. Darauf verließ er die Hütte des Medizinmannes der Bogenbrüderschaft und begann über dem Dorfe zu kreisen. In immer größeren Kreisen suchte er die ganze Welt ab, flog sogar bis an die Küste des Weltenmeeres, aber nirgendwo vermochte er die Vermißte zu entdecken. Auch das Land der Wolkenwesen besuchte er, und eigentlich hätte er das Mädchen sehen müssen, denn gerade hatte sie mit den übrigen Frauen das Haus verlassen. Aber so dicht waren die Wolken, daß selbst das scharfe Auge des Habichts sie nicht zu durchdringen vermochte. Unverrichteterdinge kehrte er am Abend zurück nach Kakima, um seinem Freunde zu berichten.

»Die ganze Welt habe ich gesehen, aber von deiner Tochter habe ich nicht eine Spur gefunden. Gräme dich nicht, denn ich bin gewiß, daß sie noch am Leben ist. Ich bin sicher, daß irgendwelche Zauberwesen sie entführt haben, denn nicht einmal ihren Körper habe ich gefunden. Aber ich habe keine Ahnung, wo sie sein könnte. Sprich mit meinen Brüdern, den Raben. Sie finden alles, wenn es überhaupt vorhanden ist. Vielleicht werden sie mehr Glück haben als ich.«

Wieder verbrachte der Vater eine Nacht voller Sorgen. Am nächsten Morgen sandte er seinen Sohn zu den Raben, um diese zu sich zu bitten. »Geh zum Hause deiner Großväter, der schwarzen Götter, und bitte sie zu mir.« Sogleich machte sich der Junge auf den Weg, richtete den Raben den Auftrag aus, und als er wieder im Dorfe ankam, sah er, daß die Raben schneller als er gewesen waren. Eine große Anzahl von ihnen war bereits in der Hütte des Medizinmannes versammelt.

»Hab keine Sorge«, so versuchten sie den betrübten Vater zu beruhigen, »wenn sie überhaupt je vorhanden gewesen ist, dann finden wir sie auch. Wir finden alles, auch das, was man vor uns verstecken will. Jede Schlucht und jeden Berg werden wir absuchen, in alle Winde werden wir fliegen, und nichts soll uns verborgen bleiben.« Und sogleich erhoben sie sich mit schwerem Flügelschlag in die Luft, verteilten sich über die ganze Welt und begannen nach dem Mädchen zu suchen. Auch in das Land der Uwanami, der Wolkenwesen, flogen sie. Als sie die dichten Wolken sich erheben sahen, sprachen die schwarzen Götter: »Wenn das Mädchen sonst nicht zu finden ist, dann haben die Uwanami sie gestohlen.« Und mit dieser Feststellung hatten sie richtig geraten, denn die Raben sind die weisesten unter den Vögeln, nichts bleibt ihnen verborgen, und nichts entgeht ihren scharfen Augen. Selbst ein einzelnes Samenkorn, das beim Pflanzen verloren wurde, wissen sie sogleich zu finden.

Als die Uwanami, die Wolkenwesen, die Raben gewahrten, ließen sie das Mädchen in der Hütte zurück. So kam es, daß die Raben die Verlorene nicht zu entdecken vermochten, denn auch die Uwanami sind weise, weiser als alle Menschen. Denn sie sind ja die vor langer Zeit gestorbenen Vorfahren der Menschen. Und sie sind auch der Regen, der die Menschen ernährt, so lehren es uns die alten Leute, die es wiederum von ihren Eltern so gelernt haben. Wer zu den Wolkenwesen betet und fest an seine Gebete glaubt, dem bringen sie den ersehnten Regen. Um zu zeigen, wie groß ihre Macht ist, hatten sie die Tochter des Medizinmannes zu sich geholt, damit die Menschen begreifen sollten, daß die Uwanami mächtiger sind als der Zauber der Medizinmänner.

Am Abend erschienen die Raben wieder im Dorfe. Auch sie hatten das Mädchen nicht finden können. Aber sie waren fest davon überzeugt, daß die Tochter noch am Leben war, denn nicht einen einzigen Tropfen Blut hatten sie gesehen. »Geh zu den Schmetterlingsleuten und bitte sie um ihre Hilfe, wir haben nichts ausrichten können«, rieten die schwarzen Götter dem Medizinmanne. Dann flogen sie krächzend zurück zu ihren Wohnungen in den Klippen.

Wieder wurde der Sohn ausgesandt, diesmal zu den Schmetterlingsleuten. Diese kamen sogleich und versprachen, ihr Bestes zu tun. Nur bei den Wolkenwesen konnte das Mädchen sein, denn sonst hätten die Raben es finden müssen. Daher wurde Gelbflügel, der Zitronenfalter, ausgeschickt, um nachzusehen, aber er kam erfolglos zurück.

Am nächsten Tage sandte der Häuptling der Falter Buntflügel, den buntesten Schmetterling, zu den Wolkenwesen. Als Buntflügel an die Küste des Weltenmeeres kam, waren die Wolken so dicht, daß er nichts sehen konnte, denn alle Wolkenwesen hatten ihre Hütten verlassen. Wie dichter Rauch lag ihr Atem über dem Lande und versteckte die Tochter des Medizinmannes. Immer höher stieg Buntflügel, bis er mit einem Male in der nebligen Wolkenwelt tief unter sich eine Feder wahrnahm. Sogleich flog er darauf zu, berührte die Feder und rief: »Tochter des Medizinmannes von Kakima, ich habe dich gefunden!« Denn er wußte, daß die Wolkenwesen keine Federn tragen. Dann flog er zurück, und mit Hilfe aller Schmetterlingsleute wurde das Mädchen zurück zur Erde gebracht. Genau vor dem Hause des erstaunten Vaters setzten sie die Tochter nieder. Denn die Schmetterlingsleute sind die Lieblinge des Sonnenjungen, der Macht hat über alle Wolkenwesen. Nur so hatten sie das Mädchen finden können.

Hier endet die Geschichte vom Mädchen, das die Wolken besuchte.

8. *Das Schlangenmärchen*

(Hopi)

Vor langen, langen Jahren lebten die Hopis noch nicht in ihrer heutigen Wüstenheimat, sondern nördlich des Grand Canyons, in einer Gegend, die fruchtbarer war, als das Hopiland heute ist. Da geschah es, daß ein Häuptlingssohn sich darüber Gedanken machte, wo wohl das Wasser des Flusses bleiben mochte, das am Dorfe vorüberfloß. Stundenlang stand er am Flußufer und sah der Strömung zu, die gleichmäßig und ohne Unterbrechung dahinglitt. Mit den Augen verfolgte er das Wasser, das geheimnisvoll in der großen Schlucht verschwand. ›Irgendwo muß es doch wohl hinfließen!‹ dachte er bei sich. ›Und wenn alles an eine Stelle fließt, muß es dort eine riesige Menge Wasser geben.‹

Der Vater wußte keine Antwort auf seine Fragen, und vom Medizinmann konnte er nur erfahren, daß weit im Westen ein großes Wasser war, in dem Huruing Wuchti wohnte und über alle Muscheln, Perlen, Türkise und Edelsteine herrschte. Da baute sich der Junge ein Boot, nahm eine lange Stange und ließ sich eines Morgens von der Strömung davontreiben. Nach langer Fahrt auf dem Fluß kam er schließlich an ein großes Wasser, wo sein Boot an einer Insel auf den Strand trieb. Hier lebte ganz allein in einer Hütte die Spinnenfrau. Diese lud den Jungen ein in ihr Haus, aber erst, als der Häuptlingssohn den Eingang größer gemacht hatte, konnte er eintreten.

Die Spinnenfrau wunderte sich gar sehr über solchen Besuch, denn nur selten verirrte sich ein Mensch bis zu ihrer Hütte. Der junge Häuptlingssohn berichtete von seinen bisherigen Abenteuern und sagte, daß er gekommen sei, um Muscheln und Perlen zu erwerben, von denen ihm der Medizinmann erzählt habe. Denn der Überlieferung nach müßten diese Dinge aus dem großen Wasser kommen. Die Spinnenfrau deutete über das Wasser hin und sprach: »Dort wirst du finden, was du suchst. Die Hütte ist ringsum von Wasser umgeben und wird von wilden Tieren bewacht, und es ist nicht einfach, nach dort zu kommen. Hättest du mir nicht von deinen Plänen erzählt, so hätte ich dir nicht raten können. Nun aber will ich mit dir gehen und dir helfen, so gut ich es vermag.« Darauf gab sie dem Häuptlingssohn ein Zaubermittel, verwandelte sich in eine Spinne und versteckte sich hinter dem Ohr des Jungen. »Streue das Zaubermittel aufs Wasser!« flüsterte sie ihm zu, und als er das tat, erschien sogleich ein Regenbogen, der wie eine Brücke zum Hause im Wasser reichte. Mühelos erreichte er die Hütte. Dort traf er einen Panther, der ihn böse anfauchte. »Das Zaubermittel!« hörte er die Spinnenfrau hinter seinem Ohre flüstern. Da streute der Junge von dem Mittel auf den Panther, der sogleich ruhig wurde. Auch einen Bären und eine Wildkatze besänftigte er auf diese Weise; als er danach einen Grauwolf traf, der zusammen mit einer großen Klapperschlange den Eingang bewachte, griff er wiederum zu seinem Zaubermittel und durfte passieren.

Zögernd betrat er die Hütte und fand sich plötzlich unter einer Schar von Männern, die schweigend im Kreise saßen. Alle trugen blaue Tücher um die Hüften, große, schwere Ketten aus Türkis um den Hals, und alle hatten sich das Gesicht mit Rötel gefärbt. Niemand sprach ein Wort, als der Junge eintrat. Mit einem Male stand ein Häuptling auf, stopfte eine große Pfeife mit Tabak und reichte sie dem Gast.

»Du mußt den Rauch hinunterschlucken«, flüsterte es hinter seinem Ohr, »dies ist die erste Probe. Wenn du schwindlig wirst, hast du verloren.« Mit Hilfe der Spinnenfrau überstand der junge Häuptlingssohn die Tabaksprobe. Die Männer im Kreise sahen ihn jetzt bewundernd an und murmelten: »Er ist einer von uns, unser Sohn, denn er hat die Probe bestanden!« Dabei nickten sie mit den Köpfen, daß die Federn in ihren Haaren wippten.

Darauf verteilte der Junge von den Geschenken, die er mitgebracht hatte zum Zeichen, daß er in freundlicher Absicht gekommen sei. Doch kurz darauf sprach der Häuptling, der ihm die Pfeife gegeben hatte: »Wende dein Gesicht zur Wand! Wir müssen uns zum Tanz anziehen, und niemand darf uns dabei beobachten.«

Als sich der Junge wieder umdrehen durfte, sah er, daß alle Männer sich in Schlangen verwandelt hatten! Da gab es Klapperschlangen, Nattern, Grasschlangen, kurzum, alle Arten waren vertreten. Die Spinnenfrau aber flüsterte dem erstaunten Jungen zu: »Sei unbesorgt, dies ist eine weitere Probe. Die Schlangenmänner werden dir nichts zuleide tun, solange du keine Furcht zeigst.« Während sich der Junge noch kaum von seinem Schrecken erholt hatte, kamen bereits weitere Schlangen von draußen hereingekrochen, unter ihnen eine besonders bunte und zierliche Natter. Nur der Häuptling hatte sich nicht verwandelt, er saß dicht am Feuer und wandte sich nun an den Jungen:

»Geh und such dir eine Schlange aus! Nimm sie in die Hand und bring sie mir.«

Einen Augenblick zögerte der Junge, doch die Stimme hinter seinem Ohr riet: »Nimm die bunte Natter, die dort in der Ecke liegt. Beruhige sie mit deinem Zaubermittel, aber laß den Häuptling nichts davon merken.« Da ging der Junge entschlossen auf die Natter zu, die sich zischend aufrichtete. Ohne daß der Häuptling es sah, streute er von seinem Zaubermittel auf die Schlange, die sich nun willig in die Hand nehmen ließ. Dann brachte er sie zum Häuptling, der sich nicht genug wundern konnte über den Mut, denn bisher hatte noch keiner diese Probe bestanden.

Wieder mußte der Junge sich umdrehen, und als er wieder zum Feuer sehen durfte, hatten alle menschliche Gestalt angenommen, und von den Schlangen war keine Spur mehr zu sehen. Die Männer waren aber nicht mehr allein, denn eine Anzahl von Mädchen war jetzt in der Hütte, die vorher als

Schlangen hereingekrochen sein mußten. Der Gast wurde freundlich bewirtet, und jenes Mädchen, das er als bunte Natter aufgehoben hatte, gab acht, daß er reichlich zu essen hatte. Verstohlen steckte der Junge der Spinnenfrau hinterm Ohr von den Speisen zu. Nach dem Essen begann der Häuptling zu sprechen:

»Du bist ein tapferer Mann, denn du hast alle Proben bestanden. Nun sage uns, warum du gekommen bist, damit wir dir deine Wünsche erfüllen können, denn nicht umsonst bist du bis ans Ende der Welt gewandert.«

Der Häuptlingssohn erzählte von seiner Suche nach Muscheln und Perlen, Türkisen und anderen Edelsteinen, die aus dem großen Wasser kommen sollten, und er vergaß auch nicht, Huruing Wuchti zu erwähnen, jene Frau, die alle harten Gegenstände beherrscht und die nach dem Glauben der Medizinmänner im großen Wasser wohnte. »Zu ihr will ich«, so schloß er seinen Bericht, »um Muscheln und Perlen zu erwerben.«

Die Schlangenmänner bedeuteten ihm, bei ihnen zu bleiben, denn dann werde er zu dem Gewünschten kommen. Aber zuvor solle er von ihnen die Geheimnisse des Schlangenkultes erfahren, denn nur einem Eingeweihten würden sie helfen. Die Spinnenfrau aber wollte unbedingt zurück zu ihrer Hütte. So entschuldigte sich der Junge mit einem Vorwand, eilte zum Hause der Spinnenfrau und betrat kurz darauf die Hütte der Schlangenmänner zum zweiten Male, bereit, sich in die Geheimnisse dieser Wesen einweihen zu lassen. Die ganze Nacht hindurch lauschte er den Worten des Häuptlings, der ihm einschärfte, alle Einzelheiten in seinem Gedächtnis aufzubewahren, damit er bei seiner Rückkehr den Schlangenkult bei seinem Stamme einführen könne.

Am Morgen schlich sich der Junge zurück und holte die Spinnenfrau, die sich wie am Vortage hinter seinem Ohr versteckte. Vom Hause der Schlangenmänner erreichte er auf einem Regenbogen den Fuß einer hohen Klippe. Dort oben, so hatte ihm der Häuptling versichert, lebte jene Frau, um derentwillen er gekommen war, Huruing Wuchti, die Herrin aller harten Gegenstände. Mühsam erklomm er den Felsen und fand sich mit einem Male vor einer Hütte. Als er eintrat und sich umsah, bemerkte er in einer Ecke ein altes zahnloses Weib, das mindestens hundert Jahre alt sein mußte. Die Wände der Hütte aber waren über und über bedeckt mit Perlen, Türkisketten, Muscheln, edlen Steinen und anderem Schmuck, der strahlte und funkelte, daß man glauben konnte, der Mond selbst wohne in dieser Hütte! Die alte Frau starrte schweigend auf den Eindringling und tat nach einer Weile, als ob dieser einfach nicht vorhanden wäre. Auch als er ihr ein Geschenk gab, brachte sie kaum ein »Danke« zwischen ihren zahnlosen Kiefern hervor. Den Rest des Tages blieb sie wortlos in ihrer Ecke, starrte vor sich hin, und fast kam es dem Jungen so vor, als wäre er allein in der Hütte.

Als es zu dämmern begann, stand die Alte langsam auf und schlurfte in einen Nebenraum. Nach ein paar Augenblicken kehrte sie als schönes junges Mädchen zurück! Jetzt war sie nicht mehr in Lumpen gekleidet, sondern trug ein Gewand, mit Perlen und Türkisen verziert. Über dem Arm hatte sie eine Decke aus Bälgen der Wildkatze und einige Büffelfelle. Daraus bereitete sie ein Lager beim Feuer, setzte sich und sprach: »Halt Hochzeit mit mir, und alle Edelsteine der Welt sollen dir gehören.« Damit lud sie den Häuptlingssohn zum Niedersetzen ein. Dieser lauschte auf die Stimme hinter seinem Ohr, die wisperte: »Tue, was sie dir sagt, sonst kommst du nie zum Ziel.«

Am nächsten Morgen wunderte sich der Häuptlingssohn sehr, denn aus der hübschen Braut vom Abend war wieder ein zahnloses altes Hutzelweib geworden! Den ganzen Tag über saß sie am Feuer, stumm wie ein Fisch, und starrte vor sich hin, beinahe als ob sie gestorben sei. Am Abend ging sie in die Nebenkammer und wurde wieder zu einem jungen Mädchen. Vier Tage und vier Nächte verbrachte der junge

Häuptlingssohn bei Huruing Wuchti, der Herrin aller harten Gegenstände. Am Morgen des fünften Tages aber gab sie ihm Muscheln, Türkise, Edelsteine und Perlen, soviel er nur tragen konnte, tat alles in einen Lederbeutel und sprach: »Nimm dich in acht und öffne den Beutel nicht eher, als bis du daheim bist. Wenn du mir nicht gehorchst, werden alle deine Schätze wieder zu Nichts werden.« Damit war er entlassen und machte sich auf den Weg zurück zu den Schlangenmännern.

Hier gab der Häuptling ihm Kleidung und Wegzehrung und sprach: »Das Mädchen, das du als Schlange gefangen hast, ist von nun an deine Frau. Nimm sie mit dir in dein Dorf am Fluß und vollführe die Zeremonien, die du bei uns gelernt hast. Bis du daheim bist, sollst du nicht mit ihr sprechen und sie nicht ansehen, denn sonst muß sie zurückkehren zu uns. Folge meinem Rate und sei nicht ungeduldig, sonst wirst du alles verlieren.«

Als er beim Hause der Spinnenfrau anlangte, ließ er diese heimlich ins Haus schlüpfen und trat dann selber ein. »Du hast gehört, was man dir gesagt hat«, begrüßte diese ihn, »sei nicht ungeduldig, sonst wirst du alles verlieren. Und nun gehe zu den Deinen.« Da machte sich der junge Häuptlingssohn auf den Heimweg, fest entschlossen, alle Verbote zu beachten.

Unterwegs wurde der Beutel mit den Steinen immer schwerer, und es hatte den Anschein, als ob alle Edelsteine der Welt in diesem einen Beutel beisammen wären. Eines Abends konnte der Junge seine Ungeduld nicht länger bezähmen; er öffnete den Beutel, staunte über die Ketten und glitzernden Steine, schmückte sich damit und konnte sich kaum lassen vor Freude. Seine Begleiterin aber saß stumm und traurig dabei und starrte ihn an.

Am Morgen waren alle Schätze verschwunden, und erst nachdem er im heimatlichen Dorfe angekommen war und den leeren Beutel besah, fielen ein paar Türkise heraus, die er an jenem Abend übersehen hatte. So kommt es, daß die Hopis bis zum heutigen Tage wenig Schmuck besitzen und sich mit Halsketten aus bunten Samen zufriedengeben müssen.

Glücklich lebte der Häuptlingssohn mit seiner Frau im heimatlichen Dorfe, doch als seine Frau, statt Söhne zu gebären, nichts als Klapperschlangen zur Welt brachte, wurden sie bald von allen anderen Hopis gemieden. So beschlossen sie eines Tages, ihre Kinder zurückzubringen zu den Schlangenmännern. Dort würde man sie aufnehmen und für sie sorgen. Daher sammelte der Vater all seine Klapperschlangen-Kinder in eine Decke und verließ das Dorf in Richtung Westen, ganz so, wie es heute noch die Schlangenpriester nach der Schlangenzeremonie machen.

Später, so erzählt man sich, sollen der Häuptlingssohn und das Schlangenmädchen im Dorfe Walpi aufgenommen worden sein. Seit dieser Zeit hat die Frau Menschenkinder geboren, und die Hopis verehren sie als die Stammesmutter des Schlangen-Clans in Walpi. Der Schlangenzauber, den der Mann von den Schlangenmännern gelernt hatte, wird auch heute noch in Walpi ausgeübt. Und da die Mitglieder des Schlangen-Clans ja die leiblichen Brüder der Klapperschlangen sind, werden sie bei diesen Feiern nie gebissen, obgleich das Wissen um das Zaubermittel der Spinnenfrau mittlerweile abhanden gekommen ist.

9. Die Kinder der Wolke

(Pima)

In den Bergen lebte vor langer Zeit ein Mädchen, das so schön war, daß viele Männer kamen, um sie zur Frau zu nehmen. Aber das Mädchen weigerte sich stets und blieb so unverheiratet. In der ganzen Umgebung verbreitete sich die Nachricht von der schönen Frau, die dort in einem grünen und fruchtbaren Tale wohnte, während alle umliegenden Täler öde und trocken waren. Einst, so erzählt man sich, kam eine große Dürre über die Welt, und nichts wollte gedeihen. Die Menschen starben vor Hunger, und schließlich wandten sie sich in ihrer Not an die schöne Frau in den Bergen um Hilfe. Aus den vielen Geschenken, die sie empfangen hatte, verteilte sie Mais und Bohnen, Kürbisse und Tabak an die Hilfesuchenden, und soviel sie auch verteilte, ihre Vorräte schienen nicht abzunehmen.

Eines Tages, als die Frau dabei war, Binsenmatten zu flechten, schlief sie über ihrer Arbeit ein. Da kam eine Wolke, und es begann leise zu regnen. Ein Tropfen aber fiel auf den Nabel der schönen Frau, ohne daß die Schläferin es bemerkte. Nicht lange danach fühlte sie sich schwanger, und als ihre Zeit gekommen war, gab sie zwei Jungen das Leben.

Rasch verbreitete sich die Neuigkeit, und viele Männer kamen und boten der Frau an, die Kinder als die ihrigen anzuerkennen, denn Kinder müßten nun einmal einen Vater haben. Doch noch immer weigerte sich die schöne Frau. Als die Kinder jedoch alt genug waren und zu kriechen begannen, rief sie alle abgewiesenen Bewerber zusammen und hieß sie sich im Kreise aufstellen. Darauf setzte sie die Zwillinge in die Mitte auf die Erde. »Die Kinder sollen entscheiden, wer ihr Vater sein soll, denn ihr wirklicher Vater ist die Wolke im Osten. So sollen sie den zum irdischen Vater haben, auf den sie zuerst zukriechen.« Doch die beiden Jungen rührten sich nicht vom Flecke, sondern spielten selbstvergessen im Sande. So kam es, daß die schöne Frau alle Bewerber fortschickte und keinen zum Gatten nahm.

Als die Zwillinge herangewachsen waren, zeigte ihnen die Mutter eines Tages eine Wolke im Osten und sprach: »Dort ist euer Vater, dessen Name Wolke ist. Der Wind aber ist sein älterer Bruder und euer Onkel.« Die Zwillinge hielten kaum im Spiel inne, doch hatten sie die Worte der Mutter wohl verstanden.

Schließlich kam die Zeit, da die beiden Jungen zu Kriegern gemacht werden sollten. Immer wieder fragten sie die Mutter, ob sie nicht ihren Vater besuchen dürften. Am Ende ließ die Mutter sie ziehen, nachdem sie ihnen allerlei gute Ratschläge mit auf den Weg gegeben hatte.

Nach langer Wanderung kamen die Zwillinge an eine Hütte, in der ein alter Mann beim Feuer saß. Der Alte fragte sie nach dem Wohin und Woher, und die Jungen berichteten, daß sie ihren Vater Wolke suchten. Da zeigte der Mann auf eine Hütte in der Ferne und sprach: »Der Mann dort ist euer Vater, denn Wolke ist sein Name.« Sogleich machten sich die Zwillinge von neuem auf den Weg, froh, den Vater endlich gefunden zu haben.

Dann standen sie vor der bezeichneten Hütte. Scheu und zögernd traten sie ein und fragten den Mann, der dort wohnte: »Ist dies die Hütte des Mannes, der Wolke genannt wird?«, denn sie wußten wohl, daß man niemanden direkt nach seinem Namen fragen durfte. Der Mann jedoch antwortete: »O nein, da seid ihr an der falschen Stelle. Mein Bruder Wolke wohnt dort drüben, wo ihr soeben hergekommen seid.« Viermal wanderten die Zwillinge zwischen den beiden Hütten hin und her, bevor Wolke, ihr Vater, zu ihnen sprach: »Ich möchte nur wissen, ob ihr wirklich meine Kinder seid.« Damit hatten sie endlich ihren Vater gefunden, wenn dieser auch Zweifel hegte. Daher sagten die beiden: »Unsere Mutter, die in den Bergen wohnt, hat es uns so erzählt, da muß es wohl stimmen.« Wolke aber wollte ihnen noch immer nicht recht glauben: »Ich will euch beide auf die Probe stellen, dann wird es sich zeigen, ob ihr wirklich meine Kinder seid, denn nichts deutet darauf hin, daß ihr von meinen Zauberkräften etwas habt.« Doch als einer der beiden Jungen die Hand hob, begann es sogleich zu donnern und zu blitzen. Auch der zweite Junge hob die Hand, da begann ein Wetterleuchten, und von den Zweigen der Bäume sprühten Funken. Als der Mann Wolke dies sah, bemerkte er: »Ihr müßt meine

Söhne sein, denn nur so könnt ihr diese Kunst erfahren haben. Doch will ich weitere Beweise, bevor ich euch bei mir aufnehme.«

Inzwischen war es Abend geworden, und die drei aßen gemeinsam. Anschließend begab sich Wolke in seine Hütte, während die Zwillinge unter freiem Himmel die Nacht zubringen sollten. Mitten in der Nacht jedoch begann es zu regnen, dann zu schneien. In Strömen flossen wahre Sturzbäche vom Himmel, und der Schnee fiel in großen Flocken. Am Morgen erschien Wolke und sah, daß die Zwillinge noch am Leben waren. Da sprach er: »Ihr müßt wirklich meine Kinder sein, denn kein Mensch hätte diese Nacht überstanden. Doch ich will weitere Beweise.«

Am nächsten Abend führte der Mann, dessen Name Wolke war, die beiden Jungen hinauf in die Berge. Dort machte er schließlich an einem See halt, der ganz mit Eis bedeckt war. »Bleibt hier und nehmt ein Bad, bis ich euch holen komme«, sprach er zu den Zwillingen, »wenn es euch zu kalt wird, geht zur Hütte zurück.« Als Wolke am nächsten Morgen wiederkam, fand er die Zwillinge wohlauf. Noch immer schwammen sie in dem Loch im Eise. »Ihr müßt wahrlich meine Söhne sein«, redete er sie an, »denn kein Sterblicher kann solche Kälte vertragen.« So war er nun endlich überzeugt, denn niemand außer den Söhnen der Wolke hätte all diese Proben bestehen können.

Lange Zeit blieben die Zwillinge bei ihrem Vater, endlich aber beschlossen sie, zur Mutter in die Berge zurückzukehren. Der Wolkenmann war einverstanden, machte aber zur Bedingung, daß sie unterwegs zu keinem Menschen sprechen dürften. »Ich will euch begleiten und euch Schatten geben. Sprecht ihr mit jemandem, so werdet ihr eure Mutter nie wiedersehen.«

Die beiden Jungen wanderten nun zurück in die Berge, während die Wolke schützend über ihnen stand, so daß die brennende Sonne den beiden nichts anhaben konnte. Nach einer Weile sahen sie einen Mann aus der Richtung der Berge kommen. Da sprach der eine zum anderen: »Wir wollen ihn fragen, wie es unserer Mutter geht, denn es wäre unhöflich, nicht mit ihm zu sprechen.« Der zweite jedoch warnte den Bruder und erinnerte ihn an das Verbot des Vaters. Doch als der Mann herangekommen war, redete der erste ihn an: »Wie geht es meiner Mutter?« Den Bruder versuchte er zu beruhigen: »Es wäre unrecht, wenn ich nicht nach meiner Mutter fragen dürfte.« Doch kaum hatte er zu dem Fremden gesprochen, als es aus der Wolke über ihnen zu donnern und zu blitzen begann.

Der Fremde aber erschien aufgeregt im nächsten Dorfe und erzählte voller Schrecken, daß er soeben gesehen habe, wie zwei Jungen vor seinen Augen plötzlich in zwei Agaven verwandelt worden seien.

10. So-kus Wai-un-ats

(Paiute)

Vor vielen Jahren lebte einmal ein böser Zauberer, der ein steinernes Hemd besaß. Alle Welt fürchtete sich vor ihm, denn durch sein Zauberhemd war er unverwundbar. Sobald sein Name Tump-pwi-nai-ro-gwi-nump, der soviel wie Steinhemd bedeutete, auch nur geflüstert wurde, erschrak alles. Niemand wußte, wie dem bösen Zauberer beizukommen war.

Einst hatte Steinhemd das Dorf von Si-kor, dem Kranich, überfallen, um dessen Frau zu rauben. Als der Räuber sah, daß diese ein Kind bei sich hatte, befahl er ihr, es sofort zu töten, da es auf der weiten Reise nur hinderlich sei. Die Mutter jedoch versteckte den Jungen in der Hütte der Großmutter. Dann nahm Steinhemd die Frau mit in sein eigenes Dorf, weit jenseits der Berge.

Unter der Pflege der Großmutter wuchs der Junge heran,

und wenn die Alte ausging, dann folgte er ihr. Eines Tages waren beide dabei, Wurzeln auszugraben, denn das Land war arm, und es gab wenig zu essen. Da mußte man zusehen, daß man etwas in den Topf bekam. Jedesmal, wenn sie wieder eine Wurzel gefunden hatte, sagte die Großmutter: »Hier, leg sie zu den anderen. Am Abend haben wir dann einen ganzen Haufen.« Den ganzen Nachmittag hindurch fanden sie viele Wurzeln, und als der Junge wiederum einen Armvoll abladen wollte, war der Haufen verschwunden! »Großmutter!« rief er erschrocken. »Hast du die Wurzeln fortgenommen?« Doch die alte Frau hatte sie nicht angerührt. »Wenn sie nicht mehr dort sind«, antwortete sie auf seine Fragen, »dann muß ein Geist sie fortgeschafft haben, um uns einen Streich zu spielen.«

Verdutzt sah sich der Junge nach dem Übeltäter um, da bemerkte er einen Mann, der unter einem Baume saß. »He, du! Du hast unsere Wurzeln gestohlen! Gib sie sofort zurück!« Dabei nahm er einen Stein auf und warf ihn nach dem vermeintlichen Dieb. Der Fremde jedoch blieb ruhig sitzen und sprach: »Mein Junge, hat die alte Frau dir je von deinem Vater und deiner Mutter erzählt?«

»Nein«, sagte dieser, »davon weiß ich nichts. Ich habe keinen Vater und keine Mutter, ich habe nur eine Großmutter.«

Da zeigte der Fremde auf den Boden und sagte: »Siehst du die Knochen hier unter dem Baum? Weißt du, was das für Knochen sind?«

»Nun«, antwortete der Junge, »wohl von einem Hirsch oder gar von einem Bären. Ich kenne mich da nicht so genau aus.«

Der alte Mann aber schüttelte den Kopf, sah betrübt drein und fuhr fort: »Dies ist alles, was von deinem Vater in dieser Welt noch vorhanden ist. Steinhemd hat ihn umgebracht damals, als er deine Mutter gestohlen hat.«

Ungläubig starrte der Junge den Fremden an. Doch dieser

begann wieder zu sprechen: »Du glaubst mir nicht? Hast du etwa eine Mutter daheim? Ich aber weiß, daß deine Mutter im Dorfe von Steinhemd lebt. Dort, jenseits der Berge, liegt ein großer See, an seinem Ufer steht ein Dorf. In der größten Hütte aber lebt Tump-pwi-nai-ro-gwi-nump, der böse Medizinmann. Oft bin ich dort gewesen, des Nachts, wenn alles schlief. Vier Tage und vier Nächte wirst du schlafen, und wenn du aufwachst, wirst du ein Krieger sein. Geh und räche deinen Vater. Nimm all deine Freunde mit, denn allein kannst du Steinhemd nicht besiegen. Zwei Dinge brauchst du, frag die Bergschafe und den Coyoten. Zweifach wirst du sein, frag wieder den Coyoten, der alles weiß. Mit Hilfe dieser vier wirst du zum Ziel gelangen.« Der Junge wußte nichts zu sagen, so eilte er fort, um seine Großmutter zu fragen, doch als er sich umsah, war der Fremde verschwunden, und nur ein Kranich flog nach Westen.

Als der Junge seiner Großmutter von diesem Erlebnis berichtete, wußte diese sogleich, daß nur der Geist des Vaters dem Jungen diese Dinge gesagt haben konnte. Vier Tage und vier Nächte lag der Junge in tiefem Schlaf, und als er aufwachte, war er mit einem Male erwachsen. Da nahm er Pfeil und Bogen zur Hand, ergriff seines Vaters Steinaxt und sprach zur Großmutter: »Ich verlasse dich, um zu meinen Freunden zu gehen. Gemeinsam wollen wir auf den Kriegspfad gegen Steinhemd ziehen.« Damit machte er sich auf den Weg und war bald in der flimmernden Wüste verschwunden.

Viele Abenteuer mußte er bestehen, bis er schließlich von den Bergschafen den Zaubertopf gestohlen hatte. Dieser Topf war stets voll Wasser. Auf dem Rückweg traf er den Coyoten, und dieser verriet ihm, was das zweite Ding war: das Steinbeil seines Vaters. »Dieses Beil«, so sprach der Coyote, »hat dein Vater einst von einem mächtigen Medizinmann erhalten. Gehe zurück zu deiner Großmutter und lasse dich von ihr in zwei Hälften spalten.«

Als der Junge bei der Hütte der Großmutter angekommen war, rief er: »Spalte mich mitten durch! Spalte mich mitten durch!« Die alte Frau hatte große Angst, aber schließlich tat sie, was er verlangte. Sie nahm die Steinaxt zur Hand und spaltete den jungen Krieger. Plötzlich aber standen zwei Männer vor ihr, die einander aufs Haar glichen!

Bald danach erschienen auch die Freunde, die gekommen waren, um an dem Zuge gegen Steinhemd teilzunehmen. Allen voran erschien der Coyote, sah die beiden Männer und sprach: »Nun bist du zweifach da. Zwei Dinge brauchst du, den Topf und das Beil, und zweifach wirst du sein. So lautete doch die Weissagung.« Die anrückenden Krieger jedoch waren sehr erstaunt, als sie mit einem Male zwei Anführer sahen, die sich glichen wie Zwillinge. Sie nahmen dies als ein gutes Zeichen, denn zwei Krieger bedeuteten doppelte Tapferkeit. Schin-au-af, der Wolf, konnte es kaum erwarten und trieb seinen Freund To-go-af, die Klapperschlange, zur Eile an. »Sieh nur«, sagte To-go-af, die den Ruf hatte, sehr weise zu sein, »erst war es ein Mann, jetzt sind es zwei! Von nun an soll unser Anführer So-kus Wai-un-ats, der Eins-zwei-Mann, heißen.« So kam es, daß der Junge einen Namen erhielt.

Mit ihren beiden Anführern an der Spitze brachen sie schließlich auf, um das Dorf von Steinhemd zu überfallen. Endlos lang dehnte sich der Weg durch die Wüste, und bald litt alles großen Durst, denn nur wenig Wasser war zu finden, und für eine solche Schar von Kriegern war es einfach nicht genug. »So-kus Wai-un-ats, wir haben Durst!« riefen die Kampfgefährten. Da zog dieser den Zaubertopf der Bergschafe hervor und gab allen zu trinken, denn dieser Topf wurde bekanntlich nie leer. Nur die Klapperschlange hatte keinen Durst und machte sich über die Schwäche der anderen lustig.

Weiter ging der Zug, und am vierten Tage hatte man die Berge endlich hinter sich. Nach weiteren zwei Tagen sahen die ausgesandten Späher plötzlich in der Ferne eine Antilope. »Halt!« rief Schin-au-af, der Wolf. »Dies Tier kenne ich. Es ist die Antilope mit den vielen Augen, die Steinhemd als

Wächter ausgestellt hat. Auf jeder Haarspitze seines Felles hat dieses Tier ein Auge, es ist so wachsam, daß es bisher nur den Geistern gelungen ist, ungesehen zu passieren. Niemand kann Steinhemd überraschen, solange dieses Tier hier Wache hält.«

Da hielten sie Kriegsrat und überlegten, was zu tun sei. Der Wolf bot sich an, das wachsame Tier zu erlegen. Und als man ihm zustimmte, lief er sogleich in entgegengesetzter Richtung davon, um sich anzuschleichen. Bald war er in einer Schlucht verchwunden. Unbemerkt hatte sich auch To-go-af, die weise Klapperschlange, auf die Seite geschlichen und war zwischen die zahlreichen Steine gekrochen. »He, So-kus Wai-un-ats, kannst du mich sehen?« rief sie mit verstellter Stimme, aber niemand konnte die Klapperschlange entdecken. Da wurde auch sie losgeschickt, um die Antilope zu überraschen.

Als der Wolf bei der Antilope ankam, hatte die Klapperschlange bereits ihr Werk vollendet. Schin-au-af war sehr ungehalten, denn er bildete sich viel auf seinen Ruf als Jäger ein und konnte es nicht leiden, wenn ihn jemand übertrumpfte. Aber am Ende beruhigte er sich, als So-kus Wai-un-ats ihm sagte: »Ganz gleich, wer den Braten erlegt hat, wenn wir nur alle satt werden.« Darauf verspeisten sie die vieläugige Antilope.

Am nächsten Morgen schlich sich So-kus Wai-un-ats bis an das Dorf von Steinhemd, um einen Angriffsplan auszukundschaften. Da bemerkte er vor dem Dorfe eine Frau, die damit beschäftigt war, Sonnenblumenkerne zu sammeln. Er erkannte seine Mutter und gab sich zu erkennen. Die Frau aber wollte ihm nicht glauben und sprach: »Ich habe nur einen Sohn, ihr aber seid zwei. Daher könnt ihr nicht beide meine Söhne sein.« Doch als sie seine Geschichte erfuhr, glaubte sie ihm und warnte: »Steinhemd ist unverwundbar, sein Hemd ist so fest, daß kein Pfeil bis auf die Haut dringen kann. Seine Töchter haben Zauberbogen, die schneller schießen, weiter reichen und besser treffen als alles, was du bisher gesehen hast.« Der Sohn jedoch bestand auf seinem Vorhaben, seinen Vater zu rächen. »Geh morgen früh ans Seeufer, damit dir nichts geschieht, denn Steinhemd wird morgen sterben müssen!« warnte er seine Mutter zum Abschied.

Während der Nacht verwandelte sich So-kus Wai-un-ats in zwei Mäuse. Vorsichtig schlichen sich diese ins Dorf, drangen in die Hütte von Steinhemd ein und zernagten alle Bogensehnen, die sie nur finden konnten. To-go-af, die unermüdliche Klapperschlange, lag währenddessen vor dem Eingang zur Hütte, bereit, jeden zu beißen, der den beiden Mäusen zu nahe kommen sollte.

Am nächsten Morgen, vier Tage nachdem sie das Gebirge überschritten hatten, erhob sich So-kus Wai-un-ats hinter der Hütte des Feindes, stieß den Kriegsschrei aus und gab so das Zeichen zum Angriff. Steinhemd hörte den Lärm und trat vor den Eingang seiner Hütte. Sofort wurde er von der wachsamen Klapperschlange gebissen! Schreiend tat er einen Luftsprung und rief nach seinen Töchtern. Doch schon waren die Angreifer im Dorfe und begannen, die Verteidiger niederzumachen. Zischend fuhren die Pfeile in die Grashütten. Inzwischen waren auch die Töchter von Steinhemd vor der Hütte erschienen, um ihrem Vater zu helfen. Aber die Bogensehnen zerbrachen in ihren Händen. Während der Vater im Sterben lag, stimmten seine Töchter die Totenklage an, doch mit dem letzten Atemzuge des Zauberers fielen auch die Töchter tot zur Erde.

So-kus Wai-un-ats und seine Krieger aber kehrten mit der befreiten Mutter zurück ins heimatliche Dorf. Am nächsten Morgen war aus den zwei Männern wieder ein Mann geworden. Aber den Namen Eins-zwei-Mann behielt er auch dann, als er ein großer Häuptling geworden war.

11. Der Erpel und der Nordwest

(Chippewa)

An den Ufern eines großen Sees lebte einmal ganz allein ein Erpel. Weit und breit gab es keinen Wigwam als eben den seinen, der versteckt an einer kleinen Bucht stand. Draußen herrschte Winterwetter, und dickes Eis lag über dem See. Der Erpel aber hatte vier Baumstämme in seinem Wigwam, mit denen er sein Feuer unterhielt. Jeder dieser Stämme genügte für einen Monat, und da es in dieser Gegend nur vier Monate lang richtig Winter wurde, hatte der Erpel genug Holz, um den ganzen Winter heizen zu können. So machte er sich nicht viel Gedanken über das Wetter. Er war überhaupt ein sehr furchtloser und selbständiger Geselle, der selbst bei der grimmigsten Kälte auf die Nahrungssuche ging. Dann konnte man ihn am Ufer sehen, dort, wo Schwertlilien und Binsen wuchsen. Diese riß der Erpel aus, und durch das so entstandene Loch tauchte er nach Fischen. Auf diese Weise hatte er immer zu essen, während viele Tiere zur Winterszeit Hunger litten. Täglich watschelte er am Abend gemächlich nach Hause, und oft schleppte er mehrere Fische hinter sich her.

Der alte Mann Nordwest, den die Menschen Kabebonocca nennen, sah den Erpel bei seiner Arbeit, der täglichen Suche nach Fischen, und fühlte sich beleidigt, daß das kalte Wetter, das er gebracht hatte, diesem Tier augenscheinlich nichts anhaben konnte. »Das scheint mir ja ein ganz außergewöhnlich hartgesottener Bursche zu sein«, sagte er bei sich, »weder Kälte noch Wind können ihm etwas anhaben, und selbst im schlimmsten Wetter tut er so, als ob es Juni wäre.«

So beschloß Kabebonocca, der alte Mann Nordwest, seine Anstrengungen zu verdoppeln. Aber auch als es zweimal so kalt wurde wie gewöhnlich, kümmerte sich der Erpel nicht darum. Der Schneesturm pfiff über den See, und Nordwest heulte mit den Wölfen um die Wette, als ob er dem Erpel Angst machen wollte. Aber dieser ging wie gewöhnlich zum Fischen und störte sich nicht daran, daß es immer kälter wurde.

Mit zehnfacher Gewalt fegte der Nordwest über den Wald, daß die Bäume krachend zusammenfielen und alles Getier sich ängstlich in seine Schlupfwinkel verkroch, weil es draußen einfach nicht mehr auszuhalten war. Der Erpel aber saß in seinem Wigwam und briet Fische, die er am Nachmittag gefangen hatte. Dabei trug er nur einen Lendenschurz aus Leder, ganz als ob es Sommer wäre. Schließlich ging dem Nordwest die Geduld aus. »Ich werde ihn besuchen und sehen, warum dieser Erpel vor mir keine Angst hat«, sagte er, als er diesen wieder mit einer Ladung Fische über das Eis zu seinem Wigwam wandern sah.

Am Abend begab sich der alte Mann Nordwest an den Eingang zum Wigwam des Erpels. Schon von weitem hörte er diesen singen, und als er herangekommen war, verstand er auch die Worte:

Nordwest-Mann, ich fürcht dich nicht,
Dein Geheule kenne ich,
Und dein Schnee ficht mich nicht an,
Denn du bist auch nur ein Mann.
Laß es schneien, soviel's nur will,
Ich sitz in meiner Hütte still,
Bald ist's mit dem Winter Schluß,
Weil der Frühling kommen muß.

Der Erpel wußte natürlich sehr wohl, daß der alte Mann Nordwest vor dem Eingang zu seinem Wigwam stand, denn nur deshalb hatte er ja zu singen begonnen, obwohl er beileibe keine sehr schöne Stimme hatte. Jetzt lauschte er einen Augenblick, dann wandte er sich wieder seinen Fischen zu. Der alte Mann Nordwest war noch da, denn nur einer in der ganzen Gegend konnte so schnaufen. Wieder begann er mit seinem Lied, doch da wurde es dem Manne Nordwest zu dumm. Mit schnellen Schritten betrat er den Wigwam und setzte sich dem Erpel gegenüber ans Feuer. Der aber stand auf und schürte die Glut, daß die Funken nur so stoben. Bald wurde es unerträglich heiß in der Hütte, und wiederum begann der Erpel mit seinem Liede. Wütend sprang der alte Mann Nordwest auf und rannte in den Wald hinaus, denn wenn er schon keine Hitze vertragen konnte, so machte ihn der Gedanke an den Frühling nun völlig rasend. Wieder heulte er durch den Wald, pfiff über dem See und kreischte in den alten Kiefern am Ufer. Aber auch diesmal konnte er dem Erpel nichts anhaben, so mußte er am Ende seine Bemühungen aufgeben. Aber jedes Jahr, wenn er einen Erpel am Ufer sieht, heult er besonders laut, weil er die erlittene Niederlage nicht vergessen kann.

12. Der Zauberer vom Huron-See

(Ottawa)

Vor vielen Jahren, als der Stamm der Ottawa noch auf den zahlreichen Inseln im Huron-See wohnte, die heute Manitulin-Inseln genannt werden, lebte in einem der Dörfer ein großer Zauberer mit Namen Massawaweinini. Massawaweinini war überall hoch angesehen und gefürchtet, denn man erzählte sich Wunderdinge von seiner Kunst. Sein Name, der Lebendige Statue bedeutete, flößte jedem Ehrfurcht ein, denn man ersah daraus, daß er selbst geschnitzte Figuren zum Leben erwecken konnte, wenn er wollte.

Eines Tages nun geschah es, daß die Dörfer der Ottawa von den räuberischen Irokesen überfallen wurden. Den ganzen Sommer dauerte der Krieg, und als es Winter wurde, war der größte Teil der Dörfer zerstört. Mühsam erhielten sich die Menschen den Winter über am Leben. Im Frühjahr jedoch beschlossen die Häuptlinge, sich zurückzuziehen, und die Ottawa verließen ihre alte Heimat. Nur Massawaweinini, der alte Zauberer, blieb auf der größten Insel zurück, denn hier wohnten die Manitoulin, die Geister, denen er bisher gedient hatte und die er nicht verlassen wollte. Zwei junge Krieger wurden ebenfalls zurückgelassen; sie sollten als Kundschafter dienen und den Häuptlingen die Bewegungen des verhaßten Feindes melden.

Tagelang verbargen sich die drei Indianer in den zahlreichen Buchten und Schilfständen der Inseln. Nachts zogen sie ihr Rindenkanu ans Ufer, versteckten es in einem dichten Gebüsch und achteten darauf, keine Spuren zu hinterlassen. Eines Morgens erwachte der Zauberer sehr früh, ließ die schlafenden Begleiter zurück und begab sich auf die Jagd. Vorsichtig hielt er sich innerhalb des Waldrandes, aber nach einer Weile mußte er eine Lichtung überqueren. Mit schnellen Schritten eilte er durchs Gras, als er mitten auf der Waldlichtung einen kleinen Mann traf, der aus der Erde gekommen zu sein schien. Das Männlein trug eine rostrote Feder im Haar und tat ganz so, als ob der Zauberer ein guter Bekannter sei. »He, wohin denn so früh?« Bei diesen Worten nahm er eine Pfeife vom Halse und stopfte sie mit Tabak. Nachdem er ein paar Züge getan hatte, bot er sie dem Zauberer an, der ganz verdutzt dabeistand und sich den ganzen Vorgang nicht erklären konnte. »Du scheinst sehr stark und mächtig zu sein«, sagte der kleine Mann mit der rostroten Feder, »komm, laß uns sehen, wer stärker ist. Wenn du mich auf die Erde zwingen kannst, so rufe ›Wa-ga-ma-na‹, ›Ich habe dich bezwungen‹.«

Der Zauberer war einverstanden, rief seine Schutzgeister zu Hilfe und legte seine Waffen ins Gras. Dann begannen beide, schweigend miteinander zu ringen. Lange Zeit ging der Kampf hin und her; der kleine Mann mit der rostroten Feder im Haar schien außergewöhnlich stark und behende zu sein, und der Zauberer hatte alle Mühe, sich auf den Beinen zu halten. Am Ende aber gelang es ihm durch einen überraschenden Vorstoß, den Gegner zu Boden zu werfen. »Wa-ga-ma-na! Wa-ga-ma-na«, rief er aus, und im gleichen Augenblick war das Männlein verschwunden!

Als der Zauberer sich verblüfft umsah, wohin denn sein Gegner so plötzlich geraten sein konnte, fand er an der Stelle, wo er den seltsamen Burschen ins Gras geworfen hatte, einen kleinen Kolben Mais, an dessen Ende ein Büschel rostroter Fasern saß. Kopfschüttelnd betrachtete er das unscheinbare Ding, als der Maiskolben mit einem Male zu sprechen anhub: »Zieh mich aus, zieh mich aus!« bat er immer wieder. Der Zauberer tat ihm den Gefallen und befreite den Kolben von der gelben Maisstrohhülle. Da sah er lauter kleine gelbe Körner, in wunderbarer Ordnung aufgereiht. Der Kolben aber ließ sich wiederum vernehmen: »Du mußt mich auseinanderbrechen! Nimm die Körner von meinem Rücken und wirf sie überallhin auf die Lichtung. Komm nach einem Monat wieder hierher.«

Der Zauberer verstreute die gelben Körner über die Lichtung, bis er am Ende nur noch den leeren Kolben in der Hand hatte; den aber warf er achtlos am Waldrande fort. Als er zu den Wachen zurückkam, war er immer noch verwundert über sein Erlebnis, sagte den beiden aber nichts. Denn schließlich verstanden sie ja sehr wenig von solchen Dingen, und Geister waren ihm weit mehr vertraut.

Nach einem Monat schlich er sich eines Morgens zurück auf die Lichtung; von dem Männlein mit der rostroten Feder war weit und breit nichts zu sehen, und auch die gelben Körner waren verschwunden. Statt dessen wuchs überall ein seltsames Gras, das er vorher noch nie gesehen hatte. An jener Stelle aber, an der er den körnerlosen Kolben fortgeworfen hatte, war der Boden bedeckt mit langen Ranken, und an den Enden der Ranken waren kleine Früchte zu erkennen. Kopfschüttelnd ging der Zauberer zum Lager zurück.

Den Sommer über beobachteten die drei Zurückgebliebenen die Irokesen, deren Kriegshaufen in schnellen Kanus die

Küsten des Sees abstreiften, immer auf der Suche nach Beute. Dann aber war es Herbst, und die Blätter des Zuckerahorns leuchteten wie gelbes Feuer. Wieder ging der Zauberer eines Morgens an die Stelle, an der er mit dem Geist gerungen hatte. Die ganze Lichtung hatte sich verändert! Überall stand die seltsame Pflanze, die mittlerweile sehr gewachsen war. An den Stauden aber saßen schwere Kolben, und jeder von ihnen trug einen rostroten Schopf! Auch die Früchte an den Ranken waren zu mächtigen Kugeln geschwollen, so daß der Zauberer Mühe hatte, sie aufzuheben. Voll und gelb leuchteten die Kürbisse zwischen den dunklen Blättern hervor. Als der erstaunte Mann einen Maiskolben abbrach, um zu sehen, ob darin auch etwa jene gelben Körner seien, hörte er mit einem Male eine bekannte Stimme: »Du hast mich besiegt, von nun an gehöre ich dir. Jedesmal, wenn der Frühling kommt, sollst du mich nehmen, auseinanderbrechen und die gelben Körner über das Land streuen. Folgst du meinem Rat, so wird es nie Hunger geben bei den Menschen.«

Massawaweinini, der Zauberer, sah sich erstaunt um und fragte schließlich: »Wer bist du? Ich kenne nicht einmal deinen Namen! Sage mir, wer du bist, damit wir wissen, wie wir unseren Wohltäter anreden sollen.« Noch einmal ertönte die Stimme jenes kleinen Mannes mit der rostroten Feder aus dem Maiskolben, den der Zauberer in der Hand hielt: »Ich bin Mon-da-min, der Geist des Maises.« Dann blieb es still, und nur das Rascheln der Maisblätter im Winde war zu hören.

Der Zauberer kehrte bald darauf zurück zu seinem Stamme und brachte den Ottawa das Geschenk des kleinen Mannes mit der rostroten Feder. Aus Dankbarkeit nennen die Ottawa den Mais noch heute Mon-da-min und veranstalten in jedem Jahre ein besonderes Fest zu Ehren ihres Wohltäters.

13. *Sonnenmann und Mondfrau*

(Ottawa)

Es ist schon sehr lange her, da lebte an den Ufern des Huron-Sees ein alter Mann mit seiner Frau. Die beiden hatten einen Sohn, den sie O-na-wut-a-qut-o nannten, was soviel bedeutet wie Der-die-Wolken-fängt, denn er war ein aufgeweckter Junge, der es schon einmal zu etwas bringen würde. Die Familie gehörte zum Biber-Clan, der schon seit unvordenklichen Zeiten im Stamme eine besondere Stellung einnahm.

Als der Sohn herangewachsen war, sollte er, wie alle jungen Indianer seines Stammes, in den Wald gehen, um zu fasten. Denn nur auf diese Weise konnte er je dem Großen Geiste nahekommen und von ihm ein Zeichen erhalten, das ihn zum vollgültigen Krieger machte. Als die Fastenzeit für O-na-wut-a-qut-o herangekommen war, gaben ihm seine Eltern Holzkohle statt der Mahlzeit, damit er sich das Gesicht bemale zum Zeichen, daß er fortan fasten wolle. Der Junge aber wollte davon nichts wissen, sondern ging in den Wald, wo er sich Vogeleier suchte, die er verzehrte. Seine Eltern, die über dies seltsame Benehmen recht ungehalten waren, zwangen ihn schließlich doch, sich das Gesicht zu schwärzen. Der-die-Wolken-fängt verließ den Wigwam seiner Eltern und blieb die ganze Nacht über im Walde. Hier hatte er einen seltsamen Traum.

Eine schöne Frau kam aus den Wolken zu ihm und rief ihn an: »O-na-wut-a-qut-o, ich komme, dich zu holen. Folge genau meinen Fußstapfen.« Der junge Mann folgte dieser Aufforderung und fand sich mit einem Male über den Baumwipfeln und schließlich sogar über den Wolken. Während er sich mühte, den Schritten seiner Führerin zu folgen, sah er plötzlich eine große Ebene vor sich. Ein Pfad führte zu einem großen Wigwam in der Nähe. Zögernd folgte er seiner Begleiterin in die Hütte und befand sich gleich darauf in einem der beiden Räume, aus denen der Wigwam bestand. Hier hingen Tomahawk und Bogen, ein Köcher mit Pfeilen, Speere und Federhauben, und alles deutete darauf hin, daß er in die Behausung eines großen Kriegers geraten war. Der andere Raum hingegen konnte nur der jungen Frau gehören, die ihn auf so seltsame Weise an diesen Ort gebracht hatte, denn in der Mitte lag ein wunderschöner breiter Gürtel, reich verziert und mit vielen bunten Mustern bestickt, an dem sie nun zu arbeiten begann.

»Mein Bruder wird gleich kommen. Da will ich dich lieber verstecken«, sagte sie nach einer Weile und warf den Gürtel über O-na-wut-a-qut-o, der ganz darunter verschwand. Kurz darauf trat ein Mann ein, der schon an seiner Kleidung als großer Häuptling zu erkennen war. Die Pfeilspitzen in seinem Köcher glänzten wie Silber, und der Kolben seines Tomahawks war über und über mit Silbernägeln verziert. Am Halse trug er eine Pfeife mit zierlich geschnitztem Kopf. Kaum hatte er die Hütte betreten, als er sich an seine Schwester wandte: »Hast du vergessen, daß der Große Geist verboten hat, Menschen von der Erde zu entführen? Oder vielleicht glaubst du, ich wüßte nicht, daß jener junge Ottawa, der sich O-na-wut-a-qut-o nennt, hier ist? Wenn du mich nicht beleidigen willst, bring ihn sogleich zurück.«

Die Schwester aber wollte sich unter keinen Umständen von dem Entführten trennen. So willigte der Bruder schließlich ein, daß der junge Ottawa dableiben dürfe. »Komm aus deinem Versteck hervor, sonst wirst du dort noch verhungern!« rief er. Anschließend beschenkte er ihn mit Pfeil und Bogen und einer Pfeife aus rotem Stein, deren Kopf einen Biber darstellte. Nunmehr waren das Mädchen und der Ottawa Mann und Frau.

O-na-wut-a-qut-o sah bald, daß es in diesem Lande außer seiner Frau und deren Bruder niemanden gab. Die Prärie war voller Blumen, und die Täler waren grün und freundlich. Vögel und anderes Getier gab es im Überfluß, aber alles war unbewohnt. Nirgends zog der Rauch eines Lagerfeuers durch den Wald, und in den Tälern fand sich keine Spur eines Mokassins. Jeden Morgen verließ der Bruder den Wigwam, um erst am Abend zurückzukehren. Dann ging die Frau fort und kam erst gegen Morgen wieder. Dies alles kam dem jungen Ottawa recht seltsam vor, und eines Tages fragte er den Bruder, ob er ihn begleiten dürfe, was dieser zögernd gestattete.

Früh am Morgen verließen sie den Wigwam und wanderten über die endlose Prärie. Schließlich verspürte O-na-wut-a-qut-o großen Hunger, aber sein Begleiter bat ihn, sich zu gedulden. »Bald werden wir rasten, dann kannst du genug essen.« Nach einer Weile kamen die beiden an eine Stelle, wo ein paar Schilfmatten auf dem Boden lagen. Ein Loch im Himmel ließ die beiden Wanderer die Welt unter ihnen in allen Einzelheiten erkennen. Da lagen die großen Seen und die Dörfer der Ottawa und Chippewa. An einer Stelle sah man eine Gruppe von Irokesen vorsichtig ein Lager beschleichen; in einem Dorfe tanzten die Männer um ein großes Feuer; und auf einer Wiese spielten junge Leute ein Ballspiel, das die Franzosen Lacrosse nennen und das die Ottawa schon lange vor den Weißen gekannt haben. Am Ufer eines Flusses sammelten Frauen Binsen, um Matten daraus zu flechten, während eine Anzahl von Rindenkanus, getrieben von blitzenden Paddeln, den See überquerten. Staunend besah sich der junge Mann die Welt, die seine Heimat war.

»Siehst du dort unten die Kinder neben dem Wigwam spielen?« fragte der Mann. »Beobachte den Jungen, der so eifrig ist, und paß auf, was mit ihm geschieht.« Gleichzeitig ließ er etwas aus seiner Hand auf die Erde schlüpfen. Plötzlich fiel das Kind hin und wand sich in Krämpfen. Eilends wurde es von den Erwachsenen in einen Wigwam getragen. In wenigen Augenblicken hatte sich eine Schar von Leuten versammelt, mit wichtiger Miene bahnte sich der Medizinmann seinen Weg durch die Menge, und bald hörten die beiden Beobachter das monotone tom-tom-tom-tom der Trommel und den Gesang des Zauberers, der die Geister und die Sonne anflehte, das Kind zu retten. Als alle Gebete und Gesänge nicht helfen wollten, wurde ein weißer Hund geopfert und über dem Feuer geröstet, während alle weisen Männer des Dorfes ehrfurchtsvoll den Hantierungen des Medizinmannes zusahen.

»Es gibt viele dort unten«, ließ sich die Stimme des Bruders vernehmen, »die ihr für große Heilkünstler haltet, aber das kommt nur daher, weil sie auf mich hören und tun, was ich ihnen vorschreibe. Wenn ich jemanden mit Krankheit geschlagen habe, dann beten die Menschen zu mir, und wenn sie mir die richtigen Opfergaben senden, dann nehme ich die Krankheit von ihnen, und sie werden geheilt.« Während er noch sprach, hatte man auf der Erde den gebratenen Hund in viele Teile zerlegt, ein Stück für jeden, der an der Opferfeier teilgenommen hatte. Darauf sprach der Medizinmann: »Zu dir, Großer Geist, senden wir unser Opfer. Nimm unsere Gabe, Manitu, und heile das Kind von seiner Krankheit.« Sogleich erschien vor den beiden der gebratene Hund, ein Leckerbissen, den jeder zu schätzen weiß. So war denn für die Wanderer das Mahl bereitet, und nachdem sie gegessen hatten, zogen sie weiter und kamen schließlich wieder beim Wigwam an.

O-na-wut-a-qut-o aber konnte seine Freunde und seine Eltern auf der Erde nicht vergessen, seine Sehnsucht nach ihnen wurde immer größer. Schließlich bat er seine Frau um Erlaubnis, wieder auf die Erde zurückzukehren. »Da du das Leben auf der Erde dem bei uns vorziehst, will ich dir deine Bitte gewähren«, sagte sie, »aber vergiß nie, daß du mir gehörst und niemals ein anderes Mädchen heiraten darfst. Solltest du es dennoch tun, so werde ich dir zeigen, daß ich stärker bin, als du vermutest.«

Kaum waren diese Worte verklungen, als O-na-wut-a-qut-o, Der-die-Wolken-fängt, sich wieder auf der Erde befand, genau an jener Stelle, an der er sich zum Schlafe niedergelegt hatte. Statt jener überirdischen Geschöpfe sah er mit einem Male seine Eltern vor sich. Seine Mutter aber rief: »Vier lange Jahre bist du fortgewesen. Wir alle glaubten bereits, daß dir etwas zugestoßen sei!«

Es dauerte eine Weile, ehe sich O-na-wut-a-qut-o wieder entsann, wie er denn hierher zurückgekommen war. Langsam gewöhnte er sich daran, nunmehr ein vollgültiger Krieger zu sein. Nach und nach verblaßte die Erinnerung an die seltsame Begebenheit, und eines Tages wußte er nicht einmal mehr, ob er dies alles nicht nur geträumt habe. So vergaß er auch die Ermahnungen der Frau und heiratete ein junges Mädchen aus dem Clan der Stachelschweine. Aber nach vier Tagen war die Braut tot, und mit einer zweiten Heirat erging es ihm nicht besser. Kurz danach verließ er eines Nachts den Wigwam und blieb spurlos verschwunden. Die Ottawa aber berichten, daß die Mondfrau ihn wieder zu sich geholt habe und daß er noch heute ihren Bruder, die Sonne, auf seiner täglichen Wanderung begleite.

14. Die Bärenjagd

(Fox)

Einst geschah es, daß drei Männer an einem Wintertage auf die Jagd zogen, um einen Bären zu erlegen. Tief lag der Schnee in den Wäldern, und im dichten Unterholz war das Vorwärtskommen schwierig. So hoch lag der Schnee, daß der Hund, den die drei mitgenommen hatten, den Jägern kaum folgen konnte. Nach langer Suche stießen die Männer am Südhang eines Hügels auf eine Bärenfährte. Sogleich machte sich einer von ihnen daran, in das dichte Gestrüpp einzudringen, um den Bären in seinem Versteck aufzustöbern.

Lange Zeit blieb es still, und nur die Meisen schienen wie

gewöhnlich ihrem Geschäft nachzugehen. Der Jäger aber war wie von der weißen Winterwelt verschluckt. Mit einem Male hörten die Zurückgebliebenen seine Stimme: »Nach Norden läuft er davon! Nach Norden läuft er!«

Sogleich eilte einer der Männer nach Norden um den Hügel, um dem flüchtigen Bären den Weg zu verlegen. Kaum aber war er halb um den Hügel herum, da sah er den Bären nach Süden rennen. »Dem Mittag zu versucht er zu entkommen!« rief er seinen Gefährten zu, um sie zu warnen. Aber kurz darauf ertönte von dem Jäger, der im Süden zurückgeblieben war, der Ruf: »Jetzt läuft er in Richtung des Sonnenunterganges!« So ging die Jagd lange Zeit hin und her, und die Jäger hatten große Mühe, den Bären nicht aus den Augen zu verlieren. Immer weiter entfernten sie sich dabei von jenem Hügel, von dem aus die Hatz ihren Anfang genommen hatte. Im Eifer der Verfolgung hatte keiner der drei auf die Umgebung geachtet, und als einer von ihnen sich zufällig umsah, bemerkte er mit Schrecken, daß die Erde tief unter ihm lag! Der Bär hatte die Jäger hoch in den Himmel gelockt!

Voller Schrecken rief der Jäger den übrigen zu, daß sie umkehren sollten, aber diese waren viel zu sehr mit der Bärenhatz beschäftigt, um auf seine Warnung zu hören. Auch der Hund hörte auf keinen Ruf mehr, sondern rannte wie wild zwischen den Jägern hin und her. Den Jägern wurde es kaum bewußt, daß der Winter dem Sommer wich, und erst als es Herbst wurde, gelang es den dreien schließlich, den Bären zu erlegen.

Froh über die Beute, machten sie sich daran, Eichenzweige und allerlei Laubwerk zu schneiden, um auf dieser Unterlage den Bären zu zerlegen. Mit großer Mühe wälzten sie den mächtigen Körper auf diese grüne Unterlage. Dann begann die Arbeit des Abhäutens und Ausweidens. Der Hund schleppte kleine Fleischbrocken überallhin und wußte sich vor Aufregung kaum zu lassen. Rot leuchteten die Blätter vom Blute des Bären.

Die Bärenjagd aber geht jedes Jahr von neuem vor sich, und noch immer haben die drei Jäger nicht den Weg auf die Erde zurückgefunden. Vier Sterne am Himmel zeigen den Bären, der von drei weiteren Sternen, den drei Jägern, verfolgt wird. Wenn man ganz genau hinsieht, vermag man sogar ein weiteres kleines Sternlein zu erkennen; das ist der Hund, den die drei mit auf die Jagd genommen haben. In jedem Herbst holen die drei Jäger ihre Beute ein, erlegen sie und sammeln Zweige. Dann färbt sich der Wald blutrot. Die Weißen aber lachen über diese Geschichte und behaupten, daß die Bärenhatz am Himmel nichts anderes sei als ein großer Wagen.

15. Die Brüder und die Baumkröte

(Menomini)

Es geschah einst, daß in einem Winterlager eine Seuche ausbrach. Während draußen der Frühling ins Land zog, starben in den Wigwams die Menschen, und bald gab es nicht genug Gesunde, um die Totenriten für die Verstorbenen zu halten. Ganze Sippen starben aus, und nur ein kleines Mädchen blieb im ganzen Lager am Leben. Da verließ sie diesen traurigen Ort und wanderte fort, um bei anderen Menschen Unterschlupf zu suchen. So kam es, daß sie ohne Eltern oder Verwandte aufwuchs und sich bald in einem, bald im nächsten Lager von den Geschenken der Bewohner durchschlug. Trotz aller Entbehrungen wuchs sie zu einem schönen Mädchen heran, das recht gut eine tüchtige Frau abgegeben hätte. Aber da sie niemanden hatte, fand sich keiner, der um sie geworben hätte, denn sie wußte nicht einmal, zu welchem Clan sie gehörte.

Wieder wurde es Frühling, und die Winterlager wurden aufgegeben. Jede Familie zog für sich auf die Jagd, während das Mädchen allein zurückblieb. In diesem Jahre hatte niemand sie aufgefordert mitzukommen. Langsam folgte sie den Spuren der Abziehenden, und als es Nacht wurde, fand sie eine Familie beim Feuer sitzen. Vier Tage lang wanderte sie durch die Wälder, suchte sich am Abend ein fremdes Feuer zum Wärmen und ein wenig Speise. Schließlich jedoch schwand ihr der Lebensmut, tagelang sah sie niemanden, und erschöpft blieb sie am Ende liegen. Nach langer Zeit raffte sie ihre Kräfte zusammen und schleppte sich weiter, bis sie an einen Fluß kam. Hier gab es wenigstens Wasser, und als sie sich zum Trinken niederbeugte, sah sie Fleischabfälle im Wasser treiben, die sie hungrig verschlang. Dann folgte sie dem Flußlauf, um zu den Menschen zu kommen, die Fleisch genug hatten, daß sie davon ins Wasser werfen konnten.

Nach langer Wanderung kam sie an einen Wigwam, der dicht am Ufer stand. Von Zeit zu Zeit kamen aus der Hütte Fleischfetzen und allerlei Abfälle geflogen, die klatschend im Wasser verschwanden. Zögernd ging das Mädchen auf den Eingang zu, als sie eine Stimme hörte, die sie bat einzutreten. In der Hütte aber sah sie einen jungen Krieger damit beschäftigt, einen Hirsch auszuweiden. Neben dem Eingang lagen weitere Hirsche. »Das trifft sich gut«, sprach der Krieger, »jetzt habe ich wenigstens Gesellschaft. Zu essen haben wir genug, denn meine Brüder sind auf der Jagd und kommen nur am Abend zurück.« Dann gab er ihr ein Stück Fleisch und unterhielt sie. »Meine Brüder mögen entscheiden, ob du bei uns bleiben kannst, denn ich bin der jüngste unter ihnen. Wir sind zehn Brüder, ich aber betreue das Lager, während die übrigen auf die Jagd ziehen.«

Langsam wurde es Abend, und die Sonne sank hinter den Fichten am Fluß. Da versteckte der junge Krieger das fremde Mädchen in einem Winkel und sprach: »Komm hervor, wenn sie alle hier sind, dann mögen sie gemeinsam entscheiden.« Einer nach dem anderen erschienen die Brüder, mit Wild beladen. Zwei von ihnen schleppten einen Bären, den sie erlegt hatten; ein dritter brachte einen Hirsch; und ein vierter trug zwei Waschbären über der Schulter. Als die zehn Brüder beisammen waren, sprach der jüngste: »Wir haben einen Gast, und ihr sollt entscheiden, als was wir das Mädchen bei uns aufnehmen sollen.« Denn der jüngste Bruder wußte sehr wohl, daß alle gemeinsam beschließen mußten, wenn jemand in die Familie aufgenommen werden sollte. Sogleich trat das Mädchen aus ihrem Versteck hervor, während die Brüder beratschlagten, was zu tun sei. Nachdem jeder von ihnen seine Meinung dargetan hatte, waren sie sich einig, das verwaiste Mädchen als Schwestertochter ihres Vaters aufzunehmen, denn das war das ehrenvollste Verwandtschaftsverhältnis, das es im Stamme gab. So hatte sie mit einem Male zehn Verwandte, die für sie sorgten.

Den ganzen Sommer über blieb das Mädchen bei den zehn Brüdern, doch als der Winter nahte, rüsteten sich diese eines Tages zur Reise. »Was machen wir mit der Schwestertochter unseres Vaters?« fragte der jüngste Bruder. »Wir können sie doch nicht den ganzen Winter über allein lassen.« In den winterlichen Wald wollten sie sie auch nicht mitnehmen, und sie in eines der Winterlager zu fremden Menschen zu schicken, war ebenfalls unmöglich. Gemeinsam beschlossen sie daher, das Mädchen ihrem Freunde Haubenmeise anzuvertrauen, denn dieser hatte auch im strengsten Winter nie Not zu leiden. So blieb das Mädchen den Winter über bei den Meisen.

Schließlich kam der Frühling ins Land, der Schnee verschwand, und überall murmelte das Wasser den Flüssen zu. Da fühlte sich das Mädchen eines Tages plötzlich gepackt, und gleich darauf befand sie sich tief unter der Erde. Langsam wurde sie gewahr, daß die Donnerer sie geraubt hatten, jene Unterirdischen, mit denen die Menschen in dauerndem Kampfe liegen. Gar mächtig und stark sind die Donnerer, die es nicht vergessen können, daß sie einst die Erde beherrschten, damals, als es noch keine Menschen auf der Welt gab. Seitdem man sie vertrieben hat, versuchen sie sich zu rächen und den Menschen Schaden zu tun.

Sorgsam bewachten die Unterirdischen ihre Beute und ließen das Mädchen nicht einen Augenblick allein. Doch eines Tages gelang es ihr für kurze Zeit, die Hütte zu verlassen, in der man sie gefangenhielt. Da weinte sie leise vor sich hin und rief jeden ihrer Verwandten namentlich um Hilfe an.

Die zehn Brüder waren gerade dabei, ihre Rindenkanus zu beladen, als einer von ihnen rief: »Horcht! Ich höre die Schwestertochter unseres Vaters um Hilfe rufen!« Da lauschten alle, und jeder hörte sich mit einem Male angerufen. Sogleich machten sie sich auf die Reise, kaum daß sie sich Zeit zum Essen nahmen, und kamen schließlich an der Stelle an, wo die Erde am dünnsten ist. Denn nur von dort konnten die Hilferufe gekommen sein. Sogleich begannen sie mit ihren Tomahawks auf die Felsen einzuschlagen, bis diese zersprangen. Dann drangen sie ein in das Land der Unterirdischen, erschlugen die Donnerer, die das Mädchen bewachten, und kehrten mit ihrer Verwandten zurück an die Oberwelt. Die Unterirdischen aber konnten ihnen nicht folgen, denn sie scheuen das Licht des Tages und kommen nur hervor, wenn sie Schaden stiften wollen.

Nach dieser Befreiung überlegten die Brüder, wie sie ihre Verwandte in Zukunft vor ähnlichem Unglück bewahren könnten. Da sprach der jüngste Bruder: »Nur wenn wir sie gut verstecken, ist sie vor der Rache der Unterirdischen sicher. Daher müssen wir ein Versteck finden, wo niemand sie vermuten wird. Daher bin ich dafür, daß wir sie in die Astgabel eines Baumes setzen, wo die Unterirdischen sie nicht erreichen können. Bis ans Weltenende soll sie dort sicher sein. Jedesmal aber, wenn wir zu ihr kommen, wird sie uns mit ihrer Stimme begrüßen.«

Die übrigen Brüder stimmten bei, und so versteckten sie die Schwestertochter ihres Vaters in einer Astgabel. Noch immer sitzt das Mädchen dort und ruft, wenn sich jemand nähert. Die Menschen aber sagen, wenn sie sie vernehmen: »Hört nur, die Baumkröte ruft ihre Verwandten.«

16. Die zehn Brüder

(Fox)

Einst, so erzählen sich die alten Leute, lebten in einem Lager zehn Brüder beisammen. Eines Morgens zog der jüngste von ihnen auf die Jagd, um Fleisch für die übrigen zu finden. Lange Zeit fand er kein Wild, doch schließlich kam er an einen See, den er vorher noch nie gesehen hatte. Dort schwammen viele Schwäne und unter ihnen einer, der ganz rote Federn hatte. Da ahnte der junge Jäger, daß es mit diesem Vogel eine besondere Bewandtnis haben müsse, denn alle Schwäne, von denen er bisher gehört hatte, waren weiß gewesen. Vorsichtig schlich er sich näher, bis er den roten Schwan dicht vor sich hatte. Er suchte seinen besten Pfeil hervor, zielte genau und schoß. Aber obgleich er getroffen hatte, war der Vogel nur verwundet. Klagend erhob sich seine Beute in die Lüfte und war bald in der untergehenden Sonne verschwunden. Der Jäger aber merkte sich die Stelle genau, wanderte um den See herum und nahm am nächsten Morgen die Verfolgung auf.

Den ganzen Tag lang wanderte er nach Westen und erreichte am Abend ein Dorf. Hier betrat er eine der Hütten und bat um Gastfreundschaft und Nachtlager. »Habt ihr nicht einen roten Schwan gesehen?« fragte er seine Gastgeber. »Der Vogel hat meinen besten Pfeil fortgetragen, und ich will alles daransetzen, wieder zu meinem Eigentum zu kommen.« Aber keiner der Anwesenden schien von einem solchen Vogel zu wissen, nur die alte Großmutter sagte mit einem Male: »Dreimal so hoch wie die höchsten Bäume flog er dahin, aber von einem Pfeile habe ich nichts bemerkt.« Da wußte der Jäger, daß er auf der richtigen Fährte war. Bevor er sich am nächsten Morgen jedoch wieder an die Verfolgung machte, sprach sein Gastgeber zu ihm: »Du scheinst mir ein tüchtiger Jäger zu sein, daher will ich, daß du meine Tochter zum Weibe nimmst.« Der Jäger, dem das Mädchen gefiel, antwortete: »Wenn ich zurückkomme, will ich sie mit mir nehmen, doch zuerst muß ich den roten Schwan finden.«

Ein weiterer Tag verstrich, ohne daß der Jäger den roten Schwan eingeholt hätte. Am Abend kam er wiederum an ein Lager, wurde freundlich empfangen und gastlich aufgenommen. Auch hier bat ihn der Gastgeber, seine Tochter zu heiraten, was der junge Jäger zu tun versprach. Als er nach dem roten Schwan fragte, berichtete man ihm, daß dieser Vogel am Nachmittage hier vorbeigeflogen sei. »Zweimal so hoch wie die höchsten Bäume«, sagte ein jeder, aber niemand wollte etwas von einem Pfeile bemerkt haben.

Wieder wanderte der Jäger den ganzen Tag lang, aber seine Hoffnung, an diesem Tage den roten Schwan zu finden, blieb unerfüllt. So mußte er am Abend in einem Wigwam um Obdach bitten. Auch hier hörte er von der gesuchten Beute und daß der Vogel fast so hoch wie die höchsten Bäume vorübergeflogen sei, erhielt zum Abschied die Tochter des Gastgebers zur Frau und versprach, auf dem Rückwege das Mädchen mit in das Lager seines Stammes zu nehmen.

Nach neun Tagen und nachdem er neun Mädchen erhalten hatte, kam er am Abend wiederum an einen Wigwam. Wieder fragte er nach dem roten Schwan und erhielt zur Antwort: »Ganz dicht über dem Boden ist er heute hier vorbeigeflogen, und ein Pfeil steckte in seiner Seite.« Da wußte der Jäger, daß er am nächsten Tage seine langgesuchte Beute finden würde. Bevor er am nächsten Morgen aufbrach, sprach sein Gastgeber: »Du bist ein tüchtiger Jäger, der nicht so leicht aufgibt, daher ist es mein Wunsch, daß du meine Tochter zur Frau nimmst. Denn jedes Mädchen wünscht sich einen geschickten Jäger zum Manne, damit sie und ihre Kinder keine Not zu leiden brauchen.« Der Jäger versprach zurückzukommen, sobald er nur den roten Schwan gefunden habe.

Als die Sonne unterging, fand der jüngste Bruder endlich seine Beute. Doch als er den Vogel aufheben wollte, stand mit einem Male die Mondfrau vor ihm. »Wohl hast du mich erlegt, aber dennoch kannst du mich nicht mit dir nehmen, denn nicht auf die Erde gehöre ich. Doch will ich fortan über dich wachen, und sollte jemand dir ein Leid zufügen, so will ich deinen Tod rächen. Geh nun zurück zu den Deinen und sage niemandem, daß du mich getroffen hast.« Gleich darauf war die Mondfrau verschwunden, und nur der Pfeil im Grase erinnerte noch an den roten Schwan.

Die lange Verfolgung hatte ein Ende, und der jüngste Bruder machte sich auf den Heimweg, um ins Lager seiner Brüder zurückzukehren, die ihn sicherlich mit Ungeduld erwarteten. Unterwegs löste er in den zehn Dörfern seine Versprechen ein. Als er endlich in die Nähe seines eigenen Lagers kam, gewahrten ihn seine Brüder schon von weitem, konnten sich aber die zehn Mädchen nicht erklären. Dann betrat er die Hütte und rief seinen zurückgebliebenen Brüdern zu: »Ich habe für jeden von euch ein Mädchen mitgebracht, damit ihr nicht länger ohne Frauen leben müßt.« Und sogleich begann er die Mädchen unter seine Brüder zu verteilen. Die aus dem ersten Dorfe gab er dem ältesten, die aus dem zweiten dem zweiten Bruder und so fort, bis nur noch ein Mädchen übrig war, das er für sich selbst behielt.

Die Brüder waren nicht nur erstaunt, sondern sogar wütend über solche Bevormundung durch den jüngsten, und als der erfolgreiche Brautwerber wieder einmal auf der Jagd war, beschlossen sie, ihren jüngsten Bruder umzubringen. Nur der zweitjüngste weigerte sich, seine Hand zu einer solchen Tat zu leihen, und sprach: »Was ihr plant, wird nicht gut enden!« Aber keiner wollte auf ihn hören.

Am nächsten Tage, als alle Brüder gemeinsam auf der Jagd waren, sagte der älteste von ihnen: »Ich weiß hier in der Nähe einen hohlen Baum, der stets voller Waschbären steckt. Dorthin wollen wir gehen und Beute machen.« Doch kaum waren sie bei dem Baume angelangt, als alle so taten, als ob sie nur sehr schlecht klettern könnten.

Da sprach der jüngste Bruder: »Nun, mir scheint, daß ich der einzige bin, der klettern kann. Aber seid vorsichtig, damit ihr mich nicht aus Versehen trefft, wenn die Waschbären hervorkommen.« Noch ahnte er ja nicht, daß die Brüder vorher abgemacht hatten, daß der jüngste an diesem Tage sterben sollte.

Nachdem sie den Bruder erschossen hatten, schnitten sie ihm den Kopf ab, den sie unter ein paar Büsche warfen, wo ihn niemand finden würde. Dann zerlegten sie seinen Körper, rösteten einen Teil an Stöcken und warfen den Rest ins Feuer. So, glaubten sie, würde niemand auf den Gedanken kommen, daß sie ihren Bruder auf der Jagd erschlagen hätten, denn die Stelle sah aus, als ob hier jemand einen Hirsch gegessen hätte. Daheim erzählten sie der Frau, daß ihr Mann noch im Walde auf der Jagd sei und erst spät am Abend heimkommen werde.

Als der Vermißte aber am nächsten Morgen noch nicht erschienen war, machte sich die Frau auf, um ihren Mann zu suchen. Nach einer Weile kam sie an das verlassene Feuer, wo noch das Fleisch an den Stöcken über der toten Asche steckte. Gerade wollte sie davon essen, als sie die Stimme ihres Mannes vernahm: »Iß mich nicht, iß mich nicht!« Da merkte die Frau, was sich hier zugetragen haben mußte. Weinend eilte sie zurück ins Lager. Gerade war der Mond aufgegangen, als sie in ihrem Wigwam ankam.

Mittlerweile war unter den Brüdern der Streit entbrannt, wer die Witwe ihres Bruders haben sollte, denn der Sitte nach gehört die Witwe dem Erben. »Ich bin der Älteste, daher gehört sie mir«, sprach einer, und ein zweiter entgegnete: »Nun ja, wohl darum hast du den Vorschlag gemacht, unseren Bruder umzubringen?« Doch da der Älteste nun einmal im Recht war, ließen die anderen es dabei bewenden. Als die Frau in die Hütte trat, redete ihr neuer Mann sie an: »Dein Mann muß auf der Jagd verunglückt sein, denn er ist nicht zurückgekehrt. Nimm deine Sachen und folge mir.«

»Bruder, wart einen Augenblick! Laß mich dir eine Geschichte erzählen.« Erschrocken erkannten die Anwesenden die Stimme des Toten. Als sie sich umsahen, kam ein Totenschädel zur Hütte hereingerollt, von dem die Worte gekommen waren. »Einst«, so ließ sich der Schädel vernehmen, »zog der jüngste Bruder aus, um einen Schwan zu schießen. Als er zurückkehrte, da brachte er für jeden seiner Brüder ein Mädchen mit. Der Erstgeborene jedoch war eifersüchtig und überredete die übrigen, daß sie gemeinsam den Jüngsten umbringen sollten. So lockten sie ihn auf einen Baum und erschossen ihn wie einen Waschbären. Der Älteste aber nahm für sich die Witwe in Anspruch, denn sie war der eigentliche Grund, warum der Bruder hatte sterben müssen. Das ist meine Geschichte.« Bei diesen Worten bleckte er die Zähne, dann riß der rollende Schädel seine Kiefer weit auf und zermalmte den verräterischen Bruder mit einem einzigen Biß.

Weiter rollte der Schädel, und jedem der ungetreuen Brüder erzählte er die gleiche Geschichte. Danach zermalmte er ihn mit einem einzigen Biß der mächtigen Kiefer und rollte zum nächsten. Nachdem er alle neun Brüder vertilgt hatte, machte er sich an die Frauen und bereitete ihnen das gleiche Schicksal. Nur seine eigene Frau ließ er unbehelligt. Als er sein Vernichtungswerk beendet hatte, sprach der rollende Schädel zu ihr: »Lege mich in einen Beutel aus Lindenbast und nimm mich auf den Rücken. Denn wir wollen uns ein anderes Lager suchen, hier will ich nicht länger bleiben.« Aus lauter Angst folgte die Frau dem Befehl, nahm den Beutel auf den Rücken und verließ das Lager.

Nach langer Wanderung kam sie schließlich an einen hohlen Baum, in dem eine Familie von Waschbären hauste. »Wenn ich nur etwas zu essen hätte!« murmelte sie vor sich hin, und sogleich ließ sich der Schädel vernehmen: »Setze mich auf die Erde, damit ich jagen kann!«

Kaum hatte die Frau ihn aus dem Beutel genommen, da begann der Schädel zu rollen. Immer schneller rollte er dahin, rollte den Baum hinauf, rollte auf den Ästen hin und her und hatte bald eine Anzahl von Waschbären erlegt. Die Frau machte sich daran, die Beute zu braten, und gab dem rollenden Schädel, der einst ihr Mann gewesen war, zu essen. Danach sammelte sie das Fett der Waschbären nach Indianerart in die Blasen der erlegten Tiere, damit sie es am Morgen mit auf den Weg nehmen konnte. Während sie dabei war, die Fettblasen zum Kühlen an einen Zweig zu hängen, erschien mit einem Male eine Haubenmeise und flüsterte: »Bald kommt die Zeit, da dein Mann auch dich vertilgen wird, denn seitdem er zum rollenden Schädel geworden ist, kennt seine Vernichtungswut keine Grenzen. Morgen, wenn er wiederum zur Jagd geht, mußt du dich aus dem Staube machen. Dort in den Bergen liegt dein Dorf. Lauf dorthin und bitte deinen Bruder um Hilfe. Diese Fettbeutel aber nimm mit auf die Flucht. Wenn der Schädel dir zu nahe kommt, dann wirf von dem Fett hinter dich, und der rollende Schädel in seiner Gefräßigkeit wird anhalten, um auch den letzten Brocken vom Boden aufzulesen. Dadurch gewinnst du Zeit. Folge meinem Rat, ehe es zu spät ist.« Und gleich darauf war die kleine Meise im Geäst verschwunden.

Am nächsten Morgen rollte der Schädel fort in den Wald, um Hasen zu jagen. Kaum war er fort, da lief die junge Frau in der entgegengesetzten Richtung davon. Als der rollende Schädel zurückkam und die Frau fressen wollte, fand er sie nirgendwo. Rasch machte er sich an die Verfolgung, mußte aber immer wieder anhalten, weil er das verstreute Fett nicht liegenlassen wollte. So kam es, daß die Frau sicher das Dorf ihres Bruders erreichte.

Als der rollende Schädel einige Zeit später im Dorfe erschien und unentschlossen zwischen den Hütten haltmachte, da er nicht wußte, in welchem Wigwam seine Frau verborgen sein mochte, traf ihn ein wohlgezielter Pfeilschuß aus dem Dunkeln, der ihn in Stücke zerbrechen ließ. Allein die Mondfrau sah den jungen Jäger, der nun endlich seine Ruhe gefunden hatte, den Wolken entgegensteigen und breitete ihre Arme aus, um ihn zu empfangen.

Am nächsten Morgen nahm der Bruder der Frau seinen Pfeil vom Boden auf und warf den zerbrochenen Schädel in eine tiefe Schlucht, aus der es kein Entrinnen gab. Nie, so sagen die alten Leute, hat ein Mensch je wieder einen rollenden Schädel gesehen.

17. Moovis

(Chippewa)

In einem Winterlager lebte einmal ein junges Mädchen, das so schön war, daß sie von allen jungen Kriegern des Stammes bewundert und umworben wurde. Besonders Mamondaginine hatte sich in sie verliebt und wollte sie unbedingt zur Frau haben. So sagte er zu seinem Freunde und Blutsbruder: »Komm, wir wollen um Mamondagokwa, das schönste Mädchen weit und breit, werben, denn ich kann ohne sie nicht länger leben.« Aber das junge Mädchen Mamondagokwa war zu stolz und wollte mit dem Freier nichts zu tun haben. Ja sie machte die beiden Männer vor dem ganzen Dorfe lächerlich, als sie zierlich die Hand hob, den Daumen und die Finger zusammenlegte und sie direkt vor der Nase des Abgewiesenen ausspreizte, eine Geste höchster Verachtung.

Beschämt und gekränkt wandte sich Mamondaginine zum Gehen, aber in diesem Augenblick stand sein Entschluß fest, an dem Mädchen Rache zu nehmen für die ihm zugefügte Beleidigung. Tagelang saß er im Zelt, verschmähte alle Speise und schien die Lust am Leben verloren zu haben. So bemerkte er nicht einmal, daß der Winter dem Ende entgegenging. Als das Lager aufgegeben wurde und der Stamm zum Fischen an den Fluß zog, blieb Mamondaginine zurück. Ganz allein saß er auf der Lichtung, auf der noch vor wenigen Stunden die Zelte gestanden hatten. Selbst sein Blutsbruder hatte ihn nicht umstimmen können und war schließlich mit den anderen davongezogen.

Während Mamondaginine dort einsam auf der Lichtung saß, die noch überall die Spuren des Winterlagers trug, kam ihm mit einem Male ein Einfall, der ihm ohne Zweifel von einem mächtigen Geiste gegeben worden war, denn allein hätte der junge Krieger eine solche Rache wohl unmöglich durchführen können, ein Geist mußte ihm die Kräfte verliehen haben.

Mit zielbewußten Schritten wanderte er über die Lichtung, auf der nur die kalten Feuer und die zahlreichen Abfälle anzeigten, daß hier einmal Menschen gehaust hatten. Hier und da bückte er sich, um ein Stück Leder, einen alten Mokassin, einen zerrissenen Gürtel oder eine völlig aufgetragene Lederjacke aufzulesen; kurzum, er suchte alles zusammen, was er an alten Kleidungsstücken im Schnee finden konnte. Der größte Teil hatte den ganzen Winter über draußen gelegen und sah dementsprechend aus. Nach einer Weile setzte er sich nieder und besah die aufgelesenen Abfälle. Dann machte er sich daran, aus diesen Sachen Jacke und Leggins zu fertigen, die er mit Glasperlen verzierte und so bemalte, wie es in seinem Stamme üblich war. Auch ein Paar Mokassins machte er aus dem Abfall. Nachdem die Kleider fertig waren, begab sich der junge Mann wiederum auf die Suche, diesmal nach alten Knochen, Fellresten, kleinen Stücken Fleisch, was nicht so einfach war, denn die Hunde des Lagers hatten bereits vor ihm Nachlese gehalten. Als er nicht genug finden konnte, nahm er zusätzlich noch ein paar Hände voll Lehm. Mit diesen Funden füllte er nunmehr die Kleider, nachdem er die einzelnen Knochen mit Schnee zusammengefügt hatte. Nach kurzer Zeit sah das Bündel wie ein sehr heruntergekommener Mann aus. Darauf zog Mamondaginine seiner Schöpfung noch die Mokassins an, steckte dem seltsamen Lumpenmanne eine Adlerfeder ins Haar, gab ihm einen Bogen in die

Hand und hieß ihn aufstehen. Groß war das Erstaunen des jungen Kriegers, als sich die Gestalt tatsächlich erhob! Doch bevor Mamondaginine sich's versah, stand vor ihm ein großer, wohlgestalteter Krieger, dessen prächtige Kleidung und dessen Stirnband in jedem Lager Aufsehen erregen mußten. So war Moovis, der Mann aus Lehm und Lumpen, plötzlich zum Leben erweckt worden.

»Folge mir«, sagte Mamondaginine, »und achte genau auf meine Befehle, denn du sollst mir gute Dienste leisten.« Mit diesen Worten gab er der Gestalt vor ihm einen Tomahawk in die Rechte, dann machten sich beide auf den Weg zum Fluß, wo die übrigen Bewohner inzwischen ihre Lederzelte aufgeschlagen hatten.

Als die beiden zwischen die Zelte traten, wunderten sich die Bewohner, woher wohl der vornehme Fremde gekommen sein könnte, denn daß es sich um einen Krieger von Rang handeln mußte, sah man bereits an seiner Kleidung und an der stolzen Haltung, mit der er neben Mamondaginine einherschritt, ohne ein Wort zu sagen.

Kaum hatte der Häuptling von diesen Vorgängen erfahren, als er sich aufmachte, um den Fremden zu sich in sein Zelt zu laden, während er seine Frauen und seine Tochter Mamondagokwa beauftragte, Elchrücken und Hirschkeulen für ein Festmahl zu rösten. Bald war alles beim Schmaus, und Mamondagokwa hatte nur Augen für den stolzen Fremden, der schweigend neben jenem abgewiesenen Verehrer saß, der sich so seltsam benommen hatte. Moovis, der Mann aus Lehm und Lumpen, hatte es aber nicht nur dem Mädchen, sondern auch dem Häuptling selbst angetan, der sich nicht genug tun konnte, den Fremden zu unterhalten, ihn bat, sich doch näher ans Feuer auf den Ehrenplatz zu setzen, ihm die besten Stücke Fleisch vorlegte und bemüht war, allen zu zeigen, welche Ehre es für ihn sei, einen solchen Gast zu bewirten.

Nach dem Essen legte er einen großen Holzklotz auf das Feuer, und bald herrschte im Zelt eine solche Wärme, daß

Moovis sich nur mit Mühe aufrecht halten konnte; beinahe wäre er wieder in seine Bestandteile zerfallen! Aber Mamondaginine fand rechtzeitig einen Vorwand, mit seinem Freunde das Zelt zu verlassen. In der Kühle der Frühjahrsnacht fand Moovis bald seine alte Haltung wieder, während die im Zelt Zurückgebliebenen voller Bewunderung darüber sprachen, wie abgehärtet und gesund der Fremde sein müsse, daß er die nächtliche Kälte draußen der Nähe des Feuers vorziehe.

Während Mamondaginine vor dem Eingang stehenblieb, betrat Moovis wiederum das Zelt und setzte sich diesmal an den Platz, der der Überlieferung nach stets dem Schwiegersohn des Hauses zusteht. Da der alte Häuptling keine Einwände machte, war damit die Hochzeit vollzogen. Mamondagokwa, die ja ahnungslos war, wen sie soeben geheiratet hatte, blickte nur noch stolzer drein. Traurig ging Mamondaginine zurück zum Zelt seiner Familie.

Am nächsten Morgen erhob sich der Fremde, noch bevor die Sonne über dem Horizont erschienen war, rückte seine Adlerfeder zurecht, nahm Bogen und Tomahawk zur Hand und sprach: »Ich muß jetzt gehen, denn ich habe eine weite Reise vor mir, und der Abend soll mich nicht mehr in dieser Gegend finden.« Auch Mamondagokwa packte nach Indianersitte ihre Habseligkeiten zusammen und sprach: »Zu welchem Stamm und in welches Land du auch gehen wirst, ich werde dir folgen, denn seit heute gehöre ich nicht mehr in das Zelt meiner Eltern.« So machten sich beide auf den Weg, und als Moovis am Zelt von Mamondaginine vorüberschritt, dachte jener: ›Da geht er hin, der Mann, der nicht sein wird, und sie folgt ihm in das Land, das nicht ist. Wohl habe ich Mitleid mit ihr, die noch heute lernen wird, daß sie in ihrem Stolze blind gewesen ist. Doch da sie es so hat haben wollen, will ich sie jetzt nicht zurückhalten.‹

Rasch schritt Moovis aus, während seine Frau ein paar Schritte hinter ihm blieb, wie es die Sitte erforderte. Der Weg war beschwerlich, und bald mußte Mamondagokwa zurückbleiben, so sehr sie sich auch mühte, mit Moovis Schritt zu halten. Als die Mittagssonne vom Himmel brannte, hatte sie ihn völlig aus den Augen verloren. So konnte sie nicht sehen, wie Moovis langsam in der Wärme zerging. Während sie seinen Spuren folgte, fand sie erst den einen seiner Mokassins und bald darauf auch den zweiten. Dann sah sie schon von weitem seine Leggins am Ufer eines Baches liegen, und schließlich fand sie sogar seine Adlerfeder. Alles war wieder so unansehnlich geworden wie zu Beginn, als Mamondaginine es aus dem Schnee gelesen hatte, und von der zauberischen Pracht war nichts geblieben. Zuletzt fand Mamondagokwa einen Haufen alter Knochen, um die sich eine Schar hungriger Füchse balgte, danach hörten auch die Spuren auf.

Am nächsten Tage, als auch der letzte Schnee verschwunden war, kehrte das Mädchen erschöpft und verzweifelt zurück zu den Knochen, aber sie hatten sich nicht verändert. Klagend rief sie immer wieder: »Moovis, Moovis, du hast mich in die Irre geführt!« Aber keine Antwort erscholl, und kein Moovis ließ sich blicken. Noch heute, so erzählt man, wandert Mamondagokwa durch die Wälder und ruft nach ihrem Gatten. Und den Mädchen des Stammes, die stolz und verächtlich einen Freier abweisen, geben die Alten den Rat: »Paß auf, daß es dir nicht so geht wie Mamondagokwa!«

18. Gut und Böse

(Irokesen)

Zur Zeit der Uralten gab es zwei Welten; die obere gehörte den Uralten, die untere wurde von dem großen Ungeheuer beherrscht. In der unteren Welt gab es nur völlige Dunkelheit, auch nicht ein Funken Licht war dort vorhanden. In der oberen Welt des Lichtes lebten die Uralten, die wie Menschen waren.

Einst geschah es, daß eine Frau, deren Leib schwer war, ihre Zeit gekommen fühlte. Erschöpft ließ sie sich auf einer Matte nieder, die ihr die Verwandten ausgebreitet hatten. Mit einem Male jedoch versank sie, immer tiefer verschwand sie in der dunklen Erde und fiel schließlich in die untere Welt.

Das große Ungeheuer, das aussah wie eine gehörnte Schlange, sah das Wesen aus der oberen Welt fallen und rief sogleich alle Bewohner der unteren Welt zusammen. Sie sollten an der Stelle stehen, an der die Frau niederfallen mußte. Immer noch fiel die Frau durch das Nichts, das die beiden Welten trennte. Als alle Wesen der Dunkelheit versammelt waren, beschlossen sie, einen von ihnen in die große Tiefe zu senden, um eine Handvoll jenes Erdbodens zu holen, aus dem die Welt gemacht war. Immer noch fiel die Frau durch das Nichts, das zwischen der oberen und der unteren Welt war. Als die Erde gebracht war, bot sich Große Schildkröte an, die Welt auf ihrem gewaltigen Rücken zu tragen, damit alles bereitet sei für die fallende Frau der Uralten. So kam es, daß die Frau auf die weiche Erde fiel, die auf dem Rücken der Großen Schildkröte ausgebreitet lag. Sogleich begann die Schildkröte zu wachsen, und unermeßlich groß wurde ihr Rücken. Kurz darauf gab die Frau zwei Jungen das Leben, während sie selbst starb, kaum daß die Kinder geboren waren. Bei der Geburt aber hatte sich eine böse Absicht in den Körper des einen Jungen begeben, während der zweite Junge einen guten Geist erhielt.

Kaum hatten sich die Brüder zurechtgefunden, da begannen sie bereits zu streiten, denn Guter Geist versuchte immer wieder seinen Bruder Böser Geist von seinen Untaten zurückzuhalten. Guter Geist beschloß, die dunkle Welt müsse Licht haben, damit die Ungeheuer, vor allem die Gehörnte Schlange, vertrieben würden. Böser Geist aber wollte davon nichts wissen, sondern behauptete, daß die Welt ohne Licht viel besser sei. Guter Geist jedoch ließ sich nicht beirren, sondern formte aus dem Körper der toten Mutter die Sonne, den

Mond und die Sterne. Der Kopf der Frau wurde die Sonne, noch heute hat sie die Herrschaft über alles Licht, so wie der Kopf über den Körper gesetzt ist. Wo aber das Licht erschien, da verkrochen sich die Ungeheuer der unteren Welt und verschwanden in den tiefsten Tiefen, dorthin, wo selbst das Licht sie nicht erreichen kann.

Nachdem Guter Geist der Welt so das Licht gegeben hatte, das aus dem Körper der Mutter stammte, die zu den Uralten gehörte, beschloß er, die Erde wohnlicher zu machen. Jene Insel, die der Rücken der welttragenden Schildkröte war, sollte bereitet werden für die Menschen, die nach ihm kommen sollten. So schuf er Flüsse und Bäche, Felsen und Berge, Wiesen und Wälder und gab jedem Tier und jeder Pflanze einen Platz in seiner Schöpfung. Auch zwei Menschen schuf er, einen Mann und eine Frau, und blies ihnen in die Nasenlöcher, damit sie zu atmen begännen wie die übrigen Geschöpfe auch. Diese beiden Wesen nannte er Ea-gwe-howe, das heißt echte Menschen, zum Unterschied von den Uralten, die in der oberen Welt wohnen. Den beiden Menschen aber gab er die Weltinsel auf dem Rücken der Großen Schildkröte und setzte sie ein als Wächter über alle Kreatur, denn den Menschen ist das Gut dieser Welt nur anvertraut, bis Guter Geist es ihnen eines Tages wieder abverlangt und sie Rechenschaft geben müssen über seine Berge, Wälder und Flüsse, seine Pflanzen und Tiere. Donner wurde bestellt, die Erde mit seinem Regen zu bewässern, damit Menschen, Tiere und Pflanzen gedeihen sollten. Den Sternen jedoch trug Guter Geist auf, Tage und Nächte, Jahreszeiten und Monate zu regeln und Sonne und Mond zu unterweisen, wann sie zu erscheinen hätten.

Böser Geist hatte unterdessen seine eigene Schöpfung begonnen. Hohe Berge hatte er den Flüssen in den Weg gelegt und Bäche über Felshänge geleitet, von denen sie brausend in die Tiefe sausten, um klatschend auf den Felsen zu zerschellen. Schlangen und Kröten und allerlei Ungeziefer hatte er erschaffen nach dem Vorbild jener Ungeheuer, die das Licht vertrieben hatte. Nur viel kleiner waren diese Geschöpfe geworden, denn Guter Geist sollte nichts merken von dieser Tätigkeit. Daher trug Böser Geist seinen Kreaturen auf, sich zu verstecken unter Steinen und Klippen, damit Guter Geist sie nicht gewahr würde.

Auch zwei Menschen versuchte Böser Geist zu erschaffen, aber so sehr er sich auch mühte, er konnte ihnen kein Leben einblasen, denn Böser Geist hatte nicht die Kraft, Menschenseelen zu erschaffen. Als Guter Geist sah, was sein Bruder tat, half er ihm und hauchte den beiden Gestalten Leben ein. »Da ihr vom Bösen kommt, sollt ihr ihm gehören«, sprach er, und seit dieser Zeit ist das Böse auf der Welt. Aber selbst das Böse ist ein Teil des Guten, denn Guter Geist hatte der Schöpfung seines Bruders von seinem Atem gegeben.

Böser Geist aber ruhte nicht, sondern sann auf Rache, denn er konnte es nicht verwinden, daß sein Bruder mächtiger war. Daher fing er alle Tiere, sperrte sie in eine Schlucht und ließ auch nicht ein Wesen zurück, das den echten Menschen hätte nützlich sein können. Mühsam ernährten sich diese von Pflanzen. Aber Guter Geist merkte, was geschehen war und warum die Menschen Hunger litten. Da befreite er die Tiere und forderte seinen Bruder auf, fortan nicht mehr allein über die Erde zu schweifen.

Schließlich jedoch begannen die beiden ungleichen Brüder Streit. Lange Zeit kämpften sie miteinander, aber am Ende siegte Guter Geist über seinen bösen Bruder. Böser Geist versank in die Tiefe, dorthin, wo sich die Ungeheuer versteckt halten, während Guter Geist die Erde wieder herrichtete. Böser Geist aber kehrt von Zeit zu Zeit zurück auf die Erde, um die Menschen zu erschrecken, denn Gut und Böse sind Zwillinge, Kinder einer Mutter, und jedes von ihnen hat seinen Platz in der Welt.

19. Die Falschgesichter

(Irokesen)

Nachdem Guter Geist die Welt eingerichtet hatte für die Menschen, folgte er eines Tages der Sonne auf ihrer Bahn, um sich sein Werk zu besehen. Er prüfte Berge und Flüsse auf ihre Nützlichkeit und kam schließlich an eine Waldlichtung. Hier gewahrte er mit einem Male ein seltsames Wesen, das in diesem Walde zu hausen schien. Nie zuvor hatte er solch ein Antlitz geschaut, und er war sicher, daß solche Häßlichkeit nicht von ihm gewollt war. Lang und strähnig hingen die Haare um die furchterregende Fratze, deren Nase ganz auf die rechte Seite verschoben zu sein schien, während der linke Mundwinkel nach der entgegengesetzten Richtung strebte. Groß und gespenstisch standen die Augen in dem dunkelbraunen Gesicht.

»Wer bist du, und was machst du hier?« fragte Guter Geist die seltsame Gestalt, die nur aus einem riesigen Kopf zu bestehen schien, unter dem der Körper fast völlig verschwand.

»Ich bin der wahre Herr dieser Welt«, war die Antwort, »denn ich war bereits hier, als du noch nicht einmal geboren warst. Ich war schon, als die Gehörnte Schlange noch nicht war; ich war schon alt, als die welttragende Schildkröte noch nicht einmal aus dem Weltenschlamm entstanden war. Dies war mein Reich, als selbst die Welt ein Nichts war.«

Guter Geist erwiderte: »Mir gehört diese Welt, denn ich habe sie geschaffen. Ich habe gewollt, daß diese Berge, diese Wälder entstehen sollten. Darum sind sie mein wie alles, was meinem Willen entsprungen ist.«

Darauf antwortete der Fremde, der niemand anderes war als das Falschgesicht: »Das mag schon sein, denn die Welt ist jung, verglichen mit mir. Ich bin hier gewesen von Anbeginn, und niemand wird mich von dieser Stelle vertreiben, denn ich bin mächtig, vielleicht mächtiger als du, der du behauptest, diese Welt gewollt zu haben.«

Da forderte Guter Geist das Falschgesicht auf, seine Kräfte doch unter Beweis zu stellen. Sogleich hob das Falschgesicht die Hand und zeigte auf einen Berg. »Komm her zu mir, denn ich bin älter als du«, redete er ihn an. Und sogleich stand der Berg neben dem Sprecher. Guter Geist versuchte nun ebenfalls, seine Macht zu zeigen, und bedeutete einem zweiten Berge, zu ihm, seinem Schöpfer, zu kommen. Bald darauf standen die beiden Berge so dicht zusammen, daß für das Falschgesicht und den Guten Geist kaum Platz blieb.

Beide waren nun überzeugt, daß der andere über besondere Macht verfügen müsse. »Ich glaube nicht«, sprach Guter Geist, »daß es gut ist, wenn dich die Menschen sehen, denn sie werden sich vor dir fürchten. Du bist so häßlich, daß sich niemand allein forttrauen würde, wenn er wüßte, daß du in der Nähe sein könntest. Bleibe im dunklen Walde und halte dich dort versteckt.« Das Falschgesicht versprach, dem Guten Geiste diese Bitte zu erfüllen, wenn die Menschen seine Enkel genannt werden dürften. »Denn ich bin so alt wie die Welt, die du den Menschen geben willst, und noch einiges älter. Da ist es nur recht, wenn sie in mir ihren Großvater sehen. Zum Dank will ich ihnen helfen und sie vor Krankheiten bewahren. Auch will ich sie heilen, wenn sie dennoch krank werden sollten. Auch den Sturm will ich von ihnen abhalten und in den höchsten Himmel lenken, wo er ihnen nichts antun kann.«

Guter Geist war einverstanden, denn er wußte wohl, daß das Falschgesicht über große Zauberkräfte verfügte und nicht leicht zu vertreiben sein würde. Daher sagte er: »Die Menschen sollen in dir und den Deinen ihre Ahnen sehen, die ihnen wohlgesinnt sind. Zum Dank für diese Hilfe, die du ihnen angedeihen lassen willst, sollen sie einen besonderen Tanz veranstalten, den Tanz der Falschgesichter. Zeige dich daher den Menschen ab und zu, damit sie wissen, wie du aussiehst. Danach sollen sie sich Masken schnitzen, die sie beim

Tanze tragen. So erkennt jeder deine Macht. Solange die Menschen dies Gebot befolgen, sollst du ihnen beistehen in ihren Krankheiten, wenn sie dich darum bitten. Falls die Menschen dich aber vergessen sollten, darfst du ihnen Krankheiten und Seuchen senden, damit sie deine Macht spüren und ihre Gedanken zu dir zurückkehren. Denn dein Vorschlag soll gelten, solange du und ich, die Menschen und die Erde bestehen.«

20. *Die Erschaffung der Erde*

(Yuchi)

Zu Anbeginn war die Welt mit Wasser bedeckt, und so weit man sehen konnte, gab es kein Land. Unermeßlich dehnte sich das Wasser, und die Tiere wußten nicht, wohin sie sich wenden sollten, als sie auf die Erde kamen. Niemand hatte eine Ahnung, wo Land zu finden sei, bis der Krebs schließlich vorschlug, ein wenig Erde vom Meeresgrund heraufzuschaffen. Und sogleich verschwand er im Wasser, während die übrigen Tiere sehnsüchtig auf seine Rückkehr warteten, denn ohne Land konnten sie ja nicht leben.

Der Krebs ließ sich bis auf den Boden sinken, der damals den Wasserwesen gehörte. Dort angekommen, begann er sogleich, Schlamm und Sand zusammenzutragen, und bald hatte er einen ganzen Haufen gesammelt. Während er noch bei dieser Arbeit war, hörte er mit einem Male die Stimmen der Wasserwesen: »Wer arbeitet da auf unserem Lande? Wer arbeitet da auf unserem Lande?« Die Wasserwesen hatten nämlich den Krebs bei seinem Tun beobachtet und hatten Angst, daß er ihnen ihr Eigentum stehlen wollte. Rasch eilten sie auf den Krebs zu, um ihn zu fangen. Doch da rührte dieser den Schlamm mit seinem Schwanze auf und verschwand in einer trüben Wolke.

Wieder machte er sich von neuem an die Arbeit, denn den ersten Erdhaufen hatte er zurücklassen müssen. Wieder trug er Schlamm und Sand zusammen und begann darauf, mit seiner Beute an die Oberfläche zu schwimmen. Dort hielt er seinen Fund über Wasser, so daß die zurückgebliebenen Tiere schon von weitem sehen konnten, daß er Land gefunden hatte. Naß und weich war der Schlamm, und der Krebs fragte die Tiere: »Wer von euch will das Land ausbreiten, damit es trocken und hart wird und wir alle darauf leben können?«

Die Tiere berieten eine Weile und schlugen den Falken vor, doch dieser weigerte sich und behauptete, daß seine Flügel zu kurz seien. Schließlich fand sich der Bussard bereit, die Aufgabe zu erledigen. Er nahm behutsam den Schlamm auf seine Flügel, breitete diese aus und begann über die mit Wasser bedeckte Welt zu fliegen. Überall fiel von dem Schlamm auf die Erde, aber der Schlamm war noch nicht ganz hart. So kam es, daß überall dort, wo der Bussard über die Welt schwebte, Ebenen entstanden, aber an den Stellen, an denen er die Flügel bewegt hatte, wurde das Land zu Bergen und rollenden Hügelketten.

Überall war jetzt Land, aber es war dunkel, und die Tiere wußten nicht, wohin sie gehen sollten. Daher holten sie Yohah, den Stern aus der Unterwelt, wo er verborgen war, und baten ihn, ihnen zu leuchten. Aber Yohah hatte selbst nur sehr wenig Licht, und überall dort, wo er gerade nicht war, war es noch immer dunkel. Daher beschlossen die Tiere, auch Scharpar, den Mond, um Hilfe zu bitten. Aber auch Scharpar hatte Mühe, genug Licht zu verbreiten, so sehr er sich auch anstrengen mochte, es wollte nicht richtig hell werden.

So beschlossen die Tiere, der Sonnenmutter Techo ihr Leid zu klagen und sie zu bitten, ihnen Licht zu verschaffen. Techo lauschte den Klagen der Tiere und sprach: »Ihr seid meine Kinder, daher will ich euch helfen. Aber da auch ich nicht überall sein kann, sollen Yohah und Scharpar mich vertreten.«

Seitdem scheinen Mond und Sterne nie zur gleichen Zeit wie die Sonne.

Als Techo, die Sonnenmutter, am Horizont erschien, wurde es überall auf der Erde hell. Den ganzen Tag lang wanderte sie über die Erde. Als sie am Mittag einen Tropfen Blut verlor, der auf die Erde fiel, merkte sich Techo die Stelle. Am nächsten Tage war aus dem Blutstropfen ein Mensch entstanden, der sich ›Kind der Sonne‹ nannte. Und noch heute nennen sich die Yuchi-Indianer Tsojaha, das heißt ›Kinder der Sonne‹, und verehren die Sonne als ihre Mutter.

21. Der Donnerer

(Creek)

Ein Junge, dessen Eltern schon lange tot waren, wurde einst von seinen Verwandten zur Jagd mitgenommen. Aber da er zu jung war, um allein dem Wilde nachzustellen, hatte man ihm das Lager anvertraut. So unterhielt er das Feuer, kochte für die Jäger, spannte und reinigte die erbeuteten Hirschdecken und machte sich nützlich, so gut er konnte. Das Lager stand dicht an einem Bache, der nicht viel weiter unterhalb über eine Klippe ins Tal stürzte. Oft war der Junge an diesem Wasserfall gewesen und hatte den sprühenden Tropfen nachgeschaut, die als leuchtender Schleier in der Sonne glitzerten.

Eines Tages nun hörte der Junge aus der Richtung des fallenden Wassers ein großes Getöse. Rasch ergriff er Bogen und Pfeile und schlich sich behutsam näher, um vielleicht seinen ersten Bären zu erlegen. Da sah er im sprühenden Wasser eine Gestalt, die etwas um den Hals trug. Bei näherem Zusehen stellte er fest, daß der Mann dort mit einer Schlange kämpfte, die sich ihm um den Hals gelegt hatte. Die Schlange hielt mit aller Macht fest, so sehr der andere auch zog und zerrte.

»Hilf mir, diesen Burschen umzubringen!« rief die Schlange dem Jungen zu. »Du wirst es nicht bereuen, denn ich kenne viele Geheimnisse, die ich dir anvertrauen will.« Da nahm der Junge seinen Bogen zur Hand und zielte auf die Gestalt dort am Wasserfall.

»Schieß nicht!« rief der Mann, »sondern töte die Schlange an meinem Halse, und ich werde dich nie vergessen. Siehst du den weißen Kehlfleck? Darunter liegt ihr Herz. Wenn du das triffst, muß sie sterben.«

Der Junge zielte und traf die Schlange genau auf den weißen Kehlfleck. Nach ein paar Zuckungen konnte der Mann sie von seinem Halse lösen. Verächtlich warf er darauf die tote Schlange in den Bach. Einen Augenblick später war die Gestalt verschwunden! Doch aus dem Rauschen des fallenden Wassers vermeinte der Junge noch einmal die Stimme des Mannes zu vernehmen: »Meine Kräfte sind fortan deine Kräfte. Denn ich bin du, bis du nicht mehr bist.«

Seit diesem Erlebnis besaß der Junge übernatürliche Kräfte, er konnte die Zukunft erkennen, unsichtbares Wild erblicken, das Wetter herbeirufen und was dergleichen Künste mehr sind. Niemandem vertraute er sich an, und die Leute wunderten sich, woher diese Gaben wohl gekommen sein mochten, doch keiner kam hinter sein Geheimnis.

Eines Tages nun waren die Männer wiederum auf der Jagd, und der Junge war bei ihnen. Diesmal wollten sie einen Bären erlegen, doch hatten sie den ganzen Tag vergeblich gesucht. Am Abend, als sie alle ums Feuer saßen, sagte der Junge plötzlich: »Horch, eine Eule hat gerufen! Morgen werdet ihr an der gleichen Stelle einen Bären finden.« Darauf antwortete einer der Männer: »Auch ich habe die Eule dort hinten auf dem Felsen gehört, aber wie willst du wissen, daß dort zwischen den Klippen ein Bär verborgen ist?«

Am nächsten Morgen jedoch erlegten die Männer an jener Stelle einen Bären. Von nun an betrachteten sie den Jungen mit scheuen Augen. Er mußte fürwahr einen geheimen Helfer haben, denn nur ein solcher hatte ihm das Versteck des Bären verraten können.

Als die Männer wieder im Dorfe waren, wandte sich der Junge an seinen Onkel und sprach: »Ich will auch ein Krieger werden. Laß mich fasten, damit ich mir eine Medizin erwerben kann.« Der Onkel jedoch wollte nichts davon wissen und erklärte ihm, daß er noch viel zu jung sei. Doch auch ohne Kriegerweihe wurde er stets mit auf die Jagd genommen, und immer sagte er genau voraus, was für Wild die Männer am nächsten Tage erlegen würden und wo es zu finden sei.

Schließlich machte man ihn zum Krieger. Als die Männer eines Tages einen Kriegszug planten, sagte der Junge: »Laßt mich allein gehen, denn ich kann das feindliche Lager vernichten, ohne daß ihr mir dabei helft.« Die Männer lachten, und nur einer von ihnen glaubte dem Jungen und ging mit ihm. Gemeinsam schlichen sie sich an das Lager der Feinde. Dort hörten sie die Trommeln und den Gesang des Kriegstanzes. Der Junge aber ließ es plötzlich donnern, und mit großem Krachen fuhren die Blitze auf die Gegner. Bevor noch die übrigen Männer heran waren, hatte sich der Feind zur Flucht gewandt.

Bei einem weiteren Kriegszuge wählte man den Jungen zum Kriegshäuptling, damit er die Männer führen sollte. Wieder rief er seinen unsichtbaren Helfer an, und wieder zuckten Blitz und Donner über dem Lager der Feinde. Dort, wo der Kriegshäuptling stand, fuhr plötzlich jedoch ein greller Blitz direkt in den Himmel! Als die Männer sich von ihrem Schrecken erholt hatten, war ihr Anführer verschwunden! Auch später ist er nie wieder aufgetaucht. Da wußten sie, daß der Junge in Wirklichkeit der Donnerer gewesen war, der in menschlicher Gestalt unter ihnen geweilt hatte. Seitdem sagen die Creek-Indianer, daß der Donnerer ein Waisenjunge sei, der einst unter ihnen gelebt habe.

22. Die Maismutter

(Creek)

Kurz nachdem die Welt erschaffen war, lebten die Indianer in einfachen Hütten, zogen im Lande umher und suchten mühsam ihre Nahrung, wo sie sie finden konnten. Eines Tages tauchte in einem Lager am Ufer eines Flusses eine alte Frau auf, die sehr abgerissen und halb verhungert aussah. Die Männer waren alle auf der Jagd, und die meisten Frauen und Mädchen sammelten am Flußufer Wurzeln und Wildgemüse. Nur ein paar Kinder und junge Mädchen waren im Lager geblieben, um das Feuer zu unterhalten. Als sie das alte Weib sahen, sagten sie zu ihr: »Hier ist kein Platz für dich. Warum gehst du nicht ins nächste Lager? Wir haben nichts zu verschenken.«

Ohne ein Wort zog die Alte weiter und war bald im Walde verschwunden. Aber im nächsten Lager erging es ihr nicht anders, auch hier wollte man nichts von ihr wissen und schickte sie fort. Auch im dritten Lager sah man sie mit Verachtung an. Schließlich kam sie an ein Lager, das nur aus ein paar Reisighütten bestand, die den Mitgliedern des Alligator-Clans gehörten. Der Alligator-Clan spielte keine eben bedeutende Rolle im Stamm, und daher zierten weder Kriegstrophäen noch kostbare Felle die Hütten seiner Mitglieder. Als die Alte bescheiden und schüchtern um Nahrung und einen Platz am Feuer bat, sagten die Frauen: »Komm her, Alte, hier bei uns ist Platz genug, und etwas zu essen wird sich auch schon noch finden lassen. Du mußt einen langen Weg hinter dir haben und recht hungrig sein.« Nachdem die alte Frau gegessen hatte, ließen sie sie am Feuer schlafen, denn dort war der beste Platz.

Am nächsten Morgen zogen die Männer des Alligator-Clans wie gewöhnlich hinaus in den Wald, um Hirsche zu jagen, während die Frauen Wurzeln und Beeren suchen gingen. Der alten Frau vertrauten sie das Lager an, damit sie das Feuer nicht ausgehen lasse und auf die Kinder ein Auge habe. Niemand kannte die Alte, doch vertraute ihr jeder, denn bei den Creek-Indianern war noch nie etwas weggekommen. Niemand fürchtete daher, daß die Alte etwas stehlen könnte. Die alte Frau aber war die Maismutter selbst, die in dieser unscheinbaren Gestalt auf die Erde gekommen war.

Als die Männer und Frauen gegen Abend zurückkehrten, erklärten die Kinder, daß sie bereits gegessen hätten. Voller Erstaunen hörten die Erwachsenen: »Die alte Frau hat für uns alle zu essen gehabt! Und ihr Essen schmeckt besser als die Wurzeln und Beeren, die wir sonst bekommen.« Da sagte der Clan-Älteste zu den Kindern: »Sagt der Alten, daß sie mir etwas von ihrem Essen aufheben soll, denn ich bin gespannt, was das wohl sein könnte.« Aber auch er mußte am nächsten Abend zugeben, daß der Brei besser schmeckte als alles, was er bisher gekostet hatte. Vergeblich bemühte er sich, hinter das Geheimnis der alten Frau zu kommen, aber alle Anstrengung war vergeblich. Er fand nie heraus, woher die fremde Frau die Zutaten zu ihrem Essen nahm.

Eines Tages war die Alte verschwunden; ebenso plötzlich, wie sie erschienen war, hatte sie das Lager verlassen. Niemand hatte sie fortgehen sehen, und niemand konnte sagen, wohin sie wohl geraten war. Einer der Jungen jedoch konnte den Geschmack des seltsamen Mahles, das die Alte gekocht hatte, nicht vergessen. Kaum hatte er die Kriegerweihen hinter sich, da beschloß er, auf die Suche nach der alten Frau zu gehen, die ja gewiß nicht weit sein konnte.

Lange wanderte er im Lande umher, durchwatete Flüsse, stieg über Bergketten und durchzog Wälder und Sümpfe. Aber in keinem Lager, an das er kam, wußte man etwas von der alten Frau. Als er eines Abends entmutigt und niedergeschlagen ganz allein am Feuer saß, übermannte ihn der Schlaf. Als er aufwachte, stand vor ihm eine alte Frau mit weißem Haar, das ihr bis über den Rücken herabhing. Der junge Krieger war sehr erschrocken, denn er fürchtete, einem Zauberwesen ausgeliefert zu sein. Erst als die Alte näher ans Feuer trat, erkannte er die Langgesuchte. Freudig begrüßte er sie und flehte sie an, doch mit ihm wieder ins Lager des Alligator-Clans zurückzukehren. Die Alte aber wehrte ab und sprach: »Ich kann nicht bei dir bleiben, doch wenn du meinen Rat befolgst und tust, was ich dir auftrage, wirst du mich nie vermissen.«

Darauf führte sie den jungen Krieger an eine Stelle am Fluß. Hier stand das gelbe vorjährige Gras hüfthoch. »Lege Feuer an und brenne das Gras ab«, befahl sie, »frage nicht nach dem Grunde, du wirst schon sehen.« So tat der junge Krieger ihr den Gefallen und legte einen Feuerbrand an jene Stelle. Bald stoben die Funken himmelhoch, und knatternd fraß sich das Feuer durch die Lichtung; bald war von dem Gras nur noch die Asche übrig. Da sprach die Alte wiederum: »Nimm mich bei den Haaren und schleife mich kreuz und quer über die verbrannte Erde. Überall dort, wohin du mich schleifst, wird neues Gras aus dem Boden schießen; zwischen den Blättern aber wirst du mein Haar hervorschauen sehen. Wenn das der Fall ist, dann ist der Samen reif. Das ist das Geheimnis der Speise, deretwegen du so weit gewandert bist.«

Der Krieger machte sich sogleich an die Arbeit und schleppte die Alte an den Haaren über die Lichtung. Kreuz und quer ging der Weg, bis auch nicht ein Stückchen des Bodens unberührt geblieben war. Kaum hatte er seine Arbeit beendet, da war die Frau aus seinen Händen verschwunden. Langsam ging er zum Feuer zurück und überdachte das Erlebnis.

Als der junge Krieger am nächsten Morgen wieder auf die Lichtung trat, stand dort ein seltsames Gras, das ihm bis über den Kopf reichte. Überall zwischen den Blättern aber sah er ein Stückchen von dem Haar der alten Frau. Bis zum heutigen Tage tragen die Maiskolben am oberen Ende einen Haarschopf, und die Indianer wissen, daß die Maismutter sie nicht vergessen hat.

23. *Wie der Hase das Feuer stahl*

(Creek)

Als die Tiere allein auf der Erde lebten (und die Menschen noch nicht einmal erschaffen waren), berieten sie eines Tages, woher sie wohl Feuer bekommen könnten. Niemand wußte, wo es Feuer auf der Erde gab, nur daß es ab und zu einmal vom Himmel fiel oder von der Erde ausgespien wurde, hatten sie gehört. So sandten sie den Zaunkönig aus, um nach dem Feuer zu suchen. Zaunkönig versprach, über die ganze Welt zu fliegen und in jeden Winkel zu spähen.

Lange Zeit blieb der Zaunkönig aus, aber als er schließlich von seiner Reise zurückgekehrt war, hielt er folgende Rede:

»Ich bin überall gewesen und kenne die Welt besser als ihr alle zusammen. Im Osten ist nichts als Wasser; im Westen gibt es viel Land, aber kein Feuer; im Norden ist alles weiß, und es ist viel zu kalt für das Feuer; nur im Süden habe ich das gefunden, was ihr mir zu suchen aufgetragen hattet. Viele Tage von hier steht ein Dorf, in dem ein großer Häuptling mit vielen Kriegern lebt. Der Häuptling aber besitzt ein heiliges Feuer, das er streng bewachen läßt. Jede Nacht tanzen die Männer des Dorfes um das Feuer, bringen ihm Opfergaben und verbeugen sich vor ihm in großer Ehrfurcht. Wegen der zahlreichen Krieger wird es schwer sein, das Feuer zu stehlen. Nur jemand, der zugleich schnell und listig ist, könnte vielleicht Erfolg haben.«

Die Tiere waren froh, daß Zaunkönig das Feuer gefunden hatte, allerdings wußte niemand, wie man das begehrte Wesen stehlen könnte. Viele Pläne wurden gemacht und wieder verworfen, und es schien, als ob die Tiere weiterhin frieren müßten. Schließlich sagte Coyote: »Schicken wir doch Pasikola, den Hasen, zu diesem Geschäft. Er ist ein schneller Läufer und ein guter Tänzer. Zwar weiß ich nicht, ob er für eine solche Aufgabe auch klug genug ist, aber wir können ihn ja vorher prüfen. Wenn wir ihm ein paar Dinge zu tun geben, die Geist erfordern, wird sich schon herausstellen, wie klug er ist. Kann er die Aufgaben lösen, so soll er auch das Feuer holen dürfen.«

Die anderen Tiere hatten gegen einen solchen Vorschlag nichts einzuwenden, und auch der Hase war einverstanden, denn er war sehr ehrgeizig. Hier war die Gelegenheit, zu zeigen, daß er genau so gut ein Krieger war wie etwa der Hirsch oder der Bär. Coyote aber wollte dem Hasen nur einen Streich spielen und glaubte nicht einen Augenblick daran, daß dieser die ihm zugedachten Aufgaben würde lösen können. Daher sagte er: »Wenn es allen recht ist, so will ich unserem Freunde hier die erste Aufgabe stellen.« Dann gab er dem Hasen einen Lederbeutel und sprach: »Fülle diesen mit roten Waldameisen, aber sei vorsichtig, daß sie dich nicht beißen.« Damit schickte er den Hasen los und lachte sich ins Fäustchen über den gelungenen Witz.

Der Hase ging zum Haufen der roten Waldameisen und redete sie an: »Hört, was sich bei uns im Dorfe zugetragen. Coyote lacht über euch und behauptet, daß ihr am Aussterben seid. Allen erzählt er, daß es kaum noch Ameisen gibt. Die wenigen, die noch übrig seien, so sagt er, spielten keine Rolle, denn sie seien so gering an Zahl, daß sie nicht einmal einen Lederbeutel füllen würden.« Da fühlten sich die Ameisen bei ihrer Ehre gepackt und marschierten schnurstracks in den Beutel, um zu beweisen, daß sie Manns genug seien, einen Beutel zu füllen. Sobald sie alle im Lederbeutel waren, band der Hase diesen zu und trug ihn zurück ins Dorf. Dort zeigte er den Tieren den Beutel, und alle waren nun überzeugt, daß der Hase für die ihm zugedachte Aufgabe schlau genug sei. Nur der Coyote war noch nicht zufrieden und sprach: »Nun, Ameisen fangen, das kann jeder! Aber wenn es darum geht, eine Klapperschlange zu erbeuten, dann erst zeigt sich der Mann.«

So kam es, daß der Hase auf die Klapperschlangenjagd geschickt wurde. Nach einer Weile traf er die Klapperschlange und sprach zu ihr: »Ich glaube, Coyote hat doch recht, wenn er sagt, daß du viel kürzer bist, als immer behauptet wird.« Die Klapperschlange war zornig, denn sie war stolz auf ihre Länge. So machte sie sich so lang wie nur möglich, lag ganz still und sprach zum Hasen: »Miß mich mit einem Stocke, dann weißt du es ganz genau.« Da nahm der Hase einen langen Stock, band den Kopf und den Schwanz der Schlange an diesem fest und trug beide zurück ins Dorf, um seine Beute den Tieren vorzuweisen.

Aber Coyote war noch immer nicht zufrieden und schlug vor, daß der Hase auch noch den Alligator aus seinem Sumpfloche ins Dorf bringen solle. Halpata, der alte Mann Alligator, war bei allen Tieren als bösartig und hinterlistig, wenn auch ziemlich dumm, bekannt. Wie der Hase den Alligator aus seinem Versteck ins Dorf bringen wollte, konnte sich allerdings niemand vorstellen.

Wieder zog der Hase aus, um seinen Mut zu beweisen. Als der Hase im Sumpfe angekommen war, begann er laut zu rufen: »Halpata, hadjo! Halpata, hadjo! Hallo, Alligator, wo bist du?« Eine ganze Weile rührte sich nichts, dann aber tauchte mitten im Sumpf der Kopf des alten Mannes Alligator auf. Halpata fühlte sich in seiner Mittagsruhe gestört und war dementsprechend ungnädig. »Wer ruft mich?« fragte er mit tiefer Stimme und blinzelte dabei mit den Augen.

»Oh, ich bin es, Pasikola, der Hase. Ich habe eine Frage, die nur du mir beantworten kannst. Willst du nicht ans Ufer kommen, damit wir uns besser unterhalten können?«

Da tauchte der alte Mann Alligator wieder unter und kam bald darauf ans Ufer geklettert. »Nun, was ist denn los?« fragte er den Hasen. Dieser aber sprach: »Coyote hat einen Büffel erlegt und mich beauftragt, dich zu einem Schmaus einzuladen, denn allein kann er die Beute nicht bewältigen.« Halpata war sehr erfreut über solche Nachricht, denn eigentlich war er immer hungrig, auch wenn er gerade gegessen hatte. So folgte er dem Hasen willig ins Dorf.

Als Coyote die beiden kommen sah, riß er schleunigst aus, denn er hatte Angst vor Halpata, dem er erst kürzlich einen Streich gespielt hatte. Der Hase sah den Coyoten verschwinden und sagte: »Halpata, alter Mann Alligator, dort eilt Coyote zu seinem Büffel. Lauf nur schnell hinterher!« Und der Alligator rannte, so schnell ihn seine kurzen Beine tragen wollten, auf den Fersen des Coyoten zum anderen Ende des Dorfes hinaus.

Die Tiere jedoch waren überzeugt, daß Pasikola, der Hase, gerissen genug sei, um auch das Feuer zu stehlen. Sogleich brach dieser auf und wanderte nach dem Süden, zu dem Dorfe, von dem der Zaunkönig gesprochen hatte. Tagelang zog er durch das Land, bis er schließlich in dem Dorfe ankam, in dem der Häuptling das heilige Feuer hütete. Hier gab er sich als weitgereisten Medizinmann und Zauberer aus, der gekommen sei, um das Feuer anzubeten. Der Häuptling wunderte sich zwar über den Fremden, gestattete ihm jedoch, am abendlichen Tanzfest teilzunehmen. »In meinem Dorfe bin ich der beste Tänzer weit und breit«, rühmte sich der Hase und zeigte dabei auf seine langen Beine, »denn keiner ist so flink wie ich.«

Die halbe Nacht tanzten die Männer um den brennenden Holzklotz, und die Zuschauer wunderten sich nicht schlecht über die Luftsprünge und die wilden Tanzschritte des Hasen. Pasikola hatte sich für diesen Abend besonders zurechtgemacht. An den Beinen trug er zahlreiche Klappern, Körper und Gesicht waren bunt bemalt, und auf den Kopf hatte er sich ein ganzes Bündel harziger Kiefernzweige gesteckt. Zu diesem Zwecke hatte er sich die harzigsten Zweige ausgesucht, die gut brennen würden. Immer schneller tanzte er nun um das Feuer, behielt aber die Zuschauer dauernd im Auge. Immer dichter kam er an sein Ziel; und plötzlich verbeugte er sich vor dem brennenden Heiligtum und hielt dabei geschickt einen der Kiefernzweige in die Flammen. Knisternd faßte dieser Feuer, während der Hase mit dem brennenden Zweig auf dem Kopfe aus dem Dorfe sauste, ehe sich die Bewohner von ihrem Erstaunen über so viel Frechheit erholen konnten. In wildem Durcheinander folgten sie seiner Fährte, aber dort, wo der Hase einen Fluß durchschwommen hatte, verloren sie seine Spur und mußten schließlich umkehren.

Pasikola, der Hase, erreichte mit seiner Beute unbelästigt das Dorf der Tiere. Dort herrschte große Begeisterung über den Erwerb des Feuers, und alle waren froh, daß sie nun nicht länger zu frieren brauchten. Der Hase aber hatte sich bei diesem Abenteuer die Ohrenspitzen verbrannt, und bis auf den heutigen Tag sind sie schwarz geblieben, verkohlt von den Kiefernzweigen in seinem Kopfputz.

24. Der Hase und der Hirsch

(Cherokee)

Hase und Hirsch waren alte Rivalen. Jedesmal, wenn sie sich irgendwo begegneten, versuchte der eine den anderen zu nasführen. Damals hatte der Hirsch noch kein Geweih, sondern einen glatten Kopf, ganz wie seine Frau. Beide, Hirsch und Hase, bildeten sich viel auf ihre Geschwindigkeit ein, und jeder nahm für sich den Ruhm in Anspruch, der bessere Läufer zu sein. Die übrigen Tiere hatten bald genug von diesen Prahlereien und beschlossen, die beiden um die Wette laufen zu lassen, damit wenigstens einer von ihnen von da ab seinen Mund halten müsse. Lange Zeit war man sich uneinig, wer den beiden Rivalen den Vorschlag überbringen sollte, denn die meisten Tiere hatten mit dem Hasen schlechte Erfahrungen gemacht. Schließlich jedoch erklärte sich ein Mann mit Namen Feuerstein bereit, dem Hasen die Einladung zum Wettlauf zu überbringen. Feuerstein war bei allen gefürchtet, denn er half den Menschen auf der Jagd. Selbst der Hase hatte Angst vor ihm und ging ihm am liebsten aus dem Wege.

Feuerstein machte sich auf, die Einladungen zu überbringen und den beiden Läufern von dem schönen Preis zu berichten, den der Biber eigens zu diesem Zwecke geschnitzt hatte. Der Sieger sollte nämlich ein schönes Geweih erhalten, damit man schon von weitem sah, welch wichtige Persönlichkeit dort ankam. Feuerstein wanderte hinunter zum Flußufer, wo der Hase im braunen Gras seine Hütte hatte. Unterwegs jedoch traf er den Hirsch und bestellte diesem alles, was die Tiere ihm aufgetragen hatten. Der Hirsch war sogleich einverstanden und freute sich bereits auf den schönen Kopfschmuck, den er ganz bestimmt gewinnen würde.

Nach einer Weile sah Feuerstein den Hasen vor seiner Hütte in der Sonne sitzen. »Welch eine Ehre«, sagte dieser, »einen Mann wie dich bei mir zu sehen. Ich bin wirklich überrascht, daß du von deinen Bergen heruntergestiegen bist, um mich hier zu besuchen.« Darauf lud er seinen Gast ein, doch beim Feuer Platz zu nehmen. Feuerstein entledigte sich seines Auftrages und wollte sich sogleich wieder verabschieden. Aber der Hase bestand darauf, daß sein Gast bei ihm bleiben müsse. »Es ist beinahe Essenszeit«, sagte er und fuhr fort: »Schließlich kommt so ein Besuch ja nicht alle Tage vor.«

Zögernd willigte Feuerstein ein, und sogleich begann der Hase das Essen aufzutragen. Nach der Mahlzeit streckte sich der Hase faul und schläfrig ins Gras und bat seinen Gast, es sich doch auch bequem zu machen. Feuerstein ließ sich das nicht zweimal sagen, denn er war den ganzen Vormittag unterwegs gewesen, was sonst nicht seine Art war. Nach einer Weile begann der Hase an einem dicken Prügel zu schnitzen und ihn anzuspitzen. Feuerstein wunderte sich über diese Beschäftigung, doch der Hase erklärte, daß man die Zeit nützen müsse.

Bald war Feuerstein eingenickt, und als der Hase ihn anredete, um ganz sicherzugehen, erhielt er nur ein Schnarchen zur Antwort. Sogleich stand er auf, nahm einen schweren

Holzklotz und nagelte die Skalplocke seines Besuchers mit dem angespitzten Prügel am Boden fest! Dann machte er sich schleunigst aus dem Staube, gerade als Feuerstein aufzustehen versuchte. Lange mühte sich der Gast, doch da er nicht auf die Füße kommen konnte, platzte er schließlich vor Wut, daß die Splitter nur so flogen. Den Hasen aber, der neugierig aus seinem Versteck zusah, traf ein Splitter direkt auf die Lippe, die seit dieser Zeit gespalten ist, wie jedermann sehen kann. Feuerstein hatte aufgehört zu sein, und seine Stücke finden sich überall im Lande, besonders aber am Flußufer, dort, wo der Hase daheim ist.

Am nächsten Morgen trafen Hirsch und Hase am verabredeten Platz ein, um miteinander um die Wette zu laufen. Gemeinsam bewunderten sie den Preis, den der Biber geschnitzt hatte. Dann erklärte der Hase: »Ihr sagt, daß ich zweimal durch diesen Buschwald laufen soll. Ich kenne die Gegend hier nicht, da wird es wohl am besten sein, wenn ich mich ein wenig umsehe, damit ich mich nachher nicht verirre.« Die Tiere hatten nichts dagegen, so verschwand der Hase in den Büschen. Als er jedoch nach langer Zeit immer noch nicht zurück war, wurde das Eichhörnchen losgeschickt, um nachzusehen, wo denn der Hase abgeblieben sei. Wie erstaunt war aber das Eichhörnchen, als es den Hasen mitten im Gebüsch dabei ertappte, eine Gasse anzulegen. Sorgfältig nagte er einen Zweig nach dem anderen ab und räumte so alle Hindernisse aus dem Wege. Sofort berichtete das Eichhörnchen den Tieren und keckerte aufgeregt über so viel Unverschämtheit. Erbost forderte es die übrigen Zeugen auf, sich selbst zu vergewissern, daß der Hase sie schamlos betrügen wolle.

Da beschlossen alle Tiere einstimmig, dem Hirsch den Preis zu geben, denn durch sein Betrugsmanöver hatte ja der Hase zugegeben, daß der Hirsch schneller laufen konnte. Der Hirsch trägt seitdem ein Geweih, während der Hase dazu verurteilt wurde, weiterhin Zweige zu beknabbern und Gassen durchs Gebüsch zu bahnen.

Der Hase sann seit dieser Begebenheit auf Rache, und nachdem sich der Hirsch an sein Geweih gewöhnt hatte, sah sein Rivale die Gelegenheit gekommen, dem Sieger einen Streich zu spielen. Auf dem Wechsel des Hirsches spannte der Hase eine dicke, zähe Waldrebe aus. Darauf nagte er dies Hindernis bis auf wenige Fasern durch. Als der Hirsch dazukam, war der Hase dabei, über die ausgespannte Rebe zu springen.

»Nanu, was machst du denn da?« fragte der Hirsch erstaunt. »Oh«, erwiderte der Hase, »ich habe soeben herausgefunden, daß ich diese dicke Waldrebe mit einem einzigen Biß durchbeißen kann, und das, während ich darüberspringe. Meine Zähne sind eben stärker als deine kümmerlichen Kauwerkzeuge.« Bei diesen Worten sprang der Hase über das ausgespannte Hindernis, zerbiß im Sprung die letzten Fasern der Ranke und drehte sich lächelnd nach dem Hirsch um.

»Nun, was du kannst, das kann ich auch«, sagte dieser. »Spann eine Ranke über den Weg.« Darauf nahm der Hase eine zweite Waldrebe, spannte sie über den Weg und gab die Bahn frei für den Hirsch. »Einen tüchtigen Anlauf mußt du schon nehmen, und vor allem fest zubeißen, sonst wirst du es nicht schaffen«, stichelte er, »aber wahrscheinlich schaffst du es sowieso nicht.«

Der Hirsch nahm einen gewaltigen Anlauf, biß sich in der zähen Ranke fest und fiel prompt auf den Rücken. »Hahahahaha«, lachte der Hase und hielt sich die Seiten, »und du willst gute Zähne haben! Laß mich doch mal sehen, was du da im Maule trägst.« Noch etwas benommen öffnete der Hirsch seinen Äser und ließ den Hasen die langen, scharfen Zähne bewundern.

»Natürlich! Mit solchen Dingern kannst du nicht richtig beißen«, sprach dieser. »Sieh dir mal meine Zähne an, klein aber scharf.« Der Hirsch mußte zugeben, daß die Zähne des Hasen viel kleiner waren, und er war außerdem überzeugt, daß sie auch wohl schärfer sein müßten, denn der Hase hatte doch vor seinen Augen die Waldrebe durchgebissen.

»Weißt du was?« fragte der Hase. »Wir werden deine Zähne kleiner und schärfer machen. Du mußt nur dein Maul aufhalten und den Rest mir überlassen.« Damit nahm der Hase einen Stein mit rauhen Kanten, lächelte beruhigend und begann, dem Hirsch die Zähne abzufeilen. Bald waren nur noch die Stümpfe vorhanden, und der Hirsch beklagte sich, daß es zu schmerzen beginne. »Keine Angst«, sagte der Hase, »wenn es weh zu tun beginnt, fängt die Schärfe an. Gleich bin ich fertig, dann kannst du dich selbst überzeugen.«

Der Hirsch wollte seine neuen Zähne sogleich ausprobieren, doch der Hase erklärte, daß er eine dickere Waldrebe suchen müsse. Damit verzog er sich vom Schauplatz seiner Schandtat und machte sich auf den Heimweg. Der Hirsch aber hat seit dieser Zeit stumpfe Zähne, und an den Stellen, an denen der Hase zuviel abgefeilt hatte, hat er überhaupt keine Zähne mehr.

Lange Zeit war der Hirsch zu erbost über solchen Betrug, um den Hasen auch nur eines Blickes zu würdigen, und auch dieser hatte allen Grund, dem Hirsch aus dem Wege zu gehen. Eines Tages jedoch, als der Hirsch bei der Mahlzeit war, bemerkte er den Hasen auf der gleichen Lichtung. Sogleich forderte er seinen Rivalen auf, mit ihm um die Wette zu springen. Nun war der Hase weit und breit als guter Springer bekannt, daher willigte er sofort ein. Der Hirsch zeigte auf einen großen Stein und sprach: »Darüber wollen wir gemeinsam springen; wer gewinnt, soll mein Geweih bekommen.«

Der Hase sah hier eine günstige Gelegenheit, auf diese Weise doch noch zu einem Kopfschmuck zu kommen, und war einverstanden. Gleichzeitig rannten sie auf den Stein zu, und mit mächtigem Satz sprang der Hase darüber hinweg – geradewegs in den dahinter fließenden Strom! Der Hirsch jedoch war nur auf den Stein gesprungen und sah mit Freuden, wie sein Feind diesmal selbst hereingefallen war. Während der erboste Hase vom Wasser fortgetrieben wurde, begab sich der Hirsch zufrieden zu seiner unterbrochenen Mahlzeit.

Mühsam rappelte sich der Hase stromabwärts aus dem Wasser, wo gerade der Fischotter am Ufer saß. »Nanu, Freund Hase, seit wann gehst du denn fischen?« Der Hase, der seinen Reinfall nicht eingestehen wollte, behauptete, daß er regelmäßig auf die Entenjagd ginge, sich aber aus Fischen wenig mache. »Nun, Enten sind auch eine gute Mahlzeit«, sprach der Fischotter. »Sieh, dort schwimmen einige Erpel. Komm, laß uns gemeinsam jagen.«

Der Hase hatte wenig Lust, noch einmal ins Wasser zu steigen, und schickte den Otter vor, es zuerst doch einmal allein zu versuchen. Der Otter tauchte, ergriff eine der Enten, zog diese lautlos unter die Oberfläche und erschien wieder am Ufer, wo er dem Hasen seine Beute zeigte. Dieser hatte inzwischen ein Lasso verfertigt, warf es nach den Enten und hatte Glück. Zwei Enten verfingen sich und flogen mit lautem Gequake auf. Der Hase mußte wohl oder übel festhalten, wurde mit in die Luft genommen und sah sich bereits weit über dem See ins Wasser fallen. Da ließ er lieber noch über dem Flusse los. Mit großem Getöse fiel er ins Schilf, wo kurz darauf der Fischotter bei ihm auftauchte. »Nun«, sprach dieser, »wo sind die Enten?« Der Hase erklärte ihm, daß er losgelassen habe, da er nicht auf den See hinausgetragen werden wollte. »Ich kenne die Gegend hier herum, so viel Wasser ist mir unheimlich.« Der Otter aber erwiderte mit einem Lächeln: »Wie mir scheint, ist deine Jagdmethode zwar neuartig, aber wenig erfolgreich. Ich würde an deiner Stelle bei Blättern bleiben.« Und diesen Rat hat der Hase bis heute auch streng befolgt.

25. Der Schneckenmann

(Osage)

An den Ufern des großen Flusses, den die Indianer den Missouri nennen, lebte einmal eine Schnecke. Niemand weiß, wieviel Zeit seitdem vergangen ist, aber es ist sehr, sehr lange her. Eines Tages begann der Fluß über seine Ufer zu treten und alles umliegende Land zu überschwemmen. Die Schnecke klammerte sich an ein Stück Treibholz, und eine Welle trug beide davon.

Tagelang schwamm das Holzstück den Fluß hinunter, aber schließlich verlief sich die Flut, und die Schnecke fand sich mit einem Male auf dem Trockenen, mitten zwischen Schlamm und Unrat. Bald darauf kam die Sonne hinter den Wolken hervor, der Schlamm begann zu trocknen, und ehe die Schnecke es sich versah, saß sie so fest im Schlamm, daß sie sich nicht mehr rühren konnte. Es wurde schrecklich warm, und die Schnecke dachte, daß sie nun sterben müßte. Plötzlich jedoch kam eine Veränderung über sie; das Schneckenhaus zerbrach, und die kleine Schnecke begann unheimlich zu wachsen. Schließlich stand dort im Schlamm ein seltsames Wesen, wie es die Erde vordem noch nicht gesehen hatte. Es stand auf zwei Beinen, hatte zwei Arme mit Händen und Fingern, und außer ein paar Haaren auf dem Kopf war es völlig nackt. Es tat ein paar Schritte, aber es konnte sich nicht zurechtfinden. Eine ganze Weile dauerte es, bevor Was-bas-has, der Schneckenmann, sich daran erinnerte, woher er gekommen war. Darauf beschloß er, die Stelle zu suchen, von der ihn die Flut fortgetragen hatte.

Nicht lange danach verspürte Was-bas-has großen Hunger, aber er wußte sich keinen Rat. Wohl gab es Vögel und allerlei Wild, aber der Schneckenmann wußte noch nicht, daß man diese essen konnte. Er wünschte sich zurück in sein Schneckenhaus, denn als Schnecke hatte er niemals zu hungern brauchen. Am Ende fühlte er sich so elend, daß er sich zu Boden fallen ließ, um zu sterben. Er hatte eine kurze Zeit im Gras gelegen, als er eine Stimme hörte: »Was-bas-has! Was-bas-has!« Der Schneckenmann sah auf und gewahrte vor sich den Großen Geist auf einem weißen Pferde. Wie Sterne leuchteten seine Augen, die Adlerfeder im Haar blitzte in der Sonne, und die Spitze der Büffellanze schien wie blankes Silber. Was-bas-has schlug die Augen geblendet nieder und zitterte am ganzen Körper. Wieder hörte er die Stimme Manitus: »Warum zitterst du?«

»Ich fürchte mich vor dem, der mich geschaffen hat. Ich bin müde und hungrig, denn ich weiß nicht, wie ich mich ernähren soll.«

Der Große Geist hob die Hand und deutete auf Pfeil und Bogen, die er auf dem Rücken trug. »Sieh her«, sagte er, »siehst du dort auf der Zeder den Vogel?« Bei diesen Worten schoß er einen Pfeil ab, und der Vogel fiel tot zur Erde. Mit einem zweiten Pfeile erlegte er einen Hirsch. »Dies soll fortan deine Nahrung sein, und hier sind deine Waffen.« Gleichzeitig gab er Was-bas-has Pfeil und Bogen. »Du bist nackt und hast keine Kleider. Das Kleid der Hirsche soll dich von nun an warm halten, denn der Himmel wird nicht immer so blau sein. Wolken werden kommen und Regen und Schnee bringen.«

Zögernd nahm der Schneckenmann den Bogen und die Pfeile in die Hand. Darauf legte der Große Geist ihm eine Halskette aus Wampumperlen um den Hals und sprach: »Dies ist das Zeichen deiner Herrschaft. Von nun an sollst du über die Tiere des Waldes und der Prärie herrschen wie ein Häuptling. Wenn aber die Büffelherden und Hirschrudel nicht mehr sein werden, dann ist auch deine Herrschaft zu Ende.«

Was-bas-has stand voller Staunen und wußte nicht, wie ihm geschah. Der Große Geist aber fuhr fort: »Als Herr über die Erde gebe ich dir das Feuer. Von nun an sollst du deine Beute nicht mehr roh verzehren. Sei wachsam, denn das Feuer kann auch dir gefährlich werden.«

Dann sah Was-bas-has, wie sich Pferd und Reiter in die Lüfte erhoben und in den aufziehenden Wolken verschwanden. Aber noch lange sah er durch die Wolken die Spitze der Büffellanze blitzen.

Der Schneckenmann stärkte sich an der erlegten Beute. Dann machte er sich wieder auf den Weg, um die Stelle am Flußufer zu suchen, woher er einst gekommen war. Als er am Ufer saß und über sein Erlebnis nachdachte, tauchte plötzlich vor ihm aus dem Wasser ein großer Biber auf und sprach: »Wer bist du? Was willst du in meinen Jagdgründen? Dies ist das Land der Biber, ich aber bin der Häuptling aller Biber dieses Flusses. Seit uralten Zeiten wandert unser Stamm jedes Jahr den Fluß hinauf und hinab. Wir sind fleißige Leute und wollen in Ruhe unsere Arbeit verrichten.«

»Du wirst fortan deine Herrschaft mit mir teilen müssen«, sprach Was-bas-has, »denn der Große Geist hat mich zum Häuptling aller Tiere des Waldes und der Prärie gemacht. So will ich auch über die Biber herrschen.«

»Wer aber bist du?« fragte der Biber, »so etwas wie dich habe ich noch nie gesehen.«

»Ich bin Was-bas-has und bin aus einem Schneckenhaus gekommen. Jetzt aber bin ich ein Mensch. Hier sind die Zeichen meines Amtes.« Dabei hielt er Pfeil und Bogen in der rechten Hand und einen Feuerbrand in der linken.

»Komm mit zu mir«, sagte der Biber, »wir müssen Brüder werden. Komm zu meinem Lager und erhole dich von der langen Reise.« Unbeholfen kletterte der Biber aus dem Wasser und machte sich auf den Weg zu seinem Tipi. Was-bas-has, der Schneckenmann, folgte ihm, denn er hatte ja kein Ziel als den Fluß.

Kurze Zeit später kamen beide bei dem Lager der Biber an. Gemeinsam betraten sie die Wohnung des Häuptlings. Überall lagen weiche Grasmatten auf dem Boden, und alles sah warm und gemütlich aus. Während die Frauen eine Mahlzeit bereiteten, bat der Häuptling seinen Gast, doch für immer bei ihm zu bleiben, denn er sah wohl, welch ein bedeutendes Wesen er da durch Zufall am Flußufer gefunden hatte.

So blieb Was-bas-has bei den Bibern, lernte von ihnen die Kunst, ein Tipi zu bauen, Bäume zu fällen, Vorräte anzulegen für die langen Wintermonate, Fische zu fangen und viele andere nützliche Dinge. Schließlich heiratete er die Tochter des Häuptlings der Biber. Ein großes Fest wurde aus diesem Anlaß gefeiert, und alle Tiere, die mit den Bibern befreundet waren, wurden eingeladen. Schneckenmann und Bibermädchen aber waren die Urahnen eines großen Stammes, der Osage-Indianer.

26. Wie der Bärentanz entstand

(Arikara)

Vor langen Jahren lebte unter den Arikara-Indianern ein kleiner Junge. Statt mit den anderen Jungen des Lagers zu spielen, blieb er lieber allein und behauptete, ein Bär zu sein. Die übrigen Kinder lachten wohl, denn sie hatten nur sehr vage Vorstellungen von einem Bären und kaum je Gelegenheit, ein solches Tier zu Gesicht zu bekommen. Niemand konnte sich das seltsame Verhalten des Jungen erklären, aber schließlich erinnerte sich der Vater an eine Begebenheit, die vor der Geburt des Jungen geschehen war.

Damals hatte der Vater das Lager verlassen, um mit anderen auf den Kriegspfad zu gehen. Eines Tages, als er durch einen Wald am Fuße der Berge kam, bemerkte er ein Bärenjunges, dessen Mutter wohl auf Futtersuche gegangen war. Er fing das kleine Tier und nahm es auf den Arm. Behutsam streichelte er es und setzte es schließlich wieder auf den Boden, wo es schnüffelnd vor ihm sitzen blieb. Nachdenklich sah der Krieger das Tier an und sprach: »Der Große Geist Ti-ra-wa hat auch dich geschaffen, kleines Tier. Er wird dich behüten. Aber zum Zeichen, daß wir Freunde sind, nimm dies.« Mit diesen Worten löste er seinen Beutel mit dem heiligen Tabak und band ihn dem Tier um den Hals. »Mein Sohn und du, ihr beiden kommt vom Großen Geist. Ich hoffe, daß die Tiere ihm einst so wohlgesinnt sind wie ich dir.« Nachdem er noch eine Weile mit dem Bärenkinde gespielt hatte, setzte er seinen Weg fort.

Ins Lager zurückgekehrt, berichtete er seiner Frau von diesem seltsamen Erlebnis, und als der Sohn geboren wurde, benahm sich dieser ganz wie ein Bärenjunges. Als er heranwuchs, wurde es immer deutlicher, wie sehr er in seinem Wesen einem Bären glich. Oft schlich er sich abseits und versuchte, zu dem Geiste der Bären zu beten, denn er fühlte sich als Bär. Spaßeshalber sagte er wohl zu den anderen Jungen im Lager, daß er sich in einen Bären verwandeln könnte, wenn er nur wollte. Dabei sah er geheimnisvoll drein, so daß die Kinder sich insgeheim wunderten, warum ihr Spielgefährte so anders war.

Nach der Kriegerweihe ging er mit den jungen Männern des Stammes auf die Jagd, nahm an Gefechten mit den benachbarten Komantschen teil, tanzte den Büffeltanz und tat sich bei allem, was er anfing, so hervor, daß er bald als besonders tapfer und erfahren galt. Eines Tages nun, als wieder einmal ein Trupp gegen die verhaßten Komantschen zog, bestimmten die Männer, daß der junge Krieger sie anführen solle.

Noch bevor sie das feindliche Gebiet erreicht hatten, stießen sie auf einen großen Kriegshaufen der Komantschen und mußten sich in eine mit Zedern bestandene Schlucht zurückziehen. Nach verzweifelter Gegenwehr, bei der zahlreiche Komantschen ihr Leben verloren, wurde die kleine Schar überwältigt und bis auf den letzten Mann niedergemacht. Mit den erbeuteten Skalpen ritten die Komantschen davon.

Am Nachmittag des gleichen Tages kamen zwei Bären an die Stelle, wo die Leiche des Anführers lag. Die Bärin erkannte sogleich, daß dies der Junge war, der immer wie ein Bär hatte leben wollen. »Hier ist der Mann, der zu uns gebetet hat!« rief sie. Der zweite Bär aber sprach: »Solange die Sonne scheint, kann ich ihm helfen, denn ich habe große Macht.« Aber das Wetter war trübe, und nur ab und zu erschien die Sonne zwischen den Wolken. Der junge Krieger war außerdem übel zugerichtet, sein Körper war mit Wunden bedeckt, und sein Skalp fehlte. Besorgt beugte sich der Bär über den blutenden Körper. »A-ti-us, Großer Vater, hilf mir! Laß die Sonne scheinen!« Ganz dicht legte er sich an die Leiche, um den toten Körper zu wärmen.

Nach einer Weile begann der junge Krieger zu atmen und sich zu bewegen. Erstaunt schlug er die Augen auf und sah sich um. Der Bär sah ihn zu sich kommen und sagte: »Nicht ich habe dich zum Leben erweckt; ich habe nicht einmal den Gedanken dazu gehabt. Die Bärin dort hat mich um Hilfe gebeten für dich. Und A-ti-us, der Große Vater, hat mir geholfen und die Sonne geschickt. Aber noch bist du nicht gesund. Komm mit und bleibe bei uns, bis du deine Wunden geheilt hast.«

Mühsam schleppten die beiden Bären den Halbtoten in ihre Höhle, die tief versteckt unter einer großen Zeder am Ende der Schlucht gelegen war. Als der junge Arikara wieder die Augen öffnete, gewahrte er zwei junge Bären, mit denen er die Höhle teilte.

Monatelang blieb er bei den Bären, bis alle seine Wunden verheilt waren und er sich wieder kräftig und gesund fühlte. Bald kannte er alle Geheimnisse der Bären, denn keines der Tiere ist so klug und erfahren wie der Bär. Der alte Bär gab sich alle Mühe, den jungen Krieger all das zu lehren, was er wußte, doch jedesmal sagte er dazu: »Ich habe dies Wissen vom Großen Geiste, der mich erschaffen hat. Wohl kann ich dir alles sagen, was ich weiß, aber auch dieses Wissen kommt vom Großen Geist. Glaube nicht, daß ich allein etwas ausrichten kann. Ich will, daß du mit seiner Hilfe ein großer

Krieger wirst, und solange du ihn nicht vergißt, wird er immer bei dir sein und dir helfen.«

Als es Zeit war, Abschied zu nehmen und ins Lager zurückzukehren, sprach der Bär: »Kehre zurück, wohin du gehörst, aber vergiß uns nicht. Von nun an sollst du uns nachahmen als dankbares Zeichen, daß du uns nicht vergessen hast. Ich will auch weiterhin für dich sorgen. Wenn ich alt werde, so wirst auch du Runzeln bekommen; und wenn ich sterbe, dann ist auch dein Ende da. Denn von nun an bist du ein Teil von mir. Sieh die Zedern, die der Große Geist geschaffen hat. Vertraue auf sie, denn die bleiben immer jung; selbst im Winter sind sie grün. Der Blitz kann ihnen nichts anhaben, denn sie werden nie getroffen. Trag stets ein Stück von der Zeder bei dir. Bei Gewittern aber verbrenne einen Zedernzweig im Tipi, damit dir nichts geschieht.«

Dann gab der Bär dem jungen Arikara eine Kappe aus Bärenfell, die dieser statt seines verlorenen Skalpes tragen sollte. »Vergiß nicht den Großen Geist, von dem alles seinen Anfang nimmt. Sein ist der schwarze Meteor, der vom Himmel fiel, und sein ist auch die Zeder, die niemals alt wird. Zeder und Meteor aber sind wie Mutter und Vater.«

Gemeinsam machten sie sich auf den Weg zum Lager der Menschen. Als sie dort ankamen, war es schon dunkel, und nur die Feuer zeigten das Lager an. Da sprach der Bär: »Gehe zu deinem Vater und bringe mir ein Stück Bisonfleisch, eine blaue Wampumperle, etwas heiligen Tabak und eine Adlerfeder.«

Die Arikara waren erstaunt, den jungen Krieger wieder im Lager zu sehen, denn sie hatten alle Hoffnung aufgegeben und geglaubt, daß von dem ganzen Trupp niemand mehr am Leben sei. Der junge Mann nahm die Geschenke für den Bären und ging zurück in die Dunkelheit.

»Es ist Zeit, daß wir uns trennen«, sprach der Bär, »vergiß uns nicht.« Dann legte er seine Tatzen auf die Arme des Kriegers, umarmte ihn, berührte seinen Mund mit seiner

Schnauzenspitze und sprach: »Mein Fell hat dich berührt und wird dich groß machen. Meine Arme werden deinen Armen Stärke und Ausdauer geben. Mein Mund wird den deinen Weisheit reden lassen, und du wirst so mächtig werden, wie ich es bin, denn meine Hände haben dich berührt.« Damit verließ er ihn und verschwand in der Nacht.

Der Krieger aber wurde der größte Häuptling, den die Arikara je gehabt haben. Er war stark wie ein Bär und weiser als alle Menschen. Aus Dankbarkeit führte er den Bärentanz ein, den die Arikara noch heute tanzen. Als er viele Jahre lang Häuptling gewesen war, legte er sich eines Tages hin und starb. Die Arikara aber glauben, daß zur gleichen Stunde auch der alte Bär in der Höhle unter der Zeder seinen Geist aufgegeben hat.

27. Ohne-Zunge

(Arikara)

In einem der Dörfer am großen Flusse lebte einst ein junger Mann, der sich Ruhm, Macht und Ehre erwerben wollte. Mächtig sein aber hieß tapfer sein, denn nur auf dem Kriegspfade zeigte sich der Mann. Um aber Kriegsglück zu haben und Skalpe zu erbeuten, brauchte er einen übernatürlichen Helfer, einen Schutzgeist, der ihm Zauberkräfte verlieh, denn nichts ist der Mensch ohne die Hilfe der Überirdischen.

So stellte sich der junge Mann auf einen Hügel außerhalb des Dorfes, sah unbeweglich in die Ferne, sang die geheimen, altüberlieferten Lieder und hüllte sich am Abend nur noch fester in seinen Büffelmantel. Fünf Tage und fünf Nächte stand er dort oben, ohne Speise, ohne Trank, und wartete auf ein Zeichen seines Schutzgeistes.

Da geschah es, daß ein kleiner Vogel zu ihm kam und ihm riet, an einem anderen Ort zu wachen. Dies sei nicht der richtige Platz. Der junge Mann folgte dem Rat, sah dem Vogel nach, der sich in der Ferne auf einer anderen Hügelkuppe niederließ, und machte sich auf den Weg nach jener Stelle.

Am nächsten Morgen erschien ein Mann bei ihm, den er vorher noch nie gesehen hatte. Den ganzen Körper hatte dieser sich rot bemalt. Der Fremde redete den einsamen Wächter an: »Mein Sohn, ich habe dich lange erwartet. Wenn du mir folgen willst, so will ich dich mächtig und berühmt machen, denn ich verfüge über große Zauberkraft. Zum Zeichen, daß du fortan mir gehörst, sollst du mir deine Zunge geben.«

Der junge Mann, der sich über solche Rede nicht wenig wunderte, nahm aber dennoch seine Zunge und reichte sie dem Fremden. Wohl war er erstaunt, wie leicht die Zunge aus seinem Munde gekommen war, aber kaum hatte er sich noch einmal nach der seltsamen Erscheinung umgesehen, da legte er sich nieder und starb.

Am Abend, als es dunkel geworden war, wachte er wieder auf und sah einen Mann vor sich stehen, der ganz in eine weiße Büffelhaut gekleidet war, die wie ein großer Umhang seine Gestalt verhüllte. »Ohne-Zunge«, redete dieser ihn an, »wach auf, denn du sollst nicht sterben. Du hast deine Zunge verschenkt an einen, der dir den Tod gewünscht hat, aber ich will, daß du lebst und von nun an mir gehörst. Ich weiß, wer deine Zunge hat; es ist der Mann Sonne. Ich aber bin der Mond und will, daß du mein Sohn wirst.«

Ohne-Zunge war zu erstaunt, um sich zurechtzufinden, dann aber stand er auf, sah den Mann an, der dort im bleichen Licht vor ihm stand, und versuchte zu sprechen. Aber da erinnerte er sich plötzlich daran, daß er ja seine Zunge fortgegeben hatte! Der Mond aber sagte: »Rede, auch wenn du keine Zunge hast! Denn obwohl dein Name von nun an Ohne-Zunge sein wird, sollst du doch sprechen können wie andere Menschen auch.«

So berichtete Ohne-Zunge, der nun ein Krieger mit einem

Namen war, wie ihn der Mann in der roten Bemalung um seine Zunge gebracht hatte. Der Mond warnte ihn darauf und sprach: »Morgen wird Sonne wiederum zu dir kommen, diesmal, um dich mitzunehmen. Wenn du meinen Rat nicht in den Wind schlägst, kann alles zum Guten für dich ausgehen. Folge daher Sonne in sein Haus, und wenn er dir sagt, daß du aus seinem Besitz dir etwas auswählen sollst zum Zeichen, daß du sein Sohn bist, dann wähle mit Bedacht. Nimm die alten Dinge, denn sie verheißen Macht und langes Leben. Laß aber die neuen Sachen, auch wenn sie bunt und glänzend sind, an ihrem Ort, denn nichts Gutes kommt von ihnen. Nimm die alten Waffen und Zaubersachen, ich rate dir zu deinem Vorteil.« Gleich darauf war der Mann Mond verschwunden. Ohne-Zunge aber stand noch lange in der Dunkelheit und starrte dem weißen Büffelmantel nach, der dort in der Nacht verschwand.

Am nächsten Morgen, ganz wie der Mond vorausgesagt hatte, erschien der Mann Sonne und nahm Ohne-Zunge zu sich hinauf in den Himmel. Hier sprach er zu ihm: »Da du nunmehr mein Sohn sein sollst, will ich dir von meinen Sachen alles geben, wonach du verlangst. Suche aus, was dir gefällt.« Ohne-Zunge aber wählte die ältesten Dinge, die er nur finden konnte, und sah dabei, wie das Gesicht des Besitzers immer länger wurde. Betrübt wandte Sonne sich ab, denn nun hatte Ohne-Zunge nicht nur große Kräfte und Zaubermittel erworben, sondern sich auch ein langes Leben gesichert. Sonne hatte nicht gedacht, daß ein Mensch so weise wählen würde. Doch er ließ sich nichts anmerken und sprach: »Mein Sohn, dies sei fortan deines Vaters Hütte, doch du sollst auf der Erde wohnen und dort Taten verrichten, von denen sich die Menschen noch lange erzählen werden. Geh und führe die Deinen auf den Pfad des Krieges. Vernichte, was sich dir entgegenstellt, denn der Name der Arikara und Pawnee soll zum Schrecken der Feinde werden. Wenn du nur willst, so wird dir alles gelingen. Kehrst du dann zurück ins Dorf, dann sollst du mir eine weiße Büffelhaut opfern zum Zeichen, daß du an mich denkst.«

In der nächsten Nacht erschien noch einmal der Mond bei Ohne-Zunge: »Nun, hast du meinen Rat befolgt? Denn ohne die alten Dinge, von denen ich sprach, könnte selbst ich dir nicht helfen.« Da berichtete Ohne-Zunge, was sein Vater Sonne ihm erzählt hatte, erwähnte die Kriegstaten und vergaß auch nicht, die weiße Büffelhaut zu nennen. Da entsetzte sich der Mond und rief: »Gib ihm keine weiße Büffelhaut! Das ist das Zeichen meiner Würde, nicht der seinigen. Wenn du eine weiße Büffelhaut findest, dann gehört sie mir. Ihm aber magst du eine braune geben und, um ihn anzuführen, kannst du sie ja mit Kalkstaub färben.«

So kam es, daß Sonne eines Tages eine geweißte Büffelhaut vor die Hütte hängte zum Zeichen seines Stolzes. Da blies der Wind den Kreidestaub von dannen, und als Sonne nachschauen kam, hing eine ganz gewöhnliche Haut dort, braun und verstaubt, wie es deren Tausende gab. Und als gar der Mond im gleichen Augenblick dazukam, sprach Sonne wütend zu ihm: »Mein Sohn hat mich betrogen und beleidigt. Er wird meine Macht zu spüren bekommen. Zwei Söhne habe ich auf der Erde außer ihm. Einer von ihnen wird Ohne-Zunge umbringen, denn niemand beleidigt mich ungestraft.«

In der nächsten Nacht begab sich der Mond zur Erde und betrat die Hütte von Ohne-Zunge. »Die Sonne, deren Sohn du bist, sinnt auf Rache. Dein Vater ist schwer beleidigt. Einer seiner Söhne soll dich umbringen, aber wenn du meinen Rat befolgst, wird alles sich zum Guten wenden. Niemand kann dich töten, solange du ihm nicht Gelegenheit dazu gibst. In vier Tagen wirst du mit den Kriegern eines feindlichen Stammes zusammentreffen. Gib keinem von ihnen die Hand. Wenn einer sich anbieten sollte, dir die Hand zu reichen, erschlage ihn. Gib ihm die Linke und erschlage ihn mit der Rechten. Dann trenn den Kopf vom Rumpfe und verstecke ihn unter einem schweren Stein, wohin die Sonne nicht gelangen kann.

Dann kann der Mann Sonne den Toten nicht wieder zum Leben erwecken, denn ohne Kopf kann keiner leben.«

Ohne-Zunge versprach, die Warnung zu beachten, denn er wußte, daß sein Leben davon abhängen würde. Bevor der Mond sich zum Gehen wandte, sagte er noch: »Der Name des Kriegers, der dich töten soll, ist Kleine Sonne. Da ihr beide Söhne der Sonne seid, ist er gewissermaßen dein Bruder; aber da ihr verschiedene Mütter und Väter habt, seid ihr vielleicht Vettern. Auf jeden Fall ist einer von euch in vier Tagen tot.«

Vier Tage nach diesem nächtlichen Besuch sandte Ohne-Zunge, dessen Krieger in einer Bodenwelle lagerten, Späher aus. »Geht auf jenen Hügel dort und erkundet das Land. Seid auf der Hut, damit ihr nicht gesehen werdet.« Kaum aber waren die Späher auf der Kuppe angekommen, als sie auf eine Gruppe von Kundschaftern des Gegners trafen, die von der anderen Seite den Hügel erstiegen hatten. Als sich die Kriegshaufen kurz darauf trafen, hörte Ohne-Zunge jemanden seinen Namen rufen: »Ohne-Zunge, komm hervor; bevor wir kämpfen, wollen wir uns die Hand geben. Denn keine Feindschaft soll sein zwischen Söhnen des gleichen Vaters, und beide sind wir Söhne der Sonne.«

Da wußte Ohne-Zunge, daß sein Gegner vor ihm stand. Ohne Zögern schritt er hinüber zum Feind, streckte die linke Hand aus und hielt währenddessen in der Rechten seinen Tomahawk bereit. Zwischen den Linien der beiden Kriegshaufen trafen sich die Rivalen, und die Krieger auf beiden Seiten sahen mit Staunen, daß ihre Anführer beide gleich gekleidet waren. Jetzt streckte auch Kleine Sonne die Linke aus, doch im gleichen Augenblick blitzte ein Tomahawk in der Luft. Wie ein Baum fiel Kleine Sonne zur Erde nieder, und der Tomahawk glitt aus seiner rechten Hand. Beide hatten die gleiche Absicht gehabt, doch Ohne-Zunge war, vom Monde gewarnt, auf seiner Hut gewesen.

In wildem Gefecht schlug Ohne-Zunge die führerlosen

Gegner in die Flucht und kehrte zurück ins Dorf. Viele Skalpe hingen an den Siegesstöcken der Heimkehrenden.

Auch der zweite Sohn von Sonne, der Ohne-Zunge im Auftrage seines Vaters töten sollte, büßte bei diesem Versuch sein Leben ein. Wieder hatte der Mond seinen Schützling rechtzeitig warnen können. Nun war Sonne wirklich wütend, denn dieser Krieger Ohne-Zunge hatte ihm nicht nur seine besten Sachen entführt, sondern auch seine Söhne umgebracht. Erst fiel Kleine Sonne im Gefecht, und nun war auch Sonnenbruder von Ohne-Zunge im Zweikampf erschlagen worden. Da beschloß der Mann Sonne ärgerlich, die Angelegenheit selbst in die Hand zu nehmen, und zu diesem Zwecke verwandelte er sich in einen Büffel.

Als Ohne-Zunge wieder einmal auf der Jagd war, sah er sich plötzlich von einem mächtigen Büffel verfolgt, der den Jäger auf die Hörner nehmen wollte. In wildem Lauf erreichte Ohne-Zunge ein Sumpfloch, das mitten in einer Senke lag. Mit knapper Not entkam er dem Büffel, der sich blindwütig ebenfalls in den Sumpf stürzte. Während Ohne-Zunge jedoch leicht genug war, um an der anderen Seite des Sumpfes wieder festen Boden zu erreichen, blieb der schwerfällige Büffel im Sumpfe stecken und konnte sich bald kaum noch bewegen. Da kehrte Ohne-Zunge mit den Männern des Dorfes zurück. Gemeinsam häuften sie eine große Menge Schilf und Weidenzweige auf den Büffel und steckten alles in Brand.

Am Abend kam der Mann Sonne mit krummem Rücken und großen Blasen zurück in den Himmel, wo ihm der Mond begegnete. »Sieh nur, was mein Sohn Ohne-Zunge mir angetan hat!« rief Sonne ihm zu. »Mein ganzer Rücken ist verbrannt.« Dabei stöhnte er vor Schmerzen. »Aber morgen wird sein letztes Stündlein geschlagen haben, dann werde ich ihn eigenhändig skalpieren.«

Der Mond aber warnte Ohne-Zunge und riet ihm, einen alten Skalp mit Hundeblut zu tränken und seinen eigenen darunter zu verstecken. Als Sonne kam und dem Krieger den

Skalp abreißen wollte, sah er das Blut und gab sich mit dem alten Skalp zufrieden. Erst als er kurz danach Ohne-Zunge im Besitz seines Haares sah, wußte er, daß er wiederum verloren hatte. »Ich habe ihn lange genug geprüft«, entschied er, »von nun an will ich ihn unbehelligt lassen. Erst wenn er alt und blind geworden ist, will ich ihn zu mir holen. Dann soll er bei mir wohnen.«

Viele Sommer zogen ins Land. Immer noch grasten die Büffelherden auf der Prärie, jagten Männer die schnellen Gabelantilopen, zogen Indianer hinaus auf den heiligen Pfad des Krieges, um Ruhm und Ehre zu gewinnen. Noch immer standen die Dörfer der Arikara hinter den festen Palisaden an den Ufern des Flusses, zogen die Frauen hinaus in die Gärten, um Mais und Bohnen zu pflanzen, und erklangen die heiligen Gesänge von den Hügeln, dort, wo die jungen Männer auf ihren Schutzgeist warteten. Ohne-Zunge, der Häuptling seines Dorfes, war alt und blind geworden. Da hörte er eines Nachts eine vertraute Stimme: »Ohne-Zunge, deine Zeit ist um. Auch ich kann dir diesmal nicht helfen. Morgen kommt dein Vater Sonne, um dich zu holen. Diesmal mußt du ihm folgen, denn die Zahl deiner Sommer ist verbraucht.«

Da zog Ohne-Zunge hinaus auf jenen Hügel, wo er einst seinen Vater Sonne zum ersten Male erblickt hatte. Er hatte die Kleidung angezogen, die er als Kriegshäuptling getragen hatte, am Gürtel hingen die Skalpe, und die Federhaube kündete von großen Taten. Auch bemalt hatte er sich mit den Farben des Krieges, die einst der Schrecken seiner Feinde gewesen waren. Langsam und mit zögernden Schritten stieg er hinauf auf die Hügelkuppe. Dort steckte er mit tastenden Fingern rote und weiße Pfeile zu zwei Kreisen in die Erde, so Sonne und Mond anrufend. Den weißen Kreis hatte er auf der Hügelkuppe um jene Stelle gebildet, an der er einst als junger Mann gestanden hatte, den roten aber etwas nach Westen zu.

Kaum hatte er seine Arbeit beendet, als Sonnenmann und Mond bei ihm erschienen. Der Sonnenmann wunderte sich, den Mond hier zu sehen, aber Ohne-Zunge sprach: »Auch der Mond ist mein Vater und hat mir geholfen in meiner Not. Auch ihm gehört meine Dankbarkeit und meine Verehrung. Ohne ihn wäre ich nicht, denn er hat mein Leben bewahrt, als du mich vernichten wolltest.«

Als die Männer am nächsten Morgen kamen, um nach ihrem alten Häuptling zu sehen, war dieser verschwunden. Nur die beiden Kreise auf dem Hügel waren noch vorhanden. Da wußten sie, daß Sonne und Mond ihren alten Häuptling geholt hatten, und gaben das Suchen auf. Wenn aber der Name Ohne-Zunge ertönt, dann werden noch heute die Augen der Alten des Stammes weit, und ihre Gedanken wandern zurück zu den Feuern ihrer Väter. Denn dort hatten sie zuerst von ihm gehört, jenem Häuptling Ohne-Zunge, von dem die Großväter ihren Enkeln berichtet hatten, ganz so, wie sie selbst es als Kinder von ihren Großvätern gehört.

28. Maismutter und Schwarzer Meteor

(Arikara)

Die Alten sagen, daß die Erde zuerst von Riesen bewohnt gewesen sei, die so stark waren, daß sie vor nichts Angst hatten, nicht einmal vor Nesaru, der im Himmel wohnt. Zornig sah dieser ihrem Treiben zu und beschloß, sie zu vernichten. Daher sandte er die Spitzmaus auf die Erde, damit sie die Menschen, die ganz am Ende der Welt lebten und sich sehr vor den Riesen fürchteten, in Maiskörner verwandeln sollte. Die Spitzmaus verwandelte die Menschen in Maiskörner und versteckte sie tief unter der Erde. Auch die Tiere versteckte sie dort, damit sie sicher seien vor dem Vernichtungswerk.

Dann sandte Nesaru, der im Himmel wohnt, die Maismutter auf die Erde, hieß sie die Menschen um sich sammeln, denn die kleinen Körner hätten sonst gar zu leicht verlorengehen können. Danach kehrte die Maismutter zurück zu Nesaru, der im Himmel wohnt, während die Spitzmaus bei den Menschen blieb.

Nun sandte Nesaru, der im Himmel wohnt, sein Strafgericht über die Riesen. Aber die Menschen waren tief unter der Erde zu dieser Zeit, daher weiß heute niemand, wie die Riesen umgekommen sind. Einige behaupten, daß es durch ein großes Feuer geschehen sei, während andere von einem großen Wasser wissen wollen. Nur Nesaru, der im Himmel wohnt, weiß es genau, aber er schweigt.

Während die Menschen als Maiskörner tief unter der Erde waren, hatte Nesaru, der im Himmel wohnt, dort oben Mais gepflanzt, damit er die Menschen in ihrem Versteck nicht vergesse. Als der Himmelsmais zu sprießen begann, sprach Nesaru, der im Himmel wohnt: »Jetzt ist es Zeit, daß die Menschen hervorkommen, denn der Mais will ans Licht.«

Als der Himmelsmais reif war, nahm Nesaru, der im Himmel wohnt, einen Kolben und sprach zu ihm: »Maismutter, gehe wieder hinunter und führe die Menschen hinaus, denn es ist Zeit.« Da verwandelte sich der Kolben in eine alte Frau, die sich sogleich auf den Weg zur Erde machte.

Lange irrte sie über die Welt, denn sie konnte keine Menschen finden. Auch die Stelle, wo die Menschen verborgen waren, hatte sie vergessen. Da hörte sie im Osten den Donner rollen. Sie folgte dem Laut und kam zu den Menschen unter der Erde. Als die Menschen und die Tiere in ihrem Versteck die Maismutter rufen hörten, beschlossen sie, an die Oberwelt zu kommen, denn Nesaru, der im Himmel wohnt, hatte seinen Boten geschickt.

Dachs, Maulwurf und Wühlmaus machten sich an die Arbeit, um ein Loch bis an die Oberwelt zu graben. Unter der Leitung von Spitzmaus arbeiteten sie an dem Tunnel, der sie hinausführen sollte aus der Dunkelheit. Dachs grub eine Weile, dann wurde er müde und sagte: »Oh, ich kann nicht mehr!« Nur Maulwurf grub emsig weiter und sah mit einem Male die Sonne scheinen. »Die Sonne scheint! Die Sonne scheint!« rief er aufgeregt. Da fand der Dachs seine Kräfte wieder und begann das Loch zu erweitern. Der Maulwurf jedoch, der zu lange in die Sonne gestarrt hatte, kann seit diesem Tage kaum mehr sehen. Daher blieb er zurück unter der Erde, wo es dunkel war und wo er sich auskannte. Die übrigen Tiere aber begaben sich nach oben, dorthin, wo die Sonne ihr Licht verbreitete, und auch die Menschen machten sich auf den Weg an die Oberwelt.

Als alle aus der unteren Welt verschwunden waren, sprach die Maismutter zu denen, die sich auf der Erde versammelt hatten: »Ihr Menschen sollt mir folgen, wohin die Sonne wandert. Alles Getier aber soll dorthin ziehen, woher die Sonne gekommen ist. Wenn Menschen und Tiere sich fortan treffen, sollen sie sich nicht mehr erkennen, keine gemeinsame Sprache mehr haben, und Menschen sollen Menschen, Tiere aber Tiere bleiben, bis Nesaru, der im Himmel wohnt, alle zu sich ruft.« Und so geschah es denn auch, doch damals gab es eine Anzahl Wesen, die erst später zu Tieren geworden sind.

Lange folgten die Menschen der Maismutter über die Erde, und viele Hindernisse mußten überwunden werden. Bei jedem Hindernis aber blieben einige Menschen zurück und wurden zu Tieren. Dachs, Wühlmaus und Spitzmaus waren schon am ersten Tage umgekehrt, entschlossen, doch lieber bei Maulwurf zu bleiben. Am Flusse blieb Königsfischer zurück mit seiner Familie, während die Eule sich im Walde verirrte. Taucher konnte sich nicht vom See trennen, den sie alle überquert hatten, und Specht hatte einen hohlen Baum gefunden, der ihm besonders zusagte. Coyote aber hatte sich schon zu Beginn auf die Seite geschlichen und selbständig gemacht.

Schließlich kamen die Menschen im Gefolge der Maismutter an eine Stelle, von der die Maismutter sagte, daß hier das erste Dorf stehen sollte. Da machten sich die Menschen daran, Hütten zu bauen. Die Maismutter aber sprach: »Ich will euch von mir geben, damit ihr pflanzen könnt und zu essen habt. Denn fortan werdet auch ihr essen müssen, damit ihr zahlreich werdet wie die Maiskörner, die ihr einst gewesen seid.« Als sie all ihre Schätze verteilt hatte, ging sie zurück zu Nesaru, der im Himmel wohnt.

Während die Maismutter fort war, begannen die Menschen zu streiten, daher sandte Nesaru, der im Himmel wohnt, den Schwarzen Meteor auf die Erde. Dieser sollte Frieden stiften und den Menschen beibringen, wie sie zu leben hätten. Von ihm lernten die Menschen den Gebrauch von Werkzeugen aus Stein, die Wettspiele, die heiligen Gesänge und die Kriegsregeln, denn Schwarzer Meteor, der die heilige Pfeife brachte, war der erste Häuptling der Menschen. Seit dieser Zeit hat es bei den Menschen Häuptlinge gegeben.

Doch Nesaru, der im Himmel wohnt, war noch immer nicht mit den Menschen zufrieden. Noch einmal schickte er die Maismutter auf die Erde, damit sie den Menschen ihre Weisheit bringen sollte. Von ihr lernten die Menschen das Geheimnis der heiligen Medizinbündel, die großen Feste und Tänze, und von ihr haben auch die Medizinmänner ihre Kunst, Kranke zu heilen und Zauber zu bannen.

Die Maismutter jedoch trug den Menschen auf, sie in den Fluß zu werfen und zu ihr zu beten, wenn sie ihre Hilfe brauchten. Noch heute muß man daher an den Fluß gehen, wenn man die Maismutter um Hilfe bitten will. Für die Menschen ist sie Nährerin und Mutter zugleich, Sinnbild der Erde, aus der sie stammen. Ihr heiliges Zeichen ist die ungebeugte Zeder, immergrünes Symbol der ewigen Mutter. Daher stellen die Menschen zu den heiligen Festen eine Zeder vor den Eingang zur Ratshütte, damit die Mutter bei ihren Gebeten zugegen sei. Neben der Zeder aber liegt der Stein,

Sinnbild des Schwarzen Meteors, der vom Himmel kam und die heilige Pfeife brachte. Wenn Zeder und Stein nicht mehr vor dem Ratszelt sein werden, dann ist die Zeit da, zu der die Maismutter wiederkehren wird, um ihre Kinder hinaufzuführen zu Nesaru, der im Himmel wohnt.

29. Die Büffelfrau

(Caddo)

Vor unendlich vielen Jahren, als Menschen und Tiere noch eine gemeinsame Sprache redeten, lebte bei den Menschen ein mächtiger Zauberer, der von allen Leuten wegen seiner magischen Kräfte geachtet und gefürchtet wurde. Dieser Zauberer hatte einen Sohn, dessen Name Tapferkeit war, denn keiner war so klug und tapfer auf der Jagd wie dieser Sohn. Die Zauberkräfte des Vaters mochten dazu beigetragen haben, daß dem Sohn stets das Jagdglück lachte. Jedes Mädchen wollte ihn zum Gatten haben, denn keine Frau will schließlich einen Mann, der auf der Jagd von anderen übertroffen wird. Doch kümmerte sich der junge Jäger wenig um die Mädchen, sondern ging jeden Tag auf die Jagd und kehrte stets mit Beute beladen zurück.

Da begegnete ihm eines Tages, als er wieder einmal von der Jagd heimwanderte, ein junges Mädchen, das dem Jäger sogleich gefiel. Sie war jung und schön, und ihre Kleidung war reich mit Perlen bestickt. Der junge Mann hatte nichts dagegen, daß sie ihn ins Dorf begleitete, obwohl er wußte, was das zu bedeuten hatte. Nach altem Brauch fragte das Mädchen die Eltern des jungen Mannes, ob sie sie als Tochter für ihren Sohn haben wollten. So kam es, daß der Jäger noch am gleichen Tage verheiratet war.

Viel Zeit verging. Der Mann brachte wie immer reichlich Wild von der Jagd, die Frau kochte für ihn, hielt seine Kleidung in Ordnung und bestickte seinen Rock mit schönen Ornamenten. Als er wieder einmal heimkam, fragte sie ihn: »Ich kann dich mächtig machen, aber nur dann, wenn du das tust, was ich dir sage. Willst du mir dein Schicksal anvertrauen?« Der Jäger willigte ein, denn er sah keinen Grund, seiner Frau zu mißtrauen. Da sprach diese: »Es ist Zeit, daß du meine Brüder und Schwestern kennenlernst, wir wollen morgen zu meinen Verwandten gehen.«

Bei Sonnenaufgang machten sich die beiden auf die Reise. Doch wie erstaunt war der Mann, als seine Frau ihm plötzlich auftrug, sich im Grase zu wälzen, ganz so, wie er es bei den Büffeln oft beobachtet hatte. Zögernd tat er ihr den Gefallen und stand mit einem Male als Büffel da! Auch seine Frau hatte sich in eine Bisonkuh verwandelt. Jetzt wurde ihm die Bedeutung der Ratschläge klar, die ihm seine Frau unterwegs gegeben hatte: er solle sich vor den jungen Männern vorsehen, die wahrscheinlich eifersüchtig auf ihn sein würden; er solle nicht wütend werden, da solches Benehmen die übrigen Mitglieder der Familie reizen könnte; er solle sich in keinen Zweikampf einlassen, da ihm darin jeder ihrer Verwandten überlegen sei; und was dergleichen gute Ermahnungen mehr waren.

Voller Staunen sah er vor sich eine unendliche Herde von Bisons, die ganze Prärie schien mit ihnen bedeckt zu sein. Drohend senkten die jungen Büffel die Köpfe, als die beiden näher kamen. Der Mann, dessen Menschenname Tapferkeit war, begann sich doch ein wenig zu fürchten, denn aus Erfahrung wußte er sehr wohl, daß es gefährlich war, mitten in eine Büffelherde zu dringen.

Eine Weile lebten beide bei den Bisons, wanderten mit der Herde über die endlose Prärie, immer auf der Suche nach Nahrung. Am Ende aber beschlossen sie, zu den Menschen zurückzukehren. Wieder wälzten sie sich auf der Erde und verwandelten sich so in menschliche Gestalt. Dann begaben sie sich zurück zu den Menschen. Doch kaum hatten sie das

Dorf betreten, als der alte Zauberer seinen Sohn beiseite nahm und ihn fragte, wo er denn das ganze Jahr gewesen sei. Dieser aber gab eine ausweichende Antwort und wollte nichts von seinen Abenteuern berichten.

Von jetzt an kam es oft vor, daß der Jäger und seine Frau monatelang aus dem Dorfe verschwanden, und die Menschen wunderten sich, wohin sie wohl gehen mochten. Doch hüteten die beiden ihr Geheimnis.

Einst, als sie als Büffel bei der Herde weilten, beschlossen die jungen Bisons, diesen Menschen aus ihrer Mitte zu vertreiben, denn sie glaubten, daß ein Jäger bei ihnen nichts zu suchen habe. Zu diesem Zwecke schlugen sie einen Wettlauf vor. Natürlich dachten sie, daß ein Bisonbulle ja viel schneller und ausdauernder sei als ein Mensch. Auf diese Weise hofften sie, dem Eindringling den Garaus zu machen. Tapferkeit mußte wohl oder übel annehmen, wenn er nicht als feige gelten wollte.

Am Tage vor dem Wettlauf erschien plötzlich ein Unbekannter bei dem Bison. »Morgen wirst du um dein Leben laufen müssen, aber wenn du auf mich hörst, sollst du dennoch gewinnen. Nimm diese Wurzel hier, geheime Zauberkräfte ruhen in ihr. Wenn dir beim Wettlauf einer der Büffel zu nahe kommt, dann wirf die Wurzel hinter dich. Auch wird der Nächste, der dir den Platz streitig machen will, weit zurückbleiben, wenn du von diesem Lehm hinter dich wirfst. Doch mußt du sogleich zu Beginn allen voraus sein, sonst kann ich dir nicht helfen. Kommst du dann nahe ans Ziel, so will ich dir selbst helfen, und wenn ich dir helfe, dann helfen dir auch andere Wesen.« Bei diesen Worten war der Sprecher verschwunden, und nur der Wind pfiff leise durch das hohe Gras.

Von weit her strömten die Bisons zusammen, um diesen Wettlauf zu erleben, denn nie hatte es dergleichen je gegeben. Dicht drängten sich die Leiber an der Stelle, an der das Rennen beginnen sollte. Die jungen Bullen lachten über den

Menschen in Bisongestalt, der mit ihnen um die Wette laufen wollte. Tapferkeit stellte sich mitten unter sie und machte sich bereit. In den Händen hielt er die beiden Gaben des Unbekannten. Als ein alter Bulle das Zeichen gab, rannte alles auf das Ziel zu; allen voraus Tapferkeit, der ein guter Läufer war. Schon manches Mal war er auf der Jagd einem angreifenden Büffel davongerannt. Aber bald fingen seine Kräfte an zu erlahmen, und einer der Bullen kam immer näher. Da warf der Mann die Wurzel hinter sich und hatte mit einem Male wieder einen großen Vorsprung vor den anderen. Mit dem geheimnisvollen Lehm gewann er noch einmal eine Atempause und ließ die Verfolger hinter sich. Kurz vor dem Ziel aber sah er sich wiederum bedrängt. Da erhob sich plötzlich ein Sturm und trug ihn mit Windeseile über die Prärie zum Ziele. Da wußte Tapferkeit, daß der Wind jener unbekannte Helfer gewesen war, der für ihn das Rennen gewonnen hatte.

Von nun an lebte er unbehelligt bei den Büffeln, kehrte ab und zu ins Dorf zurück, und bald kannte er alle Geheimnisse der Menschen und der Bisons. Auch sein Sohn wuchs bald als Bison, bald als Mensch heran. Wenn sie im Dorfe waren, dann achtete die Mutter darauf, daß das Kind nicht mit den übrigen Jungen des Dorfes spielte und so das Geheimnis verriet. Eines Tages jedoch schlüpfte der Junge aus der Hütte und mischte sich unter die Kinder des Dorfes. Dort spielte man gerade Jäger und Büffel. Der Junge wälzte sich wie ein Bison im Gras und stand im nächsten Augenblick als Büffelkalb da! Schreiend liefen die übrigen Kinder auf ihn zu. Da sah die Mutter das Verhängnis und eilte mit ihrem Kinde zum Dorfe hinaus. Dort wälzte sie sich ebenfalls, und die erstaunten Menschen sahen kurz darauf zwei Büffel in die Prärie hinauslaufen.

Als der Mann von der Jagd heimkehrte, erzählte man ihm den Vorfall. Lange Zeit streifte er durch das Land, jede Bisonherde beobachtete er, aber nie fand er eine Spur von seiner Frau und von seinem Sohne. Und sooft er sich auch im Grase wälzte, stets stand er als Mensch wieder auf, er hatte die Kraft verloren, sich in einen Büffel zu verwandeln.

30. Die Ungeheuer

(Caddo)

Nicht lange, nachdem die ersten Menschen auf der Erde erschienen waren, lebten sie alle gemeinsam in einem Dorfe, das zwischen Bäumen auf einer Anhöhe lag. Damals war die Welt noch voller Ungeheuer, und die Menschen lebten in dauernder Angst vor ihnen. Später hat der Große Geist diese Wesen von der Erde verbannt, damals aber machten sie noch den Menschen das Leben schwer. Diese Ungeheuer konnten Menschen verschlingen, nahmen jede beliebige Gestalt an und näherten sich den Menschen oft in menschlicher Form, um sie desto leichter überfallen zu können.

Eines Tages beschlossen die Bewohner des Dorfes, an eine andere Stelle zu ziehen, denn das alte Dorf gefiel ihnen nicht mehr. Immer wieder verschwanden dort die Männer auf der Jagd, ohne daß man je erfahren hätte, was ihnen zugestoßen sein mochte. Auch die Frauen trauten sich vor lauter Angst kaum noch bis zum Bach.

Alsbald machten sich alle auf den Weg, nur eine Frau, die gerade ein Kind geboren hatte, blieb zurück, denn ihr Mann war tot, und sie hatte niemanden, der unterwegs für sie gesorgt hätte. Die übrigen Bewohner aber wollten nicht auf sie warten, denn die Gegend war ihnen zu unsicher geworden. So ließen sie die Frau mit ihrem Kinde allein zurück und sagten ihr, daß sie ja in ein paar Tagen, wenn sie sich kräftig genug fühle, nachkommen könne.

Die Frau war voller Angst; verlassen und gespenstisch lag das Dorf, und dort, wo früher Menschenstimmen erklungen waren, jammerte nun der Wind in den Zweigen. Eines Abends, als sie mit ihrem Kinde am Feuer saß, erschien mit einem Male eine Gestalt aus der Dunkelheit und bat, sich wärmen zu dürfen. Die Frau fürchtete sich, ließ aber den Besucher am Feuer Platz nehmen. »Wer bist du?« fragte sie den Mann. »Du gehörst doch nicht zu uns, denn hier gibt es keine Menschen außer uns zwei.« Der Fremde versuchte sie zu beruhigen und sprach: »Sei unbesorgt, zwar gehöre ich nicht zu deinem Dorf, denn ich gehöre nicht zu den Menschen, obwohl ich jeden von euch genau kenne. Oft bin ich des Nachts im Dorfe gewesen, wenn alles schlief, habe mich an euren Feuern gewärmt und für euch Wache gehalten. Wenn ich auch nicht zu den Menschen gehöre, so bin ich doch nicht euer Feind. Nenne mich den Gefleckten Wolf, wenn du willst, denn bei den Menschen muß alles einen Namen haben. Ich bin gekommen, um dich zu warnen. Geh nicht aus dem Dorf, denn der Weg zu den Deinen ist gefährlich. Erst wenn du dich stark genug fühlst, sollst du ihnen folgen.«

Die Frau wunderte sich über den seltsamen Besucher, wagte aber nicht, nach seinem Woher zu fragen. So erwiderte sie: »Warum soll ich hier im Dorfe bleiben, wo es nichts zu essen gibt und keine Menschen sind außer uns? Ich habe Angst, denn ich bin allein. Mein Mann ist von der Jagd nicht zurückgekehrt, und alle anderen Menschen sind fortgezogen. Wer kümmert sich schon um mich?«

Der Fremde, der sich der Gefleckte Wolf nannte, erwiderte: »Nimm diesen Tabak. Wenn du auf deiner Wanderung Hilfe nötig hast, wirf davon in die vier Winde. Wenn dein Mann auch nicht mehr am Leben ist, so bist du doch nicht ohne seinen Schutz.«

Am nächsten Morgen war der geheimnisvolle Besucher verschwunden, und nur der Beutel mit dem heiligen Tabak bewies, daß der ganze Vorgang mehr als nur ein Traum gewesen war. Als die Frau den Beutel jedoch genauer besah, fand sie, daß es der Medizinbeutel ihres Mannes war!

Vier Tage nach diesem Ereignis machte sich die Frau auf, um die übrigen Bewohner des Dorfes einzuholen. Das Kind im Tragkorb auf dem Rücken, wanderte sie hinaus aus dem Dorf auf der Anhöhe, das bisher den Menschen als Heimat gedient hatte. Tagelang zog sie durch Prärie und Flußtäler, durchwatete Bäche, und wenn der Abend kam, suchte sie sich ein Versteck für die Nacht. Am vierten Tage sah sie in der Ferne ein Wesen, das wie ein Mensch aussah. Beim Näherkommen jedoch schien es der Frau, als ob es doch wohl ein Tier sein müsse, und als sie ganz nahe herangekommen war, verwandelte sich das Tier wiederum in einen Menschen. Da wußte sie, daß sie eines jener Ungeheuer vor sich hatte, die damals noch auf Erden lebten. In ihrer Not griff sie zum Tabak und flehte um Hilfe beim Gefleckten Wolf. Aus jenem Beutel, den ihr der Fremde gegeben hatte, warf sie darauf ein wenig Tabak in die vier Himmelsrichtungen, und sogleich sah sie aus den vier Winden je einen großen Wolf angeschnürt kommen. Die vier Wölfe stürzten sich auf das Ungeheuer und gaben der Frau die Möglichkeit, zu entfliehen. Sicher und unbehelligt erreichte sie das neue Dorf der Menschen.

Aber auch an der neuen Stelle waren die Menschen nicht sicher vor den Ungeheuern. Wohl blieben hier keine Jäger auf der Jagd, wurden keine Frauen beim Wasserholen von schrecklichen Wesen verfolgt, doch statt dessen verschwanden die Toten aus den Gräbern! Wie sehr sich die Medizinmänner auch bemühten, wie ernsthaft auch die Männer die geheimen Zauberformeln sangen, immer war der Tote kurz nach der Bestattung verschwunden.

Nun gab es im Dorfe einen Medizinmann, der sich nicht so leicht verblüffen ließ. Ihm war aufgefallen, daß, sobald jemand im Sterben lag, ein anderer Mann gleichfalls krank wurde. Stets war es der gleiche Mann, der krank wurde. Immer war es so, daß beide zur gleichen Zeit begraben wurden, doch während der zweite Mann nach kurzem Todesschlummer wieder zum Leben erwachte, blieb der erste verschwunden. Da beschloß der Medizinmann, sich selbst krank zu stellen.

Schnell verbreitete sich die Nachricht von seiner plötzlichen Krankheit im Dorfe, und bald darauf legte sich auch der verdächtige Mann nieder und behauptete, todkrank zu sein. Da befahl der Medizinmann seinen Söhnen, ihm Bogen und Pfeile mit ins Grab zu geben, gab vor zu sterben und ließ sich von seinen Angehörigen zum Schein dicht unter der Oberfläche begraben. Kurz darauf wurde auch der zweite Kranke zu Grabe gelegt.

Mitten in der Nacht bemerkte der Medizinmann in seinem Grabe, wie sich der andere erhob und zu ihm herüberkam! Da stand er gleichfalls auf, ergriff seinen Bogen und schoß den Toten, der in Wirklichkeit eines der Ungeheuer in menschlicher Gestalt war, durchs Herz, so daß dieser nun wirklich starb. Dann begab er sich zurück ins Dorf und berichtete von seinem nächtlichen Erlebnis.

Als die Menschen am nächsten Morgen die beiden Gräber aufsuchten, fanden sie von dem Ungeheuer nur ein paar Knochen. Der Rest blieb verschwunden. Seit dieser Zeit jedoch geben die Caddo den Toten ihre Waffen mit ins Grab, damit sie nicht ohne Schutz sind auf dem Wege ins Land der Geister, und kein Ungeheuer wagt sich mehr an sie heran.

31. Der-den-Bison-ruft

(Pawnee)

Vor langer Zeit geschah es, daß eine Gruppe von Pawnee-Indianern auf der Winterjagd war. Den größten Teil des Jahres brachten sie am großen Fluß in ihren Dörfern zu, dort, wo die Erdhütten hinter festen Palisaden standen und wo die Maisfelder jedes Jahr reichlich Frucht trugen. Erst wenn die Ernte geborgen war, zogen die Männer und Frauen hinaus in die Prärie, um auf die Bisonjagd zu gehen. Aber so sehr sie sich auch mühten und sich fast die Augen aus dem Kopfe sahen, in diesem Jahre blieben die Bisonherden verschwunden, und selbst die ausgesandten Späher kamen unverrichteterdinge zurück.

Das war eine harte Zeit für die Menschen; Kinder und Frauen hungerten, und die Männer blickten besorgt drein, denn ohne die Herden würde niemand den Winter überstehen. Von Mais allein konnte man das Dorf nicht ernähren. Auch der große Büffeltanz, den die Medizinmänner durchführten, brachte nicht den ersehnten Erfolg, und nächtelang sangen die Krieger ihre Beschwörungsformeln, klangen die Medizinrasseln und ertönte die Trommel.

Schließlich erschien ein Mann, den noch niemand im Lager gesehen hatte, und sprach: »Sagt den Sippen- und Kriegshäuptlingen, daß ich mit den Frauen und Kindern Mitleid habe. Daher will ich versuchen, euch zu helfen. Aber jeder im Lager muß meine Anordnungen befolgen, sonst werdet ihr alle verhungern.« Dann befahl er, außerhalb des Lagerkreises ein Tipi aus Bisonhaut aufzustellen, das den Männern fortan als Beratungszelt dienen sollte. Dorthin ließ er alle Männer zusammenrufen, um mit ihnen zu sprechen.

Während die Männer dabei waren, das Tipi zu errichten, blieb der Fremde verschwunden, und erst am Morgen kehrte er ins Lager zurück. Den ganzen Tag über saß er in einem Zelt, und wenn er jemanden sah, der vor Hunger kaum noch laufen konnte, gab er ihm ein kleines Stück Büffelfleisch und sagte dazu: »Hier, nimm und iß. Aber hebe den Rest gut auf und gib ihn einem, der hungriger ist als du.« Der so Beschenkte wunderte sich zwar, wie von dem kleinen Stück Fleisch auch noch etwas übrigbleiben sollte, aber nachdem er sich satt gegessen hatte, schien immer der gleiche Brocken im Topf zu bleiben; und dem nächsten Esser ging es genauso.

Jeden Tag ritt der Häuptling durchs Lager und sah nach dem Rechten. Geduldig hörte er sich die Klagen der Hungrigen an, gab gute Ratschläge und ermahnte die Sippenhäuptlinge, Geduld zu haben, denn der Fremde würde bestimmt helfen. Aber noch immer waren die großen Büffelherden, die sonst immer um diese Jahreszeit die Prärie durchzogen, nicht aufgetaucht. Trotz aller Geschenke, die man dem Fremden gemacht hatte, trotz aller Adlerfedern, Otterfelle, Hermelinbälge und ähnlicher Zaubermittel hatte er bisher ihr Los nicht ändern können. Der Fremde hatte jene Geschenke angenommen und gesagt: »Ich werde all dies dem opfern, der mir die Kraft gibt, euch zu helfen. In vier Tagen werden die Herden hier sein.«

Die Bewohner hatten wohl Vertrauen zu dem seltsamen Fremden, der so fest davon überzeugt zu sein schien, daß sich alles zum Guten wenden werde, aber sie wunderten sich doch insgeheim, warum er wohl in jeder Nacht aus dem Lager verschwunden war. Am Morgen kam er stets zurück, und man sah es ihm an, daß er weit fortgewesen sein mußte, denn er war völlig erschöpft. Er selbst aber nannte Gegenden beim Namen, die Tagereisen weit entfernt lagen.

In der vierten Nacht nach seinem Erscheinen bei den Pawnees weckte der Fremde mit einem Male das ganze Lager und sprach: »Morgen kommen die Herden. Seid alle bereit, damit niemand zu hungern braucht.« Nach diesen Worten begab er sich auf eine Anhöhe in der Nähe des Lagers, opferte hier Adlerfedern, Steinperlen und etwas Tabak und kehrte sodann ins Lager zurück. Den Männern im Beratungszelt aber sagte er: »Wenn der Geist am Opferplatz erscheint, so stört ihn nicht. Laßt ihn ziehen, wohin er will. Seid alle auf der Hut, denn es ist Zeit.«

Am nächsten Morgen starrte alles auf den Hügel, dort, wo der Fremde gestern die Opfergaben niedergelegt hatte. Plötzlich erschien auf der Anhöhe ein riesiger Bisonbulle. Wuchtig und voller Leben stand er dort und sicherte lange Zeit, dann setzte er sich wieder in Bewegung und raste in vollem Galopp am Lager vorbei! Als der Fremde dies sah, rief er: »Seht, die Zeit ist gekommen, denn die Herden sind da!«

Vier junge Krieger wurden vom Männertipi ausgesandt, um das Gelände jenseits der Anhöhe auszukundschaften. Kaum aber standen die Späher auf der Kuppe, als sie sich umdrehten und so schnell sie konnten auf das Lager zuliefen. »Sie kommen! Sie kommen!« riefen sie schon von weitem. Und dann standen sie vor dem Häuptling und berichteten aufgeregt von der riesigen Herde, die geradenwegs auf das Lager zu ziehe. Die erfahrenen Krieger standen gelassen dabei und prüften die Spitzen ihrer Büffellanzen.

Der Häuptling gab das Zeichen zur Jagd und wartete, bis die Männer sich um ihn versammelt hatten. Dann aber warnte er sie: »Der Fremde hat befohlen, daß auch nicht ein Stück der Beute umkommen soll. Laßt daher nichts zurück, sondern nehmt zuerst die besten Stücke und bringt sie zum Beratungszelt, denn heute abend soll der Festschmaus zu Ehren des Büffelgeistes stattfinden. Bringt nicht nur alles Fleisch und die Häute ins Lager, sondern vergeßt auch die Knochen nicht.«

Während der Häuptling seine Krieger ermahnte, erschienen die ersten Büffel auf der Hügelkuppe. Wie der Wind fegten die Jäger auf ihren flinken Mustangs aus dem Lager; in weitem Halbkreis flogen sie der Herde entgegen; Lanzen blitzten in der Sonne, unter den Hufen der Pferde entstanden kleine Staubwolken, und über allem lag der helle Schrei der beutewitternden Krieger, die nach wochenlanger Untätigkeit endlich zeigen konnten, daß sie noch Jäger waren. Bald darauf hatten sie unter der Führung ihres Häuptlings einen Teil der Herde abgezweigt und eingekesselt.

Am Abend aber, als die Männer im Tipi saßen und den beutereichen Tag gebührend feierten, ihre Jagderlebnisse austauschten, lachten und sangen, sagte der Fremde plötzlich: »In vier Tagen wird eine zweite Herde erscheinen, und wieder wird es Fleisch im Lager geben. Die Frauen werden Tag und Nacht zu tun haben, um die Wintervorräte zu trocknen. Viermal werden die Männer ausreiten und Fleisch machen, danach wird es in diesem Jahre keine Herden mehr geben. Laßt nichts umkommen, denn wenn auch nur einer von euch einen Teil der Beute zurückläßt, ist es vorbei mit dem Jagdglück. Ti-ra-wa, der Große Geist, der in allem ist, will es nicht, daß die Menschen seine Geschenke verschwenden. Werft daher nichts fort, sondern seid dankbar für seine Gaben.«

Drei Tage lang wurde im Lager gearbeitet, um das Fleisch der Beute für den Winter haltbar zu machen. Als der vierte Tag zur Neige ging und die Sonne blutigrot im Westen versank, trat der Fremde unter die Krieger und redete sie an: »Morgen ist es Zeit. Eure Lanzen werden rot sein wie der Himmel im Westen, denn morgen kommt die zweite große Herde. Doch seid vorsichtig, denn es wird ein gelbes Bisonkalb dabei sein. Paßt auf, daß ihm und seiner Mutter kein Leid geschieht.« Die Krieger machten große Augen, denn Bisonkälber gab es sonst nur im Frühjahr, nicht im Spätherbst, aber sie beschlossen, der Weisung des Fremden zu folgen.

Wieder gab es große Beute, und die Vorratsbeutel füllten sich mit Trockenfleisch und Büffeltalg. Beim dritten Ausritt gelang es den Männern, einen großen Teil der Herde einzukesseln. Vor den Zelten häuften sich die Vorräte, und die Männer wußten nun, daß sie den Winter über nicht hungern würden. Wieder sprach der Fremde: »Noch einmal wird es Fleisch geben, dann ist es genug für dieses Jahr. Ihr sollt die Gelegenheit nutzen, denn es ist die letzte. Wenn der Winter kommt, soll niemand Hunger leiden.«

Groß war die Beute dieses Jagdzuges, und als die Pawnees schließlich in ihr Dorf am Fluß zurückkehrten, mußten sie den Weg zweimal zurücklegen, denn es war unmöglich, alles auf einmal fortzubringen. Der Fremde aber, der die Herden gerufen hatte, blieb verschwunden. Nur viele Jahre später ließ er sich noch einmal blicken; wieder herrschte der Hunger im Lager der Pawnees, und wieder rief der Fremde die

Herden der lebenspendenden Büffel. Stets folgten die Menschen seinem Rat und verschwendeten nichts. So gab es genügend Fleisch für die langen Wintermonate. Den jungen Männern aber, die zum ersten Male hinauszogen auf die Jagd, schärfte der Häuptling ein: »Ti-ra-wa, der Große Geist, der in allem ist, will es nicht, daß die Menschen seine Gaben verschwenden; seid auf der Hut und laßt nichts liegen.«

Lange Zeit richteten sich die Pawnees danach, aber schließlich übertraten sie das Verbot und schossen die Bisons nur der Häute wegen, die sie an weiße Händler verkauften. Eines Tages aber waren die Herden verschwunden, und auch der Fremde kam nicht wieder, um sie zurückzurufen. Da wußten die Pawnees, daß der Große Geist sie verlassen hatte.

32. Das alte braune Pferd

(Pawnee)

Vor vielen Jahren, als die Büffel noch die Herren der Prärie waren, lebte in einem Lager eine alte Frau, die nichts weiter besaß als ihren Enkel. Dieser, noch ein halber Junge, war freundlich und hilfsbereit, doch wollte niemand etwas mit ihm zu tun haben, denn er hatte weder Pferd noch Kriegsschmuck und lebte von dem, was andere fortwarfen oder übrigließen. Jedesmal, wenn das Lager verlegt wurde, suchte er zusammen mit der alten Frau den Lagerplatz ab und sammelte, was brauchbar erschien. So lebten die beiden, von anderen gemieden und verachtet.

Eines Tages nun, als sie wieder einmal die letzten waren, weil sie ihre paar Habseligkeiten selbst schleppen mußten, stand am Wege plötzlich ein altes braunes Pferd, das sehr heruntergekommen aussah und sich kaum noch auf den Beinen halten konnte. Wahrscheinlich hatte es einer der Bewohner zurückgelassen, weil es zu alt war, um mit den übrigen

Schritt halten zu können. Das Tier bot einen wirklich kümmerlichen Anblick; ein Auge schien völlig erblindet, das andere starrte glanzlos und unbeteiligt; der Rücken war voller Schwären, und die Rippen schienen fast durch das struppige Fell zu kommen.

»Nun«, sagte die Alte und musterte das Pferd mißtrauisch, »unsere paar Sachen wird er hoffentlich noch tragen können.« Damit packte sie dem Pferd ihr schmales Bündel auf den Rücken und machte sich daran, den alten Klepper voranzutreiben.

Am Abend hatten sie endlich die anderen eingeholt. Dort, wo der große Felsen ins Wasser ragt und der Fluß sich nach Norden wendet, stand auch diesmal wieder das Lager, denn seit alters her war hier der Lagerplatz für die herbstliche Büffeljagd. Von hier zogen die Gruppen hinaus in die Prärie, um Fleisch zu machen für den Winter. Als die beiden Nachzügler mit ihrem armseligen Begleiter durchs Lager kamen, wunderten sich die Leute, daß der alte Klepper noch nicht zusammengebrochen war. Schon immer hatte sich der Junge viel Spott gefallen lassen müssen, aber nun, seitdem er das Pferd hatte, schien es nur noch schlimmer geworden zu sein. Früher lachte man wohl über seine ärmliche und zerrissene Kleidung, jetzt aber hielten sich die Krieger die Seiten vor Lachen, wenn sie den Jungen auf dem schäbigen Braunen angeritten kommen sahen.

Am nächsten Morgen kamen die ausgesandten Späher zurück und berichteten von einer großen Bisonherde mit einem weißen Kalb. Als der Häuptling dies hörte, versprach er dem glücklichen Jäger, der ihm das weiße Kalb bringe, seine Tochter zur Frau. Denn eine weiße Bisonhaut ist Ti-war-uks-ti, Großer Zauber. Während die Männer sich fertigmachten zur Jagd, noch ein letztes Mal die Pfeile in den Köchern prüften, die Mustangs nachsahen und sich gegenseitig anfeuerten, bestieg auch der Junge sein Pferd, nahm die alte Bisonlanze zur Hand und ritt am Schluß des Zuges zum Lager hinaus.

Die Männer ritten ihre besten Pferde, und als sie den alten Klepper bemerkten, riefen sie: »Seht! Dort ist das Pferd, das das weiße Fell heimtragen wird!« Dabei lachten sie aus vollem Halse. Der Junge aber blieb zurück, um das Gespött nicht hören zu müssen. Schließlich hatte er die übrigen Männer aus den Augen verloren und ritt allein der Herde zu. Da begann das braune Pferd plötzlich zu reden und sprach: »Reite mich an jenen Bach dort und bedecke mich mit Lehm, bis auch nicht ein Haar mehr zu sehen ist.«

Der Junge war erstaunt und erschrocken zugleich, denn er hatte nie gehört, daß Pferde reden können, aber dennoch tat er, was das Tier ihm aufgetragen hatte. Als er sein Reittier über und über mit Lehm beschmiert hatte, sagte dieses: »Steig auf, bleib aber hier am Bach, bis ich dir ein Zeichen gebe. Reite nicht den Männern nach, die sich über dich lustig machen.«

Mittlerweile waren die Männer an einem Hügel angekommen, von wo man die Herde übersehen konnte. In langer Reihe warteten die Reiter hinter dem Hügel, bis der Häuptling das Zeichen gab. Selbst die Pferde schienen zu wissen, um was es heute ging, und waren kaum zu halten. Schließlich hob der Häuptling die Hand: »Luu-ah, vorwärts!« Und aus dem Stand gingen die Pferde in den Galopp über; zu beiden Seiten des Hügels brachen die Reiter hervor, um die Herde einzukreisen.

Plötzlich sahen sie von der entgegengesetzten Seite einen Reiter auf braunem Pferd über die Prärie rasen! In Windeseile flogen Pferd und Reiter auf die Herde zu; einen Augenblick später waren beide zwischen den Leibern der Bisons verschwunden. Wieder tauchte der Reiter über den Rücken der Büffel auf, die Lanze blitzte in der Sonne, und dann war das weiße Kalb nicht mehr zu sehen! Erschrocken setzten sich die Bisons in Bewegung. Donnernd raste die Herde vorbei, während der einsame Reiter zwei weitere Tiere zu Boden streckte. Dann sahen die Männer ihn absteigen. Gemächlich begann er das weiße Kalb auszuweiden und abzuhäuten. Sein Pferd aber stand dabei, den Kopf erhoben; vom alten Klepper war nichts mehr zu sehen, jung und feurig, mit geradem Rücken stand der Braune da.

Der Junge belud das Pferd mit Fleisch, legte die weiße Bisonhaut zuoberst und führte seinen Braunen zum Lager zurück. Da überholte ihn ein junger Krieger, zwölf Pferde bot er für die Beute, denn er hatte es sich in den Kopf gesetzt, die Häuptlingstochter zu heiraten. Der Junge aber lachte ihn aus und lehnte das Angebot ab.

Im Lager hatte sich inzwischen die Nachricht von der seltsamen Jagd verbreitet, und einer der Männer sagte zu der alten Frau: »Dein Sohn hat das weiße Kalb erlegt.« Aber die Alte schenkte ihm keinen Glauben und dachte, daß er sie verspotten wolle. »Warum ärgerst du mich mit solchen Dingen?« sagte sie. »Was habe ich dir getan, daß du mich so belügst?« Auch als ein zweiter Krieger mit der gleichen Nachricht zu ihr kam, wollte sie es nicht glauben. Als sie dann die gleiche Geschichte zum dritten Male hören mußte, sagte sie nur: »Laßt uns doch in Frieden!« Sie verteidigte ihren Enkel: »Der Junge kann ja nichts dazu, daß wir arme Leute sind.« Mit einem Male stand der Junge vor ihr. »Hier«, sprach er, »ich habe uns etwas mitgebracht. Heute und morgen brauchen wir nicht zu hungern.« Dann begannen beide das Pferd abzuladen, was eigentlich Frauensache ist. Die Alte konnte sich nicht genug wundern über die plötzliche Veränderung des Tieres, immer wieder fragte sie, ob das auch das gleiche Pferd sei.

In der folgenden Nacht begann der Braune wiederum zu sprechen: »Morgen früh kommen die Sioux, um das Lager zu überfallen. Wenn du die Krieger des Feindes anreiten siehst, dann nimm mich und reite mitten in den Haufen hinein. Hab keine Furcht, denn nichts wird dir geschehen. Dort wirst du den Häuptling der Feinde finden und töten. Viermal darfst du unbeschadet angreifen, dann bleibe zurück.

Versuchst du es ein fünftes Mal, so wirst du selbst getötet werden oder aber mich verlieren.«

Aufgeregt kamen am nächsten Morgen, kaum daß es hell zu werden begann, die Wachen ins Lager und gaben Alarm. Vor dem Zeltkreis sah man die Sioux anreiten, hell durchschnitt ihr Kriegsruf die Morgenluft. Kaum hatten die Pawnees Zeit, ihre Schlachtlinie zu formieren, als der Junge auf seinem Braunen bereits vorpreschte, den Tomahawk in der Hand. Als die Angreifer sahen, daß der einzelne Reiter es auf ihren Kriegshäuptling abgesehen hatte, überschütteten sie ihn mit einem Hagel von Pfeilen. Aber unversehrt erreichte der Junge den Häuptling und ritt wenige Augenblicke später zu den eigenen Reihen zurück, einen frischen Skalp am Gürtel. Dreimal noch stürzte er sich in das Gewühl, und jedesmal erbeutete er einen Skalp. Als er zum fünften Male angriff, brach sein Pferd unter ihm im Pfeilhagel zusammen, und der Reiter rettete nur mit knapper Not sein eigenes Leben. Die Sioux aber, die wohl ahnen mochten, daß es mit dem Pferde eine besondere Bewandtnis haben müsse, schnitten dieses in kleine Stücke, die sie überall verstreuten. Erst am Abend zogen sich die Angreifer zurück.

Der Junge suchte lange vergeblich nach der Stelle, an der sein Pferd zusammengebrochen war. Als er sie schließlich gefunden hatte, sammelte er alle Reste, die er nur finden konnte, legte diese auf einen Haufen und ging anschließend auf einen Hügel, der in der Nähe des Schlachtfeldes lag. Dort zog er seinen Umhang aus Büffelleder über den Kopf und trauerte um den verlorenen Besitz. Selbst als es zu regnen begann, achtete er kaum auf das niedergehende Gewitter, sondern behielt das Häuflein Knochen im Auge. In der gleichen Nacht kam ein zweites Gewitter auf, und wieder prasselte der Regen hernieder. Der Junge aber hatte nur Augen für das Pferd. Ein drittes Gewitter brachte so starken Regen, daß man kaum die Hand vor Augen sah; als es vorüber war, schien der Knochenhaufen sich verändert zu haben. Von der

Hügelkuppe sah es aus, als ob dort ein Pferd lag, aber das mochte eine Täuschung sein. Während ein viertes Gewitter herabrauschte, sah der einsame Wächter auf der Kuppe, wie das Pferd plötzlich aufstand, zu ihm sicherte und hell zu wiehern begann! Der Junge lief durch den Regen zu seinem Pferd, und als er es schließlich erreichte, hörte er es sagen: »Jetzt weißt du, wie du dich verhalten mußt. Der Große Geist hat mich zurückkommen lassen. Wenn du aber nicht auf mich hörst, wirst du mich wiederum verlieren.«

Der Junge befolgte den Rat und tat fortan nichts, was ihm nicht von seinem Pferde aufgetragen. Er heiratete die Tochter des Häuptlings und wurde später selbst zum Häuptling gewählt. Den Braunen aber hielt er hoch in Ehren, nur zu besonderen Festen ritt er auf ihm durchs Lager. Viele Jahre herrschte er über die Pawnees, und als er schließlich starb, wickelte man ihn in die weiße Bisonhaut und legte seinen Körper auf die Plattform, wie es die Sitte verlangte. Denn nicht in der dunklen Erde sollten seine Knochen modern, sondern die weite Prärie und der hohe Himmel sollten über seinem Grabe wachen. Das braune Pferd aber blieb von Stund an verschwunden, niemand wußte, wohin es geraten war, und niemand hat es je wiedergesehen.

33. Das Zweigesicht

(Sioux)

Einst lebten in einem Lager vier Brüder beisammen, von denen der jüngste so klein war, daß er noch nicht als Krieger zählte. Daher sprachen die übrigen Bewohner meist von den drei Brüdern, obwohl es eigentlich doch vier waren. Wenn die drei auf die Jagd zogen, blieb der jüngste Bruder im Lager zurück. Stets kehrten die Jäger mit Fleisch beladen zurück, während der jüngste Bruder ihnen jedesmal alle

Neuigkeiten berichtete, die sich im Lager zugetragen. Er wußte alles, sah alles und berichtete seinen Brüdern stets ausführlich von seinen Erlebnissen. So lebten die vier Brüder freundschaftlich zusammen, ohne daß einer von ihnen je daran gedacht hätte, die anderen drei zu verlassen. Das war auch der Grund, warum keiner von den älteren verheiratet war, obwohl sich manches Mädchen nichts sehnlicher gewünscht hätte, als einen von ihnen zum Manne zu haben.

Eines Abends, als sie alle gemeinsam beim Mahle saßen, bemerkte der Älteste, daß vor dem Tipi ein Mädchen stand. Daher sagte er zum jüngsten Bruder: »Hakela, hör zu. Geh hinaus und bitte das Mädchen einzutreten, denn es gehört sich nicht, daß die Gäste von draußen bei der Mahlzeit zuschauen.« Hakela ging sogleich hinaus und führte das fremde Mädchen ins Tipi. Ohne auch nur ein Wort zu sagen, nahm diese von der angebotenen Speise und begann schweigend zu essen. Da wunderten sich die Brüder über solche Unhöflichkeit, denn bei den Sioux war es stets Sitte gewesen, daß man den Gastgeber begrüßt, sich zu erkennen gibt und für das vorgesetzte Essen dankt. Selbst Hakela wußte besser, wie man sich zu benehmen hatte. ›Aber‹, so dachte er, ›vielleicht ist sie zu schüchtern, um den Mund aufzumachen.‹ Denn es war schon häufiger vorgekommen, daß ein Mädchen bei ihnen im Tipi erschienen war, weil sie einen seiner Brüder heiraten wollte.

Je länger das schweigsame Mädchen bei ihnen blieb, desto deutlicher wurde es, daß sie nicht gekommen war, um einen der Brüder zu heiraten. Schließlich wunderte sich Hakela, warum die Fremde wohl bei ihnen erschienen sein mochte. ›Vielleicht will sie uns alle umbringen‹, überlegte er, ›oder uns verzaubern.‹ Doch trotz allen Nachdenkens fand er keinen Grund für solch eine Vermutung. So beschloß er, abzuwarten und die Augen offenzuhalten.

Als die Brüder am Morgen wiederum zur Jagd zogen, sprachen sie zu Hakela: »Hör zu, Bruder Hakela, der du nur ein Junge bist. Bleib daheim und paß auf, was unser Gast anstellt. Klettere auf die Lederbespannung des Tipis, dann kannst du unbemerkt durch das Rauchloch sehen. Sei aber vorsichtig, daß du stets auf einer der Zeltstangen bleibst, denn sonst könntest du mit einem Male ins Tipi fallen. Wenn du etwas Auffälliges bemerkst, erzähle es uns heimlich, wenn wir zurückkommen.« Hakela versprach, sein Bestes zu tun, und tat so, als ob er mit den Brüdern aus dem Lager ginge. Dann aber schlich er sich rasch zurück, bezog seinen Beobachtungsposten auf einer der Zeltstangen und beobachtete die Fremde im Tipi, ohne selbst gesehen zu werden.

Als das Mädchen sich allein glaubte, nahm sie plötzlich ein Gewand hervor und murmelte vor sich hin: »Es fehlt da noch ein Teil der Kante, aber bald ist alles fertig.« Da sah Hakela, daß das Gewand überall mit Menschenhaar verziert war! Doch sogleich fing das Mädchen wieder an zu reden: »Ich glaube, ich werde Hakelas Haar dazu nehmen, wenn es auch nicht so gut ist wie das seiner Brüder.«

Sobald die Brüder zurückkehrten, nahm Hakela sie beiseite und berichtete, was er gehört und gesehen hatte. Da sprach der Älteste: »Wenn das kein Mensch ist, dann kann es nur Zweigesicht sein. Doch wir wollen uns nichts merken lassen, denn sonst sind wir verloren. Die erste Gelegenheit werden wir benutzen, um uns aus dem Staube zu machen.«

Auch am nächsten Tage paßte Hakela scharf auf und beobachtete, was im Tipi vor sich ging. Da sah er, wie das Mädchen einen Beutel hervorsuchte, aus dem sie rundliche, vertrocknete Gegenstände nahm und in den Kochtopf warf. Anschließend aß sie das Gericht, und der Junge sah zu seinem Entsetzen, daß es menschliche Ohren waren, die da verspeist wurden! Dabei schien die Fremde an dieser Mahlzeit noch großen Gefallen zu finden.

Als er seinen Brüdern von diesem Erlebnis berichtete, beschlossen sie, das Lager möglichst bald zu verlassen, denn die Besucherin konnte niemand anders als Zweigesicht sein, von dem man berichtete, daß er menschliche Ohren aß. Zweigesicht, der böse Geist des Waldes, war stärker als alle Menschen. Selbst fortlaufen konnte man nicht vor ihm, denn er war so schnell wie der Wind, so ausdauernd wie der Herbstregen und so schlau wie der Coyote. Um dennoch aus dem Lager unbemerkt fortzukommen, verfiel der älteste Bruder auf eine List.

Als das Mädchen nicht im Tipi war, nahm er eine dicke Lederschnur, wie sie zu allen möglichen Zwecken stets in großen Mengen bei der Hand war, und tat diese in einen Kochtopf. Danach begann er, das Leder zu kochen. Als die Schnur nach einer Weile vollständig gar und daher sehr mürbe war, nahm er sie heraus und hängte sie in die Sonne zum Trocknen. Nun war sie von anderen Schnüren nicht mehr zu unterscheiden. Als das Mädchen mit den übrigen Frauen des Lagers zum Holzsammeln gehen wollte, sagte der älteste Bruder: »Hier, nimm die Schnur und gehe hinunter an den Fluß. Nicht weit von der Furt habe ich heute morgen einen schönen Fichtenstamm gesehen, der voller Harz steckt. Das wird ein gutes Feuer geben. Nimm das Beil mit, dann hast du es leichter. Aber bringe nur die harzigsten Stücke und laß das morsche Holz liegen. Das wird zwar etwas länger dauern, aber dafür haben wir dann für mehrere Tage Vorrat.«

Kaum war das Zweigesicht aus dem Lager, als die vier Brüder das bereits gepackte Bündel ergriffen und sich aus dem Staube machten. Das Mädchen aber mühte sich lange mit dem zähen Fichtenstamm, der vom Sturm zerbrochen und verdreht war, legte eine tüchtige Ladung Holz zurecht und wollte gerade beginnen, diese zusammenzubinden, als die Leine riß. Immer wieder mußte sie anhalten und knoten, denn jedesmal, wenn sie ein paar Schritte getan hatte, gab das brüchige Leder nach. Schließlich kam sie aber doch im Lager an. Da sah sie, daß die vier Brüder nicht mehr im Tipi waren. »Das hätte ich mir denken können!« murmelte sie zornig, warf ihre Last zu Boden und begann den Brüdern zu folgen. »Nur gut, daß mein Vorrat an Ohren sowieso alle ist. Entkommen können sie mir nicht, denn keiner ist so schnell wie ich.«

Als der älteste Bruder sich umblickte, sah er in der Ferne das Mädchen kommen. Da trieb er seine Brüder zur Eile an, denn sie mußten möglichst bald den Fluß erreichen. Aber so sehr sie sich auch anstrengten, das Mädchen kam immer näher. Schließlich nahm der älteste Bruder aus seinem Medizinbeutel vier Adlerkrallen, warf diese hinter sich und rief: »Helft uns in unserer Not!« Und sogleich entstand dort, wo die Krallen zur Erde gefallen waren, ein dichter Wald aus Dornsträuchern. Das Mädchen hatte große Mühe, sich durch das dichte Buschwerk zu zwängen, und blieb daher weit zurück. Nach einer Weile jedoch hatte sie die vier beinahe eingeholt. Da griff der zweite Bruder in seinen Medizinbeutel, zog vier Bärenklauen hervor und rief: »Helft uns, das Zweigesicht aufzuhalten!« Sogleich verwandelten sich die Klauen in vier riesige Bären, die der Verfolgerin den Weg verlegten.

Aber auch dies Mittel half nur vorübergehend, denn nach einer Weile sahen sie das Mädchen wieder hinter sich. Nur hatte sie ihre schöne Kleidung eingebüßt, und es war deutlich zu sehen, daß sie zwei Gesichter hatte, denn ihr Haar war wild zerzaust und verdeckte nun nicht länger das zweite Gesicht hinten am Kopfe. Da nahm der dritte Bruder seinen Medizinbeutel, warf ihn hinter sich und sprach: »Hilf uns, das Zweigesicht aufzuhalten!« Dort aber, wo der Beutel zur Erde fiel, tat sich sogleich eine tiefe Schlucht auf, die Zweigesicht am Weiterkommen hinderte.

Als die vier Brüder an den Fluß kamen und diesen zu durchwaten begannen, sahen sie Zweigesicht wieder dicht hinter sich angelaufen kommen. Zugleich erschien am Ufer eine alte Frau und bat die Brüder, sie doch ans andere Ufer zu tragen. Hakela, der mit der Alten Mitleid hatte, überredete seine Brüder, die alte Frau doch nicht mit Zweigesicht allein am gleichen Ufer zu lassen. So trugen die Brüder die Alte gemeinsam über den Fluß.

Als sie sie am anderen Ufer niedersetzten, sagte die Alte: »Ich bin gekommen, um euch zu helfen. Aber erst wollte ich sehen, ob ihr meine Hilfe auch verdient. Hättet ihr mich nicht mitgenommen, wäret ihr alle in die Hände von Zweigesicht gefallen. Denn das Mädchen dort ist Zweigesicht, der böse Geist des Waldes.« Dann wandte sich die Frau zum Fluß, wo Zweigesicht inzwischen bis zur Mitte gelangt war. Als die Alte die Arme hob, stieg das Wasser, und Zweigesicht wurde von der Gewalt der Fluten mitgerissen. Halb ertrunken kroch der böse Geist des Waldes weit unterhalb der Furt ans Ufer und schlug sich in den Wald. Die Brüder aber kehrten mit der Alten ins Lager zurück. In der nächsten Nacht jedoch war die alte Frau mit einem Male verschwunden, und an ihrer Stelle lag nichts weiter als eine Hirschdecke.

34. Der Büffelgeist

(Sioux)

Die ganz alten Leute berichten, daß einst eine Gruppe von Kriegern mit ihren Familien weit entfernt vom nächsten Lager ihre Zelte errichtet hatte. Gewöhnlich war diese Stelle einer der besten Jagdplätze des Landes, doch in diesem Jahre wollten sich die Herden nicht einstellen. So herrschten bald Not und Hunger unter den Menschen, und besorgt sahen die Häuptlinge in die Zukunft. Nur die Kinder spielten wie immer außerhalb des Lagers und kümmerten sich wenig um die Sorgen der Eltern.

An einer Stelle, an der früher einmal ein Tipi gestanden haben mochte, war die Grasdecke bis auf den letzten Halm verschwunden. Hier spielten die Mädchen und stellten sich vor, wie sie in einem Tipi die Wirtschaft führten. Mit einem

Male befand sich ein Junge unter ihnen, den sie vordem nie gesehen hatten, auf jeden Fall gehörte er nicht zum Lager. Da gerade in einer der Spielfamilien ein Krieger fehlte, ernannten sie den fremden Jungen kurzerhand zum Familienoberhaupt und gaben ihm ein kleines Mädchen zur Frau.

Drei Tage lang kam der Junge jeden Morgen an den Spielplatz, um am Abend geheimnisvoll zu verschwinden. Am vierten Morgen jedoch brachte er Büffeltalg und getrocknetes Büffelfleisch für seine Spielgefährten. Heimlich schnitt eines der Mädchen ein Stückchen Fleisch ab und nahm es mit zu ihrer Mutter. Plappernd berichtete es von dem neuen Spielkameraden, der ihr Mann sei. Wie ein richtiger Krieger habe er Fleisch ins Tipi gebracht. Das hörte der Vater, der wohl wußte, daß es im ganzen Lager auch nicht ein Stück Fleisch mehr gab, von Büffeltalg nicht einmal zu reden. Weit und breit aber war die Prärie leer vom Rauch der Feuer, so konnte der Junge auch nicht aus einem benachbarten Lager gekommen sein. Daher trug er seiner Tochter auf, den fremden Jungen beim nächsten Male festzuhalten und ihn heim ins Tipi zu bringen.

Am nächsten Abend zog das kleine Mädchen den Spielkameraden mit ins Lager. Aber der Junge wehrte sich, und jedesmal stieß er dabei einen Laut aus, wie ihn die Büffelkälber von sich geben, wenn sie von den erwachsenen Tieren fortgestoßen werden. Als sie schließlich das Tipi erreicht hatten, ergab sich der Junge in sein Schicksal und sprach: »Gut, ich will mit dir zu deinem Vater gehen. Aber zuvor müßt ihr Zedernholz und Salbei im Zelt verbrennen, damit der Menschengeruch daraus verschwindet.«

Als der fremde Junge das Tipi betrat, setzte ihn der Vater auf den Ehrenplatz gegenüber dem Eingang. Dann legte er weiße Muscheln und Steinperlen vor den Gast. »Da ich das Mädchen geheiratet habe«, begann der fremde Junge zu sprechen, »will ich auch hier bei euch bleiben, bis ich zu den Meinen zurückkehre.« Denn das Annehmen der Geschenke und das Anbieten des Ehrenplatzes bezeichnen ja seit alters her den Bräutigam.

Nicht lange danach ging der Junge eines Morgens aus dem Lager, und die Zurückbleibenden sahen plötzlich ein Büffelkalb fortlaufen. In der Ferne bemerkten sie auch eine Bisonkuh, die das Kalb zärtlich beleckte. Da wußten sie, daß ihr Gast kein gewöhnlicher Junge gewesen war. Und auch der Vater war überzeugt, daß der neue Schwiegersohn dem ganzen Lager helfen würde. Niemand aber hörte, was die Mutter zu ihrem Sohne sagte, als dieser zu ihr zurückkehrte: »Ich weiß, daß du bei den Menschen gewesen bist und ein Mädchen geheiratet hast. Nun geh nach Norden und suche deinen Vater auf, um ihm diese Nachricht zu bringen. Zuvor aber rolle dich in diesem Sumpfloch.« Das Kalb rollte sich in dem sumpfigen Wasserloch und stand gleich darauf als erwachsener Bulle da mit blanken Hörnern und zottiger Mähne.

Immer weiter nach Norden wanderte der Bisonbulle, stets auf der Suche nach seinem Vater. Er wußte, wie dringend seine menschlichen Verwandten die Herden nötig hatten, um nicht zu verhungern. Schließlich traf er einen alten Büffel. »Enkel«, redete dieser ihn an, »ich weiß wohl, daß du dich mit den Menschen eingelassen hast. Sie sind heimtückisch und selbstsüchtig, doch das ist deine Sache. Ich will dir von meiner Kraft geben, damit du mächtig wirst.« Darauf legte er seine Schnauze auf die des jungen Büffels und blies ihm seinen Atem ein. Dann fuhr er fort: »Deinen Vater findest du im Tipi der Zaubertrommel. Folge nur ihrem Rufe.«

So kam der Junge schließlich zum Lager der Büffel. Dort ging ein alter Bulle mit einer Halskette aus weißen Muscheln im Lager einher. »Enkel«, so redete er den Ankömmling an, »dein Vater erwartet dich. Folge daher dem Gesang der Trommel.« Darauf rief er mit tiefer, dröhnender Stimme: »Der Sohn von Büffel-der-Ausschau-hält ist angekommen!«

Der Vater des Büffelkindes ahnte, was sein Sohn von ihm wollte. »Ich weiß, daß du im Süden unter die Menschen gegangen bist. Daher mußt du für deinen Schwiegervater Fleisch beschaffen, wie es sich für einen Krieger geziemt. Zwei Tage über den morgigen Tag werden wir bei deinen Verwandten eintreffen. Wir wollen Adlerfedern und roten Stoff und blaue Kriegsfarbe für unsere Dienste. Geh und melde uns an.« Da nahm der Sohn Abschied, um zu den Menschen zurückzukehren.

Als die Menschen im Lager hörten, daß in drei Tagen die Herden erscheinen würden, waren sie voller Freude. Für den Schwiegersohn aber sammelten sie alle Geschenke, die dieser erwähnt hatte, legten diese in ein Tipi, das mitten im Lager stand, und bereiteten sich auf die kommende Jagd vor. Dann erschienen die Büffel im Lager, um ihr Versprechen einzuhalten, obgleich sie wußten, daß sie in den Tod gingen. Die Menschen aber schmückten die erlegten Tiere mit rotem Stoff, Adlerfedern und Muschelketten und rieben blaue Kriegsfarbe zwischen die Hörner, um ihrerseits das gegebene Versprechen nicht zu brechen.

Nachdem alle Büffel erschlagen waren, sprach der Sohn von Büffel-der-Ausschau-hält: »Ich will euch jetzt verlassen, denn all meine Verwandten liegen tot in eurem Lager. Aber bis an euren Tod könnt ihr euch auf mich verlassen. Wenn am Abend eine kleine Büffelherde von Westen her ins Lager kommt, erlegt den Bullen mit den glänzenden Hörnern. Nehmt sein Haupt und bewahrt es auf. Wenn der Hunger durchs Lager zieht, erzählt dem toten Büffel von eurer Not, dann will ich kommen und euch helfen.«

Als der Abend sank, erschien eine kleine Herde von Büffeln im Lager, die aus der Sonne gekommen zu sein schien. Allen voran lief ein großer Bulle mit blanken Hörnern und zottiger Wolle. Die Menschen erlegten ihn, wie der Schwiegersohn es gewünscht hatte. Den mächtigen Kopf aber bewahrten sie in einem heiligen Tipi auf und behandelten ihn mit großer Ehrfurcht. Wenn der Hunger durch die Lager ging, dann streuten sie blaue Erde auf das heilige Haupt, beteten zum Büffelgeist um Hilfe, und stets erschienen die Herden, um das Unglück abzuwenden. So erzählen die ganz alten Männer, die den heiligen Büffelkopf noch gesehen haben.

35. Der Bärenmann

(Nez Perce)

Einst lebte ein Krieger zusammen mit seinem Vater in einem Dorfe am Fluß. Der Sohn war weit und breit bekannt als tapferer Krieger, der auch in den gefährlichsten Lagen nie den Kopf verlor, sondern stets einen Ausweg wußte. Von seiner Tapferkeit erzählte man sich schon damals viele Geschichten, und immer wurde er als Beispiel für die jungen Männer hingestellt. Fünfmal hatte er seine Schar aus feindlichem Hinterhalt herausgehauen, und jedesmal war er am Ende siegreich ins Dorf zurückgekehrt. Als Ehrentitel hatte man ihm den Namen Pa-ka-ta-ma-pa-ütsch, Der-fünfmal-umzingelt-war, gegeben, um schon hierdurch anzudeuten, daß er ein großer Krieger sei. Fast bei jedem Kriegszug übertrug man ihm die Führung, doch Pa-ka-ta-ma-pa-ütsch war das kriegerische Leben bald leid. Bald wunderten sich die Leute, warum der Krieger fast den ganzen Sommer über abwesend war und wohin er wohl verschwand.

Jedesmal, wenn es Frühling wurde, zog Pa-ka-ta-ma-pa-ütsch hinaus, um irgendwo allein zu hausen, zu jagen, zu fischen und durch die Wälder zu streifen. Ganz auf sich allein gestellt verbrachte er die Sommer und kehrte erst im Herbst zurück zur Hütte seines Vaters, beladen mit Fleisch, getrockneten Fischen und anderen Wintervorräten. Niemals aber sagte er, wo er den Sommer über gewesen war. Er war eben ein richtiger Jäger, dem am wohlsten war, wenn er allein sein konnte.

Meist traf es sich, daß er am Oberlauf eines kleinen Baches, der ganz versteckt in einer tiefen Schlucht floß, sein Standlager aufschlug. Von hier zog er zur Jagd und zum Lachsfang. Aber von diesem Lager wußten nur der Jäger und die Tiere des Waldes, kein Mensch kam je hierher.

Wieder war der Frühling ins Land gegangen, und Pa-ka-ta-ma-pa-ütsch hatte seine Hütte in der Schlucht bezogen. Als er eines Abends faul und schläfrig am Feuer lag und den Flammen zuschaute, hörte er plötzlich ein Geräusch, als ob jemand durch die Schlucht streife. Sogleich griff er zu den Waffen, schlich aus dem Gesichtskreis des Feuers und spähte nach dem unsichtbaren Besucher. Doch alles blieb still. Da nahm er an, daß er sich wohl getäuscht haben müsse. Am nächsten Morgen suchte er die Umgebung des Lagers nach Spuren ab, konnte aber im hohen Gras nicht feststellen, wer da des Nachts ums Lager gestrichen war.

Als er am Abend wiederum zu seiner Hütte kam, saß am Feuer ein junges Mädchen. Der Jäger wunderte sich, woher sie wohl gekommen sein mochte, aber er wollte sie nicht fragen. Schließlich aber erkundigte er sich doch, aus welchem Lager sie wohl sei, denn er vermutete, daß ein paar Familien irgendwo in der Nähe ein Jagdlager bezogen hätten. Wie verblüfft aber war er, als das Mädchen ihm erklärte, daß sie gekommen sei, um ihn zu heiraten! Je länger er sich jedoch den Vorschlag überlegte, desto besser gefiel ihm das Mädchen. Schließlich schlug er vor, seine Vorräte an Fleisch und Fischen zu seinem Vater zu bringen. In zehn Tagen wollte er dann zurück sein. Das Mädchen willigte ein und erklärte, daß auch sie zurück zu ihrer Hütte müsse. Ganz versteckt am Oberlauf des Baches wohne sie, aber in zehn Tagen wolle sie wieder hierher zurückkehren und auf ihn warten.

Nach zehn Tagen betrat Pa-ka-ta-ma-pa-ütsch am Abend wiederum die Schlucht, entzündete von neuem das Feuer seines Lagers und wartete sehnsüchtig auf das Mädchen, das ihm durch die Trennung nur noch begehrenswerter geworden war. Schließlich erschien sie, und der Jäger und das Mädchen aßen nebeneinander am Feuer aus einer gemeinsamen Schüssel, was nach dem Brauch der Leute am Fluß die Hochzeitsfeier darstellte. Die nächsten Monate hindurch lebten die beiden in der Schlucht. Der Mann ging wie gewöhnlich auf die Jagd, während die Frau das Lager versorgte, Felle gerbte, das Essen bereitete, Wurzeln und Beeren sammelte, Fleisch und Fische für den Winter trocknete, kurz all jene Arbeiten verrichtete, die von einer Frau nun einmal erwartet werden.

Eines Tages, als es bereits Indianersommer war und der Wald in bunten Farben prangte, erklärte die Frau, daß es Zeit sei, nach Hause zurückzukehren. Der Mann, der bisher die Wintertage in der Hütte seines Vaters versessen hatte, hatte nichts dagegen, und gemeinsam brachen sie auf zur Hütte der Frau. Eine Weile folgten sie dem Bache, der rauschend aus der Schlucht kam, über eine Klippe hüpfte und im breiten Talbett verschwand. Dann kamen sie auf eine Bergwiese, über die der nunmehr klein gewordene Bach murmelnd seinen Weg zog. Schließlich standen sie vor der Quelle, die klein und unscheinbar aus den Felsen kam. Dicht dabei lag eine Höhle, dunkel und drohend, den Mund nur einen Spalt weit geöffnet. Ohne Zögern schritt die Frau auf die Höhle zu und verschwand im Eingang. Da begann Pa-ka-ta-ma-pa-ütsch zu ahnen, daß es mit seiner Frau eine besondere Bewandtnis haben müsse.

Bald war der Winter da, bedeckte die Berge mit seinem weißen Mantel, der mit den Fährten aller Tiere bestickt war, und ließ die murmelnde Quelle verstummen. Nun ging die Frau nicht mehr aus der Höhle, sondern blieb daheim bei ihren Wintervorräten und dem warmen Feuer. Tagelang lag sie auf dem weichen Fell-Lager und schlief, nur der Hunger ließ sie ab und zu wach werden. Nun war Pa-ka-ta-ma-pa-ütsch seiner Sache sicher: er hatte kein gewöhnliches Mädchen, sondern eine Bärin geheiratet!

Mitten in der Nacht schrie die Frau plötzlich und fuhr vom Lager auf, als ob sie einen bösen Traum gehabt. Eilig machte der Mann sich daran, das Feuer zu schüren, um besser sehen zu können. Da stand die Frau vor ihm, sang ein Zauberlied, und das Blut floß ihr dabei aus dem Munde! Dem erstaunten Pa-ka-ta-ma-pa-ütsch erklärte sie:

»Nicht mein Blut ist dies, sondern das der Menschen, die ich erschlagen habe. Unten im Tale sind die Jäger versammelt, denn einer von ihnen hat mein Versteck entdeckt. Der Medizinmann hat den Bärenzauber gesprochen. Sobald es Tag wird, machen sich die Männer bereit zur Jagd. Fünf werden es sein, die kommen, und nur vier werden talwärts ziehen.«

Nun war der Mann überzeugt, daß morgen ein Mensch würde sterben müssen, denn die Bären wissen um die Zukunft. Bären, das wußte er vom Vater, haben große Zauberkräfte und erscheinen den Menschen in vielerlei Gestalt. Daher bereiten sich die Jäger stets auf eine Bärenhatz vor, indem sie ihr Vorhaben ankündigen, dem Medizinmann Geschenke machen, damit er die Zauberformeln spricht. Anschließend vollführen sie den Bärentanz, der den Bärengeist beschwichtigt.

Kaum graute der Morgen, da bekleidete sich die Bärenfrau mit einem roten Gewande. Ihrem Gatten aber sagte sie: »Bald sind die Jäger hier, dann muß ich töten. Sei unbesorgt, dir geschieht nichts.« Kurz darauf hörte Pa-ka-ta-ma-paütsch, wie die Jäger am Höhleneingang miteinander sprachen. Dann ertönte eine Stimme und forderte den Bären auf, herauszukommen und zu kämpfen. »Der Bärengeist hat uns ausersehen, mit dir zu kämpfen. So komm hervor aus deinem Versteck und miß dich mit uns.«

Brüllend schoß die Bärin aus der Höhle hervor und erschlug den Rufer, der es gewagt hatte, sie herauszufordern. Eilends zogen sich die übrigen Jäger zurück.

In der nächsten Nacht erwachte der Mann wiederum vom Gesang seiner Frau. Wieder war es das gleiche Zauberlied an den Geist der Bären, aber diesmal klang es anders. »Zehn

Jäger werden kommen, und das Blut in meinem Munde wird mein eigenes sein. Die Jäger sind ganz in der Nähe, und beim ersten Licht der Sonne werden sie hier sein.«

Am Morgen hörte Pa-ka-ta-ma-pa-ütsch wieder Männer vor der Höhle reden. Wieder forderten sie den Bären heraus, spotteten über seine Feigheit und sangen ihren Jagdzauber. Pa-ka-ta-ma-pa-ütsch wußte, was geschehen würde, denn er war oft dabeigewesen, wenn man einen Bären aus seinem Versteck lockte. Einer der Männer hatte stets eine lange Stange gehabt, an der ein alter Lederumhang befestigt war. Sobald sich der Bär auf diesen stürzte, um den vermeintlichen Feind zu zerreißen, sausten die Pfeile durch die klare Winterluft und gruben sich tief ins Leben. Gleich darauf hörte er die Bärin zusammenbrechen.

Kaum war die Bärin tot, da vernahm Pa-ka-ta-ma-pa-ütsch einen der Jäger: »Paßt auf, es steckt noch ein zweiter Bär in der Höhle!« Da ging der Mann nach draußen, um sich den Jägern zu stellen. Voller Erstaunen erkannten diese den Krieger Pa-ka-ta-ma-pa-ütsch! Zuerst wollte niemand seine Geschichte glauben, doch langsam begriffen die Jäger, daß es wohl so sein müsse, wie der Mann es immer wieder erzählte. Gemeinsam zogen sie zurück ins Dorf am großen Fluß. Noch viele Male mußte der Mann sein seltsames Erlebnis berichten. Da gaben sie ihm einen neuen Namen und nannten ihn fortan den Bärenmann, was durchaus nicht als Spott gemeint war. Voller Scheu wandten sich die Jäger nach ihm um, wenn er hinauszog auf die Jagd, denn jeder wußte, er hatte durch sein Erlebnis geheime Kräfte erworben, wie nur die Bären sie kennen.

Lange Zeit nach dieser Begebenheit erschien eine Gruppe von weißen Pelzhändlern im Dorfe, und der Bärenmann zog mit ihnen, um sie zu führen. Nie wieder kehrte er ins Dorf am Flusse zurück, und manche glauben, daß der Bärengeist ihn zu sich geholt hat.

36. Der Hasenfuß

(Kutenai)

Coyote saß auf einem Hügel und dachte darüber nach, was er wohl mit seiner Zeit anfangen sollte. Plötzlich sah er den Hasen in voller Fahrt auf sich zukommen. »Warum rennst du denn so?« fragte er den Hasen. »Ich laufe weg, so schnell ich kann!« keuchte dieser, und da war er auch schon vorbei. Coyote kratzte sich hinter dem Ohr und überlegte: ›Wenn der Hase so schnell läuft, hat er sicher seine Gründe. Am besten ist es, wenn ich mich ebenfalls aus dem Staube mache.‹ Damit setzte er sich in Trab und lief hinter dem Hasen her.

Als Coyote gerade einen Bach überquerte, traf er den Wolf. »Bruder Coyote, wohin denn so eilig?« fragte ihn dieser. »Ich verschwinde, so schnell ich kann!« antwortete jener, und da war er auch schon in der Prärie.

›Hmm, da stimmt doch etwas nicht!‹ dachte der Wolf. ›Wenn Coyote, der doch ein gerissener Bursche ist, so flink ausreißt, dann ist bestimmt irgendwo was los. Da tue ich wohl besser, wenn ich mich ebenfalls verziehe.‹

Damit machte sich der Wolf auf den Weg und folgte dem Coyoten.

Nachdem der Wolf eine Weile gelaufen war, traf er Grizzly, den Bären. Der war gerade beim Fischfang und warf erstaunt den Kopf auf, als er den Wolf daherpreschen sah. »He, Bruder Wolf, warum die Eile?« – »Ich verschwinde so flink wie möglich ...« Den Rest konnte Grizzly nicht verstehen, denn der Wolf war schon zu weit weg.

›Aha‹, dachte der Bär, ›wenn Bruder Wolf es so eilig hat, dann ist es höchste Zeit, auch zu verschwinden. Höchste Zeit, daß ich nach Hause komme, wirklich höchste Zeit.‹ Und sogleich setzte er sich in seinen gewohnten Zuckeltrab und folgte dem Wolf.

Nach einer Weile sah er seinen Freund, den Wolf, mitten in der Prärie auf den Hinterkeulen sitzen. Nicht weit entfernt von ihm saß der Coyote, und ein bißchen weiter, ganz außer Atem, der Hase. Als Grizzly herangekommen war, fragte er ganz verdutzt: »Warum sitzt ihr denn hier alle so herum? Ich dachte, du hattest es so eilig? Warum, Bruder Wolf, bist du denn so schnell gelaufen?«

»Oh«, erwiderte dieser, »ich sah den Coyoten vorbeilaufen, und da dachte ich mir: ›Besser ist besser‹; und so bin ich auch weggelaufen. Wenn du genau wissen willst, was los war, müssen wir schon den Coyoten fragen.«

»He, Coyote, warum bist du so gerannt?«

»Ich weiß nicht«, war die Antwort. »Ich sah den Hasen vorbeiflitzen, und da habe ich mich vorsichtshalber auch auf die Socken gemacht. Fragt doch ihn, warum er es so eilig hatte.«

Der Hase war noch ganz außer Atem, als die drei bei ihm ankamen. »Warum bist du nur so schnell gelaufen?« fragte der Bär, dem die ganze Sache auf die Nerven fiel. »Oh«, antwortete der Hase, »oh, ich war gerade dabei, Weidenspitzen zu fressen, als mit großem Getöse eine Ladung Schnee von einer Tanne fiel. Da habe ich mich so erschrocken, daß ich einfach fortgerannt bin. Beinahe wäre nämlich der Schnee genau auf meinem Kopf gelandet, und der Gedanke allein macht mich krank.«

Da brachen der Bär, der Wolf und der Coyote in ein Gelächter aus, daß es meilenweit zu hören war. Der Hase aber schüttelte betrübt den Kopf, dachte an die zarten Weidenspitzen und an seinen Magen und machte sich zaghaft auf, um zu seiner Mahlzeit zurückzukehren.

37. Ya-ukwe-i-kam

(Kutenai)

Lange bevor die ersten Menschen die Erde bewohnten, lebte eine alte Frau mit ihrer Enkelin am Ufer eines großen Sees. Die Großmutter hatte das Mädchen oft gewarnt, nicht zu dicht an das Loch im Eise zu gehen, da es dort nicht geheuer sei. Eines Tages vergaß das Mädchen die Warnung und ging an den See, um Wasser zu trinken. Plötzlich erschien eine Hand und zog das Mädchen hinab in die Tiefe.

Als sie sich von ihrem Schrecken erholt hatte, befand sie sich in einem Zelte. Der Mann, dem diese Wohnung gehörte, hieß Weißer Stein. Sein Bruder, Grauer Stein, hatte sein Zelt ganz in der Nähe. Beiden gemeinsam gehörte der Seegrund. Weißer Stein hatte das Mädchen geraubt, um sie zu seiner Frau zu machen. Als sie im nächsten Jahre ein Kind zur Welt brachte, gab sie ihm den Namen Ya-ukwe-i-kam.

Der Junge wuchs schnell heran, und eines Tages, als der Vater auf der Jagd war, sagte die Mutter zu ihrem Sohne: »Du bist nun alt genug, um meine Großmutter zu besuchen, die am Seeufer in einem Zelte wohnt. Gehe also ans Ufer, und wenn du die alte Frau, die deine Urgroßmutter ist, gefunden hast, dann sage ihr, wer deine Mutter ist.« Auf diese Weise wollte sie den Jungen fortschicken auf die Erde, damit er nicht zwischen den Steinen des Seegrundes aufwachsen sollte.

Ya-ukwe-i-kam suchte lange vergeblich nach dem Zelt, das die Mutter ihm beschrieben hatte. Schließlich aber fand er es und trat zögernd ein. Da sah er die alte Frau in tiefem Schlafe. So spielte er eine Weile und kehrte am Abend zu seiner Mutter zurück. Diese war sehr erstaunt, ihn zu sehen, und sprach: »Warum bist du denn nicht bei deiner Urgroßmutter geblieben?« Der Junge erzählte ihr, daß die alte Frau so fest geschlafen habe, daß sie überhaupt nicht aufgewacht sei.

Mittlerweile war die Alte munter geworden und hatte sogleich gesehen, daß jemand bei ihr im Zelt gewesen war und dort gespielt hatte. Aber sie konnte nicht herausfinden, ob ein Junge oder ein Mädchen ihr den Besuch abgestattet hatte. So machte sie einen kleinen Korb und einen Bogen und Pfeile und legte beides dicht neben die Tür. Auch flocht sie aus einigen Händen voll Gras ein paar kleine Hirschpuppen, wie sie die Kinder der Kutenai noch heute als Zielscheiben verwenden. Diese tat sie zu den übrigen Sachen neben dem Eingang zur Hütte.

Am nächsten Tage war sie wiederum eingeschlafen, als Ya-ukwe-i-kam erschien. Sobald dieser das Spielzeug sah, nahm er Bogen und Pfeile, stellte die Grashirsche vor den Eingang und vergnügte sich den ganzen Tag damit, einen Pfeil nach dem andern in die Puppen zu schießen. Schließlich, als es schon zu dunkeln begann, zerbrach der Bogen, und der Junge kehrte zurück zu seiner Mutter. Als die alte Frau erwachte und den zerbrochenen Bogen sah, wußte sie, daß nur ein Junge sie während ihres Schlafes besucht haben konnte.

Beim nächsten Besuch stellte sie sich schlafend und beobachtete den Eingang. Nach einer Weile kam Ya-ukwe-i-kam, lugte vorsichtig durch die Schilfmatte der Tür, und da er die alte Frau schlafen sah, trat er ein, um zu spielen. In diesem Augenblick erhob sich die Alte, und Ya-ukwe-i-kam gab sich zu erkennen. Von nun an blieb er bei der Urgroßmutter am Ufer des Sees, und so wurde er später der erste Kutenai.

Vorerst jedoch war die Erde noch nicht für Menschen bewohnbar, daher machte sich Ya-ukwe-i-kam daran, diesen Zustand zu ändern. So fragte er eines Tages die alte Frau: »Sag, wo wächst das Holz, aus dem man Pfeile macht?« Diese machte ein ernstes Gesicht und antwortete: »Oh, das ist weit von hier. Geh lieber nicht dorthin, denn der alte Mann Grizzly bewacht den Strauch, aus dessen Holz man Pfeile macht. Jeder, der auch nur in die Nähe kommt, wird von ihm gebissen.«

Da machte Ya-ukwe-i-kam sich auf den Weg, den Pfeilstrauch zu suchen. Lange wanderte er im Lande umher und traf schließlich zwei Kraniche, die von Grizzly als Wachen ausgestellt waren. Die beiden Vögel wollten schreien, doch Ya-ukwe-i-kam sprach: »Oh, verratet mich nicht! Grizzly braucht nicht zu wissen, daß ich hier bin. Wenn ich zurückkomme, dann könnt ihr schreien, aber nicht vorher.« Die Kraniche sahen einander verdutzt an, blieben aber stumm. Nach einer Weile sah Ya-ukwe-i-kam zwei Murmeltiere, die ebenfalls den Pfeilstrauch bewachen sollten. »Verratet mich nicht!« sagte er zu ihnen. »Erst wenn ich wiederkomme, dürft ihr pfeifen, soviel ihr wollt.« Damit ging er weiter, als er an einen Bach kam, wo zwei Biber am Ufer saßen. Gerade wollten diese Alarm schlagen, als Ya-ukwe-i-kam sie bat: »Seid ruhig, bis ich zurückkomme, es soll nicht euer Schade sein. Anschließend ist noch immer Zeit genug, Lärm zu machen.« Die Biber blieben schweigend am Ufer und sahen dem seltsamen Wesen nach, das da durch den Wald ging.

Nachdem Ya-ukwe-i-kam von den Pfeilsträuchern gesammelt hatte, was er zu tragen vermochte, machte er sich auf den Rückweg. Als er bei den Bibern ankam, begannen diese aufgeregt zu schreien. Ähnlich erging es ihm bei den Murmeltieren, die sogleich zu pfeifen anfingen. Auch die Kraniche schlugen Lärm, sobald sie ihn zu Gesicht bekamen.

Grizzly, der nicht weit entfernt wohnte, hörte den Krach und wunderte sich: »Nanu? Was kann denn das sein? Alles ist ja umgekehrt! Erst schreien die Biber und zuletzt die Kraniche, da muß etwas Besonderes geschehen sein.« Darauf schickte er seine Kinder aus, um nachzusehen, was das alles zu bedeuten habe. Die Kinder kamen aufgeregt zurück und berichteten, daß jemand die Pfeilsträucher gestohlen habe. Da wurde Grizzly sehr wütend, lief zurück in sein Zelt, sang die Zauberformel und zog seinen Mantel an. Als er wieder vor dem Eingang stand, war er ein Bär! Selbst seine eigenen Kinder begannen sich zu fürchten, als sie ihn davonrennen sahen.

Bald hatte er die Spur des Räubers entdeckt und folgte ihm, so schnell er laufen konnte. Ya-ukwe-i-kam jedoch verstreute überall im Lande seine Pfeilsträucher, so daß der Bär sie nicht wieder einsammeln konnte. Noch heute wachsen sie überall wild, und die Menschen brauchen nur in den Wald zu gehen, wenn sie Pfeile schnitzen wollen.

Als Ya-ukwe-i-kam wieder vor dem Zelt der alten Frau stand, hatte ihn der Bär fast eingeholt. Um seine Urgroßmutter nicht zu erschrecken, lief er weiter, bis er schließlich im Zelt seiner Mutter ankam. Aber nur sein Onkel Grauer Stein war dort daheim. »Hilf mir, Grauer Stein, denn ich habe die Pfeilsträucher gestohlen, und Grizzly ist hinter mir her!« rief er diesem zu. Grauer Stein aber antwortete: »Ha, das ist ein alter Feind von mir. Dem werde ich einen warmen Empfang bereiten!« Damit verwandelte er sich in einen grauen Felsblock und legte sich mitten ins Feuer. Als Grizzly, der Bär, das Zelt betreten wollte, sah er nur den jungen Ya-ukwe-i-kam und dachte bei sich: ›Dieser Bursche kann mir nicht gefährlich werden. Er sieht so unscheinbar und klein aus, daß man ihn auf einmal verschlingen könnte.‹ Dabei sperrte er seinen großen Rachen so weit auf, daß er gezwungen war, die Augen zu schließen, und wollte den Räuber seiner Pfeilsträucher mit einem Biß vernichten. Mit voller Gewalt schlug er die mächtigen Kiefer zusammen, aber es war niemand dazwischen. Erstaunt schüttelte er den Kopf und versuchte es noch einmal. Wieder riß er seinen Rachen auf, so weit es eben gehen wollte. Da ertönte plötzlich vom Herdfeuer ein lauter Knall! Mit mächtigem Getöse sprang dort der glühendheiße graue Felsblock auseinander. Grizzly aber wurde von so vielen Splittern getroffen, daß er tot umfiel. Seit dieser Zeit kann sich Grizzly nicht mehr verwandeln, sondern muß bis ans Ende der Welt ein Bär bleiben.

Nachdem Ya-ukwe-i-kam den Pfeilstrauch für die Menschen geholt hatte, stahl er Federn von den Enten. Vom Elch erhielt er mit Hilfe der Maus die Bogensehne, aber immer noch fehlte ihm das Material für die Pfeilspitzen. So wandte er sich wiederum an seine Urgroßmutter: »Sag, woher kommt der Feuerstein?« Die alte Frau warnte ihn sogleich: »Oh, das ist weit von hier. Feuerstein ist in Wirklichkeit ein Zauberer. Wenn jemand kommt und ein Stück von ihm haben will, dann verwandelt er sich in einen Mann. Und niemand kann auch nur eine Krume von ihm nehmen.«

Ya-ukwe-i-kam beschloß sogleich, dies seltsame Wesen zu besuchen, denn er brauchte ja ein Stück Feuerstein für seine Pfeilspitzen. Nachdem er tagelang umhergewandert war, kam er an eine Hütte. Dort saß ein Mann am Feuer, und Ya-ukwe-i-kam merkte bald, daß er Feuerstein vor sich hatte. Als dieser den Jungen kommen sah, hatte er sich rasch in einen Mann verwandelt.

»Ich brauche Feuerstein für meine Pfeilspitzen«, sagte Ya-ukwe-i-kam, »denn sonst werden die Menschen nicht jagen können. Und wenn sie nicht jagen können, dann müssen sie sterben. Doch die Menschen sollen nicht sterben, denn die Welt hat auch für sie Raum.« Aber alles Bitten half nichts, Feuerstein weigerte sich und sprach: »Nur wenn man mir Opfer bringt, verwandle ich mich in einen Stein. Die Menschen sollen mir Opfer bringen, wenn sie Pfeilspitzen haben wollen.«

Ya-ukwe-i-kam jedoch hatte nichts, was er dem Manne anbieten konnte, daher verfiel er auf eine List. Scheinbar entmutigt verließ er die Hütte von Feuerstein. Bald darauf traf er einen Mann, der sich Basalt nannte. Diesem berichtete er, daß Feuerstein sich damit gebrüstet habe, härter als alle anderen Steine zu sein. Sogleich rief Basalt: »Haha, dem werde ich es zeigen! Ich bin viel stärker als Feuerstein. Wenn es darauf ankommt, kann ich ihn in kleine Stücke zerbrechen.«

Lächelnd machte sich Ya-ukwe-i-kam wieder auf den Weg zu Feuerstein. Dort angekommen, sagte er: »Ich habe eben mit Basalt gesprochen. Der behauptet, daß er viel stärker sei als du und dich in kleine Stücke zerbrechen könnte. Ich glaube, ich werde doch wohl lieber Basalt für meine Pfeilspitzen nehmen.«

Feuerstein sprang auf und rief: »Basalt lügt! Wo ist er, damit ich ihm zeigen kann, daß ich stärker bin? Wenn ich wütend werde, kann mir niemand widerstehen!«

Der Junge ging zurück zu Basalt und berichtete diesem: »Feuerstein sagt, du lügst. Er sei viel stärker als du.« Basalt wurde nun auch aufgebracht und rief: »Geh zurück zu dem Schwächling und sage ihm: ›Morgen, wenn die Sonne aufgeht, wollen wir kämpfen. Dann wird sich zeigen, wer stärker ist!‹«

Am nächsten Morgen trafen Basalt und Feuerstein am Seeufer zusammen. Mit großem Getöse fuhren sie aufeinander los! Weithin flogen die Splitter. Aber schließlich verlor Feuerstein den Kampf, obgleich auch Basalt übel zugerichtet war. Ya-ukwe-i-kam jedoch sammelte die Splitter von Feuerstein, nahm sie mit nach Hause und verstreute sie über die ganze Erde. Dabei sagte er: »Solange Menschen hier wohnen, wird es überall Feuersteine geben.«

Die Kutenai aber erzählen sich, daß die beiden Kämpfer noch immer unter der Erde streiten. Und wenn die Erde bebt, dann ist dies der Beweis dafür. Wenn sie aber einen roten Feuerstein finden, dann sagen sie wohl: »Seht, dies ist ein Stück von jenem Feuerstein, den Ya-ukwe-i-kam genasführt hat.« Der Basalt aber ist bis zum heutigen Tage stärker als der Feuerstein, deswegen gebrauchen ihn die Menschen als Hammer, wenn sie Pfeilspitzen machen.

38. Coyote, der Ordner der Welt

(Inland-Salisch)

Der Uralte, der Häuptling des Alls, hatte die Erde aus einer Frau, der Erdmutter, gemacht. Daher war die Erde einst ein Lebewesen, ganz wie der Mensch, und auch heute ist sie noch nicht ganz tot, sondern nur verwandelt. Sand und Lehm sind ihr Fleisch, Gras und Bäume ihre Haare, die Felsen ihre Knochen, und der Wind ist ihr Atem. Ausgebreitet liegt sie da, und die Menschen leben auf ihr, der Mutter. Manchmal bewegt sie sich, dann bebt die Erde. Und wenn es Winter wird, dann friert sie, und ihre Haut wird hart und brüchig. Dies ist die Erde, geschaffen von dem Uralten, der unser aller Häuptling ist.

Der Uralte nahm etwas vom Fleisch der Erdmutter, formte es zu Gebilden und machte sie zu Lebewesen. Diese Geschöpfe lebten in der vorigen Welt, die zu Ende ging, als die Menschen die Herrschaft auf der Erde antraten. Die vorige Welt war anders; die Geschöpfe, die der Uralte geformt hatte, waren Tiere und Menschen zugleich. Manche sahen wie Tiere aus, die auch heute noch leben, andere sahen den heutigen Menschen ähnlich. Manche konnten fliegen, andere schwammen wie die Fische, alle aber hatten große Zauberkräfte. Damals gab es nur eine Sprache, die alle verstanden.

Aber den Bewohnern dieser Welt fehlte die Einsicht, sie waren eigennützig und gierig, so gab es oft Streit zwischen ihnen. Manche waren Kannibalen, die sich gegenseitig fraßen, obwohl sie oft nicht wußten, was sie Schlimmes taten. Sie kannten keinen Unterschied zwischen Mensch und Tier und wußten nicht den Hirsch vom Bruder zu unterscheiden. Als die Menschen auf der Welt erschienen, hielten sie diese für Hirsche und verfolgten sie. Die Menschen, die heute auf der Erde leben, stammen alle von den Menschen ab, die der Uralte aus dem Fleisch der Erdmutter geformt hatte. Auch einige der Tiere, die heute die Wälder bevölkern, sind schon damals entstanden, aber der größte Teil ist erst später erschienen, erst nachdem Coyote die Welt geordnet hatte.

Der Uralte sah die Geschöpfe aus dem Fleisch der Erdmutter, sah, wie sie sich gegenseitig auffraßen, und beschloß, den Coyoten auszusenden, um die Welt zu ordnen. Zu diesem Zwecke gab er ihm große Zauberkraft und Gewalt über alle Geschöpfe. Auch sollte er alles Böse verwandeln und alle Ungeheuer vernichten, damit die Erde bereitet würde für die Menschen.

Niemand kann sagen, woher Coyote ursprünglich gekommen ist. Viele glauben, daß er schon auf der Erde war, als der Uralte ihm den Auftrag gab; andere wieder behaupten, daß Coyote erst danach in der Welt erschienen sei. Niemand weiß es gewiß, denn Coyote ist überall und nirgends, er erscheint in vielerlei Gestalt und steckt voller Gerissenheit.

Coyote wanderte über die Erde, um diese für die Menschen vorzubereiten, die darauf ihre Herrschaft antreten sollten. Die Erdmutter lag lang hingestreckt, mit dem Kopf im Westen, dorthin, wo auch die Geister der Toten noch heute ziehen, die den Flüssen folgen, die ins Meer fließen. Aber die Flüsse gab es damals noch nicht, erst Coyote hat sie geschaffen. Denn als er über die Erde wanderte, fühlte er plötzlich großen Durst. Da es kein Wasser gab, zauberte er eine Wolke herbei, die ihn vor den Strahlen der Sonne schützen sollte. Die Sonne stand damals groß und feurig am Himmel, und es war viel heißer auf der Erde. Aber auch die Wolke brachte keine Erlösung. Plötzlich hörte Coyote Wasser tröpfeln, und als er dem Geräusch nachging, sah er ein Rinnsal aus einem Felsen fließen. »Hör auf! Wenn man dich braucht, bist du nicht da«, sagte er zum Wasser, aber das Wasser tropfte unverdrossen weiter. Coyote wurde böse und gab dem Felsen einen Tritt, da hörte das Wasser auf zu tropfen. Aber sobald er sich umdrehte, begann es wieder; immer schneller fielen die Tropfen, und bald floß eine Quelle aus dem Berg. Denn das Wasser war böse geworden auf den Coyoten und wollte sich rächen für die Beleidigung. So lief es hinter dem Coyoten her, immer schneller, immer größer wurde der Strom. Coyote war inzwischen am Rande einer Schlucht entlanggelaufen. Als er hinunterblickte, war dort unten alles trocken; kurz darauf, als er wieder hinsah, floß in der Schlucht ein Bächlein, das schnell zum Fluß anschwoll, der bald mit gewaltigem Brausen dahinschoß. So kamen die Flüsse auf die Erde.

Weiter wanderte Coyote und verwandelte die Ungeheuer, die die Erde bewohnten, in nützliche Dinge. Er befahl den Hirschleuten, daß sie von nun an Speise für die Menschen sein sollten, und sagte ihnen: »Fortan sollt ihr den Menschen dienen, und solange es Indianer gibt, sollt ihr für sie da sein.«

Einst kam er in eine Gegend, in der riesige Mücken die Bewohner in Schrecken versetzten. Nichts war vor ihnen sicher, und täglich zogen sie aus, um Menschen zu verschlingen. Als Coyote dies sah, ließ er sie ganz klein werden und sprach: »Fortan müßt ihr als kleine Insckten leben, die jeder mit zwei Fingern zerquetschen kann. In Sumpf und Schlamm sollt ihr daheim sein, dort, wo niemand wohnen will. Nie mehr sollt ihr die Macht haben, Menschen zu töten; nur einen winzigen Tropfen Blut will ich euch gönnen, nicht mehr.«

Wohin Coyote kam, da vernichtete er die Bösen, tötete Kannibalen und Zauberwesen und bereitete die Erde vor für die Menschen. Einst kam er an einen großen Fluß. Dort sah er einen Damm, der vier Frauen gehörte, die die Lachsleute dort gefangenhielten. Kein Lachs konnte über den Damm gelangen, daher war dieser Fisch flußaufwärts unbekannt. Dort gab es nur fingerlange Fische, von denen sich die Menschen mühsam ernährten. Coyote verwandelte sich in ein Stück Holz und trieb den Fluß hinunter, bis er an jenen Damm kam. Dort waren die vier Frauen beim Lachsfang. Eine von ihnen sah das Treibholz und bückte sich danach. Aber plötzlich hatte sich Coyote in ein Kind verwandelt. Die Frauen nahmen das Kind mit zu ihrer Hütte, um es aufzuziehen. Als die Frauen zur Beerenlese in den Wald gegangen waren, zerbrach Coyote das Wehr und ließ die Lachsleute in den Fluß. Kaum sahen die vier Frauen das, da begannen sie aufgeregt am Ufer hin und her zu laufen. Sie zeterten und versuchten, ihn von seinem Tun abzubringen. Coyote aber sprach: »Lachse soll man nicht in die Obhut von Frauen geben, denn die

Lachsleute gehören allen Menschen. Ihr aber sollt von nun an als Bachstelzen leben, am Ufer hin und her laufen und zetern.«

Einst kam Coyote in das Land der Eismenschen, die schon viele Geschöpfe auf der Erde getötet hatten. Coyote beschloß, diese Leute umzubringen, da sie nur Böses im Sinne hatten. Daher nahm er drei Gegenstände mit: den Sonnenschein, den er unter seinen Umhang steckte; etwas Beeren, die den Bewohnern des eisigen Landes unbekannt waren, und dürre Kiefernnadeln, die schnell Feuer fingen. Damit machte er sich auf den Weg zum Hause der Eismenschen, das ganz aus Eisblöcken gebaut war. Halbtot vor Kälte kam er dort an, verteilte die Beeren und gab vor, ein entfernter Verwandter zu sein. Die Eismenschen glaubten ihm, denn bisher war noch jeder, der nicht zu ihnen gehörte, erfroren, bevor er das Eishaus erreicht hatte. Als Coyote kurz darauf über die unerträgliche Hitze klagte, wobei ihm der Schweiß von der Stirne zu fließen begann, waren die Eisleute völlig überzeugt, denn nur ein Eismensch konnte sich in dieser Kälte wohlfühlen, geschweige denn gar über Hitze klagen. Sogleich begannen die Bewohner Zaubergesänge anzustimmen und zu tanzen, um es noch kälter zu machen. Coyote aber sagte: »Es ist zu heiß hier, ich kann das nicht länger ertragen.« Bei diesen Worten zog er seinen Umhang aus und ließ den Sonnenschein in die Hütte schlüpfen. Darauf erhob er sich, ging nach draußen und breitete die Kiefernnadeln über die Hütte. Nachdem er diese angezündet hatte, ging er wieder hinein. In kurzer Zeit zerschmolz das Haus, und die Eisleute legten sich zum Sterben nieder, denn sie können keine Wärme vertragen. Nur eine Tochter eilte zum Ausgang und entkam nach Norden. Coyote aber rief ihr nach: »Von nun an sollst du Kälte heißen und im Norden wohnen. Menschen aber darfst du nicht mehr töten, nur gelegentlich jemanden, der sich nicht vorsieht.«

Nachdem Coyote die Erde geordnet hatte, traf er den Uralten, der auf die Erde gekommen war. »Wer bist du?« fragte er diesen. »Ich bin dein Häuptling, der kommt, dich zu holen, denn deine Aufgabe ist erfüllt.« Doch Coyote wollte ihm nicht glauben und behauptete, daß er viel größere Zaubermacht habe. Und sogleich ließ er einen See von einer Stelle zur anderen laufen. Der Uralte aber sprach: »Gut, nun aber bringe ihn wieder an seinen Platz.« Coyote bemühte sich vergeblich und erkannte, daß er wirklich seinen Meister gefunden hatte. Seitdem ist der Coyote verschwunden, und niemand weiß, wo er ist, denn die Tiere, die heute Coyoten heißen, sehen nur so aus wie Coyote.

Coyote aber wird wiederkommen, wenn die Erdmutter alt ist; schon zerbrechen ihre Knochen und bröckeln. Der Uralte jedoch sendet seinen Geschöpfen manchmal Botschaften durch den Mund der Medizinmänner, deren Geist er zu sich ruft. Solange die Menschen auf den Uralten hören, wird er für sie sorgen, wenn die Erdmutter stirbt, und ihnen Coyote senden. Denn eines Tages wird die Erdmutter wieder ihre wahre Gestalt annehmen, und dann müssen alle Geschöpfe, die ja aus ihrem Fleisch gemacht sind, zurückkehren zu ihr. Zurückkehren wird dann auch der Uralte mit allen Geistern, die bei ihm sind, und eine neue Welt schaffen für seine Kinder.

39. Hesken

(Sanpoil)

Als die Erdmutter noch jung war, lebte einst eine alte Frau mit ihrer Tochter und ihrem Enkelsohne in der Nähe eines Baches. Immer wieder warnte sie die Tochter, nur ja nicht zu nahe an den Bach zu gehen, da dort Grizzlybär hause, der alle Menschen umbringe. Grizzly war eines jener Ungeheuer, die noch nicht vom Coyoten verwandelt worden waren und die daher ungestört ihr Unwesen treiben konnten.

Eines Tages nahm die Tochter ihr Kind auf den Arm und zog hinaus in den Wald, um Beeren für den Wintervorrat zu suchen. Nun wuchsen die Beeren aber besonders reichlich an eben jenem Bache, vor dem die Mutter immer gewarnt hatte. Die Tochter, die dort dennoch Beeren suchen wollte, wurde von Grizzly überrascht, der ebenfalls zur Beerenernte erschienen war. Mit einem Schlag der Pranke streckte der Bär die junge Frau nieder und schleppte seine Beute anschließend fort. Aber er übersah das Kind, das währenddessen friedlich auf einem Felsblock schlummerte. Als die besorgte Großmutter am Abend nach ihrer Tochter zu suchen begann, fand sie wohl ihren Enkel, aber nicht eine Spur von dessen Mutter.

So wuchs der Junge, dem die Alte den Namen Hesken gegeben hatte, ohne Eltern in der Einsamkeit auf. Immer wieder erzählte ihm die Großmutter vom Tode ihrer Tochter und ermahnte den Enkel, eines Tages den Tod seiner Mutter zu rächen. Als Hesken zwölf Jahre alt geworden war, sandte ihn die Großmutter mitten in der Nacht zu einem Felsen im Walde, wo es nicht recht geheuer war, damit der Junge seinen Mut beweise. Am nächsten Tage ging sie selbst an jene Stelle und sah mit Staunen, daß der Enkel den Kopf eines Grizzlybären an den Felsen gezeichnet hatte. Da wußte sie, daß sie sich um den Mut des Jungen keine Sorgen zu machen brauchte.

Wieder vergingen ein paar Jahre, und Hesken war nun alt genug, um den Rang eines Kriegers zu erwerben. Viele Proben seines Mutes hatte er abgelegt, war über Bergketten geklettert und durch wilde, unbewohnte Täler gewandert, Seen und Flüsse hatte er durchschwommen, Hirsche, Bergziegen, Wildschafe und Antilopen hatte er erbeutet, und immer, wenn er heimgekehrt war zu seiner Großmutter, hatte diese ihn von neuem ermahnt, seine Mutter nicht zu vergessen.

So zog er eines Tages hinaus in die Wildnis, wanderte über zwei Bergrücken und durchquerte zwei Täler, bis er schließlich an einen hohen Berg kam. Dort errichtete er einen Steinhaufen, blieb zwölf Tage und zwölf Nächte auf dem Gipfel, ohne zu essen oder zu schlafen, ganz wie es die Tradition verlangte, denn er wollte doch ein Krieger werden. Zu dieser Zeit erschien ihm sein Schutzgeist in Gestalt eines Bergfalken. Von diesem lernte er ein geheimes Zauberlied, das ihm helfen würde in allen Nöten. Der junge Krieger war entschlossen, genauso mutig zu werden wie der Bergfalke. Während er sich an den Abstieg machte, verriet ihm eine Stimme, wie er seine Mutter rächen könne.

Wieder kehrte er zur Hütte seiner Großmutter zurück, doch diesmal war sein Gesicht bemalt zum Zeichen seiner neuerworbenen Würde. Vergeblich fragte die alte Frau nach seinen Erlebnissen, und da sie wohl sah, daß der Krieger einen magischen Helfer gewonnen hatte, verriet sie ihm alle Zauberformeln, die sie wußte, alle Geheimnisse, die sie kannte, um dem Enkel auf diese Weise zu helfen.

»Wenn du Hilfe brauchst, dann geh zu jenem Berge dort, an dessen Fuß du eine Höhle finden wirst. Dort lebt seit alters her ein Wesen, dem dein Großvater stets große Zauberkräfte nachgesagt hat. Fürchte dich nicht, obwohl es kein Mensch, sondern ein Ungeheuer ist, das noch aus der vorigen Welt sich dort versteckt hält. Erwähne deinen Großvater und bitte um Hilfe.«

Der junge Krieger Hesken machte sich auf den Weg, um die Höhle zu besuchen und nach dem Wesen zu forschen. Kaum jedoch war er eingetreten, da sah er eine gewaltige Schlange, die ihn unverwandt anstarrte. »Was willst du? Warum störst du mich hier? Ich habe gerade einen Hirsch gefressen und will jetzt meine Ruhe haben!« Hesken jedoch ließ sich nicht einschüchtern und antwortete: »Ich habe keine Angst vor dir, denn du bist der Schutzgeist meines Großvaters gewesen und daher auch mein Freund. Ich brauche deine Hilfe, denn ich will meine Mutter rächen und Grizzly töten. Aber meine Pfeile sind zu schwach, daher brauche ich Gift, um damit meine Pfeile zu tränken. Gib mir deinen stärksten Giftzahn.«

Der Schlange gefiel solcher Mut und solche Entschlossenheit, denn jedermann wußte, daß mit Grizzly nicht zu spaßen war. So bot sie Hesken nacheinander ihre Zähne an. Aber erst als sie einen ihrer scharfen Fangzähne vorzeigte, war der junge Krieger zufrieden.

»Das Gift darin ist tödlich für alle Kreatur, selbst der stärkste Riese hat gerade noch Zeit genug, sich einmal umzusehen. Ich warne dich vor dem, was du vorhast. Grizzly ist ein Mädchen, eine von fünf Schwestern, die als Bären ausziehen, um zu räubern. Sie kennen magische Gesänge, mit denen sie ihre Feinde töten können. Ihr Fell ist so dicht, daß kein Pfeil es je durchdringen kann; nur unter der Kehle gibt es eine Stelle, an der sie verwundbar sind. Sobald du schießen willst, gib ihnen keine Zeit zu singen, sondern schieße sofort, sonst bist du verloren.«

Hesken versprach, diesen Rat zu befolgen, und kehrte zurück zur Hütte der Großmutter. Unterwegs suchte er sich Holz für einen Bogen und fünf Pfeile. Am nächsten Tage machte er sich ans Schnitzen der Waffen, schlug mit großer Sorgfalt fünf Pfeilspitzen aus Feuerstein und tränkte schließlich seine Pfeile mit dem Gift der Schlange. Die Großmutter wunderte sich, warum er wohl fünf Pfeile brauchte, aber Hesken erwiderte auf ihre Fragen: »Fünf brauche ich, nicht einen mehr, nicht einen weniger, denn fünf Schwestern sind es.« Zwar verstand die Alte nicht den Sinn dieser Rede, doch gab sie sich zufrieden.

Als es Frühling wurde und das Eis auf den Bächen verschwand, sagte Hesken zu sich: »Nun ist es Zeit, denn die Bären müssen ihren Winterschlaf beendet haben.«

Am nächsten Morgen, als die Alte aufstand, um das Feuer zu schüren, war Hesken verschwunden, und mit ihm seine Waffen.

Lange wanderte Hesken auf der Suche nach den Grizzlybären umher. Schließlich fand er am Berghange einen Pfad und versteckte sich unter einer Bergkiefer, um abzuwarten, wer wohl des Weges kommen würde. Da sich nichts regte, kletterte er auf eine Fichte, hielt Umschau und sah in der Ferne eine Frau kommen. Rasch stieg er wieder hinunter, prüfte noch einmal seine Pfeile und beobachtete die Frau, die nichtsahnend den Pfad entlangkam. Bald jedoch war Hesken überzeugt, daß die Alte wohl kaum eine der fünf Schwestern sein konnte, daher gab er sich zu erkennen und sprach: »Wohin denn so eilig? Hast du nichts Besseres zu tun, als hier an der Halde herumzulaufen? Wenn du nicht aufpaßt, werden dich die Grizzlybären zerreißen.« Die Frau erwiderte, daß in ihrem Hause ein Kriegstanz abgehalten werden solle und daß sie sich daher eilen müsse. So sehr Hesken auch bat, mitgenommen zu werden, die alte Frau wollte nichts davon wissen.

»Da wohnen bei mir fünf leidige Schwestern, die keinen Fremden ausstehen können. Jedesmal, wenn sich jemand zu uns verirrt, bringen sie ihn um. Es wäre schade, wenn dir das gleiche Schicksal bereitet würde. Bleib daher lieber hier und laß mich allein weitergehen.« Hesken jedoch ließ sich nicht abschrecken, als er von den fünf Schwestern hörte, sondern bestand darauf, mitzugehen.

Als die Alte mit ihrem Begleiter in die Hütte trat, brummten die fünf Schwestern ärgerlich. »Da ist doch wieder irgendwo ein Mensch in der Nähe!« riefen drei von ihnen wie aus einem Munde, während die anderen zwei böse aufsprangen. Als sie Hesken näher untersuchen wollten, tat dieser ganz unbefangen und setzte sich am Feuer nieder. Da begann eine der Schwestern ein Lied zu singen:

Kelauna heiß ich,
Die Älteste bin ich.
Menschen haß ich,
Sie zerreiß ich!
Wenn der Frühling kommt,
Töt ich!

Die Toten zerfleisch ich,
Verstreue sie dann
Über das Land.

Der junge Krieger ließ sich durch den Gesang nicht stören, sondern verspeiste ruhig die Mahlzeit, die ihm die Alte vorgesetzt hatte. Insgeheim wunderte er sich. Hatte ihm die Mutter nicht ebensolche Wurzeln gekocht? Und der Lachs kam ihm ebenfalls bekannt vor. Hatte nicht sein Vater solche Fische gefangen, bevor er eines Tages verschwunden blieb und alles Suchen vergeblich war? Wieder wurde er erbost über den Verlust seiner Eltern, doch ließ er sich nichts anmerken. Immer noch sang die älteste Schwester ihr Lied. Da begann Hesken plötzlich ebenfalls zu singen:

Hesken heiß ich.
Ein Waise bin ich.
Die Eltern räch ich,
Bären such ich.
Wenn der Frühling kommt,
Töt ich!
Die Toten zerreiß ich,
Verstreue sie dann
Über das Land.

Die fünf Schwestern schwiegen vor Ärger, und wenn die Alte nicht zugegen gewesen wäre, hätten sie sich auf den frechen Sänger gestürzt. Doch während der Nacht trauten sie sich nicht an den Besucher heran, der wachend am Feuer saß, seine Waffen neben sich.

Am nächsten Morgen schlich Hesken sich aus der Hütte, kaum daß es zu dämmern begann. Lautlos verschwand er auf dem gleichen Pfade, auf dem er gestern gekommen war. Als er bei der Fichte angelangt war, kletterte er wiederum hinauf, machte es sich auf einem Aste bequem und behielt den Pfad im Auge. Nach einer Weile sah er die älteste Schwester seinen Spuren folgen. Mit einem Male verwandelte sie sich in einen Bären, um Witterung zu nehmen. Als der Grizzlybär suchend unter dem Baume stehenblieb, pfiff Hesken. Sogleich wandte der Bär den Kopf, doch schon sauste der Giftpfeil durch die Luft. Stöhnend brach das Tier zusammen.

Hesken kletterte vom Baum herunter, trat an den Bären heran und begann, dem Tier die Pranken abzutrennen. Die Vorderpranken warf er nach Süden und nach Norden, die Hinterpranken nach Osten und nach Westen. Nie wieder sollten sie zusammenkommen und Unheil anrichten. Den Körper rollte er die Halde hinab, wo sich die Raben dieser Reste annehmen würden.

Jeden Morgen erlegte er auf diese Weise einen Bären und tötete damit eine der Schwestern. Jedesmal warf er die Pranken überquer in die vier Windrichtungen und fütterte die Raben mit dem Rest. Die jüngste Schwester jedoch mußte etwas gemerkt haben, denn sie lief durch den Wald davon, ehe Hesken seinen Pfeil anbringen konnte. Alles Suchen war vergeblich, er konnte ihre Spur nicht finden, so sehr er sich auch mühte. Von dieser Schwester stammen alle Grizzlybären ab, die es heute gibt. Als die jüngste Schwester eines Tages wieder einmal auf Raub auszog, lief sie dem Coyoten in den Weg, der ihr auferlegte, von nun an als Bär zu leben. Seitdem können Grizzlybären nicht mehr menschliche Gestalt annehmen, sondern müssen bis an ihr Ende Bären bleiben.

Als Hesken sich auf den Heimweg machte, traf er einen Schwarzbären. »Ich bin die alte Frau, die du einst in den Bergen getroffen hast und die dich vor den fünf Schwestern gewarnt hat. Obwohl ich ein Bär bin, bin ich doch deine Mutter. Mein Tod ist nun gerächt, und ich habe mich über deinen Mut gefreut. Von nun an sollen alle Schwarzbären deine Freunde sein. Jedesmal, wenn du einem von ihnen begegnest, sollst du an mich denken.« Ehe Hesken etwas zu antworten vermochte, war der Bär verschwunden.

Hesken kehrte zurück zur Großmutter, die nun keine Furcht vor den Grizzlybären mehr zu haben brauchte. Bald stand an jenem Bach ein Dorf, und unbelästigt zogen die Frauen zur Beerenlese. Der Bären-Clan der Sanpoil aber zählt Hesken zu seinen Vorfahren, denn er war der erste Mann, der zu diesem Clan gehörte.

40. *Hirschfrau*

(Thompson-River)

Vor vielen Jahren, als das Tal des Thompson-Flusses noch keine Weißen gesehen hatte, lebte dort in einem der Dörfer ein Mann, der weit und breit als Jäger berühmt war. Keiner vermochte wie er den Hirschen nachzustellen. Täglich pirschte er durch die Wälder, lauerte den Hirschrudeln auf und kam stets mit Beute beladen heim. Sein ganzes Sinnen und Trachten galt den Hirschen, ja er träumte sogar von ihnen. Die Menschen sagten, daß er außer den Hirschen keine Freunde habe und daß der Geist der Hirsche sein Schutzgeist sein müsse.

Nach alter Sitte hatte dieser Mann zwei Frauen; aber er hatte nur einen einzigen Sohn, worüber er sehr betrübt war. Schon oft hatte er beschlossen, bei nächster Gelegenheit eine weitere Frau aus einem der Nachbardörfer zu wählen, die ihm vielleicht Kinder schenken würde. Eines Tages nun, als er wieder durch den Wald pirschte, stieß er plötzlich auf einen Hirschwechsel, der frisch begangen war. Sogleich folgte er den Fährten und sah bald, daß hier ein Tier mit einem Kalb vorbeigezogen war. Die Augen auf den Boden geheftet, verfolgte er das Wild. Mit einem Male erblickte er auf einer Anhöhe zwei Gestalten, die sich beim Näherkommen als eine junge Frau mit einem Kinde herausstellten. Dort, wo die beiden saßen, hörte auch die Fährte auf! Der Jäger fragte die Frau, ob sie nicht ein Alttier mit einem Kalb habe vorüberwechseln sehen, denn so frisch seien die Fährten, daß das Wild ganz in der Nähe sein müsse.

»Gib dir keine Mühe«, antwortete die Frau, »denn die beiden Hirsche sind unerreichbar für dich. Ich habe dich seit langem beobachtet und weiß, daß du ein guter Jäger bist. Daher will ich deine Frau werden, denn du kennst mich und meine Brüder und Schwestern besser als alle anderen Menschen. Komm, ich will dich zu meinen Verwandten führen.« Damit stand sie auf, nahm das Kind nach Indianerart auf den Rücken und wanderte mit dem erstaunten Jäger durch den Wald. Zögernd folgte dieser der Fremden in Richtung auf die Berge. Die Frau war schön und freundlich, und der Jäger hatte nichts dagegen, sie zu heiraten. Aber er dachte: ›Es ist nicht recht, daß ich mit ihr gehe, denn man wird mich bald im Dorfe vermissen. Meine Frauen und mein Sohn warten auf meine Rückkehr.‹

Die Frau schien seine Gedanken erraten zu haben und sprach: »Hab keine Sorge, komm mit mir, und du wirst es nie bereuen. Wolltest du nicht immer schon eine dritte Frau heiraten? Nun hast du mich, und bald werden wir gemeinsam in dein Dorf zurückkehren.«

Bald hatten sie die Berge erreicht, und eine Höhle tat sich vor ihnen auf. Die Frau schritt ohne Zögern voran, und der Jäger folgte ihr. Bald kamen sie in eine Grotte, die wie ein Erdhaus aussah. Dort saßen Männer und Frauen beieinander, ganz wie es die Indianer noch heute halten. Alle waren in Hirschdecken gekleidet, trugen hirschlederne Beinkleider und mit Stachelschweinborsten bestickte Mokassins. Als sie den Jäger kommen sahen, riefen sie: »Nun hat unsere Tochter sich endlich einen Mann geholt.«

Die Frau aber sprach zu ihrem neuen Gatten: »Erst wenn im Herbst die Hirschbrunft kommt, können wir heiraten, bis dahin mußt du warten.« Da wußte der Jäger, daß er zu den Hirschleuten gekommen war. Er blieb bei den Hirschen, die unter der Erde leben, und von ihnen lernte er alles, was es über die Hirsche zu lernen gab.

Eines Tages sagten die Männer: »Wir wollen den Menschen, der jetzt unser Schwager ist, auf die Jagd schicken, denn das Fleisch geht zur Neige.« So machte sich der Jäger auf den Weg. Als er aus der Höhle trat, nahm er Bogen und Köcher zur Hand und hielt die Augen offen. Da sah er auf einer Anhöhe einen Hirsch äsen. Dieser Hirsch aber war niemand anderes als eben einer jener Männer, die den Jäger ausgesandt hatten. Gleich darauf tauchte an der gleichen Stelle ein zweiter Hirsch auf. Der Jäger erlegte beide, zerwirkte die Beute und sah darauf, daß nichts zurückblieb. Hatte ihm doch der Häuptling des Hirschvolkes eingeschärft, daß auch nicht ein Stück Fleisch umkommen und nicht ein Knochen verlorengehen dürfe. Anschließend begab er sich mit seiner Beute auf den Rückweg zur Höhle.

Die Hirschleute schmausten und feierten, paßten aber genau auf, daß alle Knochen der Beute sorgfältig gesammelt wurden. Nach der Mahlzeit wurden diese zusammengepackt, und der Häuptling befahl dem Jäger, die Knochen ins Wasser zu versenken. Der Mann tat, wie ihm aufgetragen, und als er in die Höhle zurückkam, bemerkte er, daß jene beiden Männer, die er vorher beim Mahle vermißt hatte, in der Zwischenzeit wieder erschienen waren. Denn die Hirschleute hatten die Gabe, sich zum Leben zu erwecken, solange all ihre Knochen beisammen waren. Wenn ein Jäger nur diese einzige Regel befolgte und die Knochen ins Wasser tat, dann wurden die Hirsche nie weniger.

Ein Jahr lebte der Jäger bei den Hirschleuten, ging mit ihnen auf die Jagd, nahm die Gestalt eines Hirsches an und kämpfte mit den übrigen Männern um die Rudel. Als das Jahr um war und seine Frau ihm einen Sohn geschenkt hatte, sprach sie eines Tages zu ihrem Gatten: »Es ist nun Zeit, daß wir zu dir ins Dorf ziehen, denn es wäre ungerecht, wolltest du für immer bei uns bleiben.« Darauf nahm sie Hirschtalg, füllte einen Beutel und ließ diesen zu einem kleinen Packen schrumpfen, ganz so, wie das Wildpret beim Trocknen zu kleinen Streifen wird. Auch Hirschleder und Fleisch ließ sie zu kleinen Päckchen werden, um sie desto leichter transportieren zu können.

Mit ihrem Gatten und einer Anzahl ihrer Brüder machte sie sich auf den Weg zu den Menschen. Wenn das Fleisch ausging, so fand sich stets ein Mann, der sich anbot, als Hirsch erlegt zu werden. Denn alle Jäger befolgten die Regel und ließen keinen Knochen für die Hunde und Coyoten zurück. Auf diese Weise kamen sie bis in die Nähe des Dorfes am Thompson-Fluß, aus dem der Jäger vor einem Jahre ausgezogen war. Um unterwegs schneller vorwärtszukommen, hatten sich alle in Hirsche verwandelt. Jetzt aber nahm die Frau menschliche Gestalt an und sagte zu ihrem Gatten: »Bald wirst du die Deinen wiedersehen, doch zuvor mußt du acht Tage fasten und dich mit bestimmten Kräutern waschen. Auch die Menschen im Dorf dürfen acht Tage lang kein Fleisch anrühren. Geh an die Quelle, von der die Frauen das Wasser ins Dorf tragen, und sage einer von ihnen, daß sie ihre Häuser reinigen und acht Tage lang kein Fleisch essen sollen.«

Der Mann begab sich zur Quelle und sah dort plötzlich seine Schwester, die Wasser holen wollte. Er berichtete ihr von seinen Erlebnissen und bat sie, den Menschen im Dorfe den Befehl der Hirschleute auszurichten. Die Schwester war sehr erstaunt, ihren Bruder vor sich zu sehen, denn jedermann hielt den Jäger für tot. Selbst seine Frauen hatten nicht mehr an seine Rückkehr geglaubt. Eine von ihnen, die keine Kinder hatte, war mit einem anderen Manne fortgezogen, nachdem der Jäger so spurlos verschwunden blieb.

Als die Frist verstrichen war, zog der Jäger mit seiner Frau und den Verwandten hinunter ins Dorf. Dort hatten die Menschen alle Anordnungen genau befolgt, die Erdhäuser gereinigt und acht Tage lang keinen Brocken Fleisch angerührt. Die Hirschfrau zog sogleich ihre Päckchen hervor, breitete den Inhalt auf den Bastmatten aus und ließ die Geschenke wieder ihre wirkliche Größe annehmen. Bald waren alle Matten damit bedeckt, und es gab kein Haus, in dem nicht gekocht und gebraten wurde. Dann feierte das ganze Dorf die Rückkehr des Jägers.

Wochenlang blieb der Mann im Dorfe der Menschen, und wenn dort einmal das Fleisch ausging, so schickte er seinen Sohn aus, um einen Hirsch zu erlegen. Hirschsohn und Menschensohn wuchsen beide zu tüchtigen Jägern heran. Hirschsohn lehrte den Menschensohn alle Künste und alles Wissen der Hirsche und ermahnte ihn, den Geist der Hirsche nicht zu beleidigen und nichts umkommen zu lassen. Auch sah er darauf, daß die Knochen stets ins Wasser gelegt wurden, damit der Hirsch wiederkehren konnte. Zufrieden und ohne Furcht vor dem Hunger lebten die Menschen lange Zeit in ihrem Dorfe, zogen auf die Jagd, tanzten und feierten und waren dankbar, daß die Hirschfrau unter ihnen weilte.

Eines Tages jedoch sprach diese zu ihrem Mann: »Es ist an der Zeit, daß wir zu den Meinen zurückkehren. Wir haben lange unter den Menschen gelebt; nun sollst du wieder zu uns in die Höhle kommen.« Der Jäger war einverstanden und begann sogleich Vorbereitungen zu treffen für die lange Reise, denn seine Verwandten im Dorf sollten ihn diesmal begleiten. Doch als er sie fragte, lehnten sie ab, denn keiner hatte genug Leder, um Mokassins zu machen für einen so weiten Weg. Da zog die Hirschfrau ein kleines Bündel Hirschleder hervor und ließ es wachsen. Bald waren alle Frauen damit beschäftigt, Mokassins zu nähen, denn kein Mann geht ohne mehrere Paare auf die Reise.

Nachdem sie einen Tag lang durch den Wald gezogen waren, sprach der Jäger zu seiner Frau: »Ich will unseren Sohn aussenden, damit er sich von mir erlegen läßt, denn sonst haben wir heute abend kein Fleisch.« Kurz darauf kam er mit einem jungen Hirsch zurück ins Lager. Die übrigen vermißten Hirschsohn, zogen aber aus dieser Feststellung nicht den richtigen Schluß. Erst als der Vater mit den Knochen zum Bache ging, erschien der junge Mann wieder im Lager. Am nächsten Tage ließ Hirschfrau sich erlegen, dann aber warnte sie: »Von nun an mußt du meine Verwandten bitten, denn die Menschen bei uns werden aufmerksam. Ich halte es für besser, wenn wir vorsichtiger sind.«

Langsam zogen die Menschen mit ihren Besuchern durchs Land, denn niemand war in großer Eile, und es gab genug zu essen. Schließlich kamen sie am Höhleneingang an und wurden von den Hirschleuten begrüßt. Als die Menschen nach einiger Zeit in ihr Dorf zurückkehren wollten, begleitete Hirschsohn sie, damit sie nicht zu hungern brauchten. Auch wollte er sich nicht von seinem Bruder Menschensohn trennen.

Lange wartete der Vater, doch sein Sohn kehrte nicht zurück. Er war bei den Menschen geblieben und wurde unter ihnen ein berühmter Jäger. Von ihm lernten die Indianer das Geheimnis der Hirsche. Von nun an legten sie die Knochen ins Wasser, damit die Hirsche zurückkehren konnten. Hirschsohn ermahnte sie: »Wenn es kein Wasser gibt, dann sollt ihr die Knochen verbrennen. Zwar stirbt dann der Hirsch für immer, doch fühlt er sich nicht beleidigt. Laßt ihr aber die Knochen für Hund und Wolf zum Fraß zurück, statt sie ins Wasser zu tun, dann wird der Geist der Hirsche zornig, und ihr werdet kein Jagdglück mehr haben, denn alle Hirsche werden euch meiden. Hunger und Entbehrung werden eure Gäste sein, und die Hirsche werden sich vor euch verstecken.«

Viele Jahre lebte Hirschsohn unter den Menschen, jagte mit ihnen und lehrte sie alle Künste. Eines Tages aber blieb er verschwunden, und selbst sein Halbbruder Menschensohn konnte ihn nicht finden. Er war wieder ein Hirsch geworden und zurückgekehrt zu den Verwandten seiner Mutter. Später haben die Menschen seine Warnung vergessen, daher verstecken sich noch heute die Hirsche vor den Menschen.

41. Die Frösche und der Mondmann

(Inland-Salisch)

Einst lebten in einem Sumpfe drei Schwestern, die alle Frösche waren. Sie hielten sich für besser als andere Leute und taten ganz so, als ob der Sumpf ihnen allein zustand. Doch waren sie beileibe nicht die einzigen Bewohner dieser Gegend, denn nicht weit von jenem Sumpfe standen die Hütten von zahlreichen Tieren. Da hausten solch geachtete Leute wie Schlange und Biber, unzertrennliche Freunde beide, die als gute Jäger und erfolgreiche Krieger weitum bekannt waren. Manches Mädchen wäre froh gewesen, wenn einer von ihnen sich um sie bemüht hätte. Die drei Froschmädchen jedoch wollten von den beiden nichts wissen, sondern flohen, wenn sie ihnen zu nahe kamen. Dann sprangen sie ins Wasser und lachten laut und schallend aus ihrem Versteck über die verdutzten Freier.

Eines Nachts schlich sich Schlange zum Hause der drei Schwestern, trat ein und legte seine Hand einem der Mädchen aufs Gesicht. Sogleich erwachte die Froschfrau und fragte, wer sie da besuchen komme. Als sie jedoch erfuhr, daß es Schlange war, begann sie zu schimpfen, weigerte sich, ihm anzugehören, und belegte ihn mit allerlei groben Namen, wie »Kleinauge«, »Schleimjunge« und »Wackelbauch«, worauf der Schlangenmann wütend verschwand.

In der nächsten Nacht machte sich sein Freund, der Biber, auf den Weg zur Hütte der Schwestern. Auch er legte seine Hand einem der Mädchen aufs Gesicht. Als die Froschfrau merkte, wer der nächtliche Besucher war, wurde sie böse und nannte ihn »Krummbein« und »Flachschwanz«. Als der Biber nicht sogleich verschwand, rief sie »Dickbauch« und »Fettschinken« hinter ihm her, was den abgewiesenen Freier sehr erbitterte, denn er wußte wohl, daß es mit seinem Aussehen nicht weit her war.

Daheim angekommen, setzte sich der Biber still in eine Ecke und begann zu weinen. Als ihn sein Vater fragte, was ihn denn so betrübe, erzählte der Sohn sein nächtliches Erlebnis. Der Vater versuchte den Sohn zu trösten und sprach: »Hör auf zu weinen, sonst regnet es zu sehr.« Aber der junge Biber weinte immer weiter.

Langsam stieg das Wasser im Sumpfe. Bald schwamm die Hütte der Froschmädchen in den Fluten, und selbst die höchsten Binsen hatten Mühe, ihre Köpfe über Wasser zu halten. Den drei Fröschen wurde kalt, und zitternd begaben sie sich zum Hause des Bibers. Dem Vater des jungen Bibers erklärten sie, daß sie gekommen seien, um seinen Sohn zu heiraten. Doch der alte Mann Biber war zu erzürnt über die Namen, die die drei seinem Sohne gegeben hatten, und schickte die Froschmädchen fort.

Immer noch saß der junge Biber und weinte, und noch immer stieg das Wasser. Die drei Froschmädchen aber schwammen mit der reißenden Strömung, bis sie an einen Wirbel kamen, der sie verschlang. Auf diese Weise kamen sie zum Hause des Mondmannes, der unter der Erde wohnt, wie jedermann weiß.

Freundlich lud der Mondmann die drei ein, sich in seiner Hütte aufzuwärmen. »Setzt euch nur ans Feuer«, sprach er, »denn ihr seht recht mitgenommen aus.« Doch die Mädchen wollten unter keinen Umständen beim Feuer sitzen. Da fragte der Mondmann sie, wo sie denn am liebsten sitzen wollten. Als er keine Antwort erhielt, zeigte er nacheinander auf alle nur möglichen Gegenstände in der Hütte und fragte bei jedem: »Wollt ihr vielleicht hier sitzen?« Doch die Mädchen schwiegen beharrlich. Auch als er auf seine eigenen Füße zeigte, erhielt er keine Antwort. Erst als er auf seine Augenbrauen deutete und wiederum fragte: »Wollt ihr vielleicht hier sitzen?« riefen die drei Schwestern: »Ja! Dort wollen wir sitzen, dort ist es hoch genug!« und sprangen ihm ins Gesicht. Seitdem ist der Mondmann ein häßlicher Geselle; und wenn man ganz genau hinsieht, kann man noch heute die drei Schwestern in seinem Gesicht erkennen.

42. Der Rabe Jelk

(Tlingit)

Vor uralten Zeiten lebte einst auf einer Insel ein mächtiger Häuptling, der eine schöne junge Frau hatte, die er eifersüchtig bewachte. Er war ein alter Mann und wußte nur zu gut, daß er bald sterben würde. Nach dem Gesetz der Tlingit jedoch würde dann einer der zehn Schwestersöhne seine Frau erben. Um dies zu verhindern, brachte er nach und nach alle zehn Söhne seiner Schwester um. Da er ein mächtiger Häuptling war, wagte niemand, ihn zur Rechenschaft zu ziehen.

Nachdem er den letzten Jungen ermordet hatte, lief die Mutter aus Gram über den Verlust ihrer Kinder an den Meeresstrand, um sich das Leben zu nehmen. Hier begegnete sie dem Walfisch, der sie nach der Ursache ihres Kummers fragte. Als die Häuptlingsschwester ihm berichtete, was mit ihren Söhnen geschehen war, gab ihr der Walfisch folgenden Rat:

»Gehe zur Zeit der Ebbe an den Strand und suche dir einen kleinen runden Stein. Wenn du diesen gefunden hast, zünde ein großes Feuer an und erhitze den Stein, bis er glüht. Danach schlucke ihn ohne Furcht hinunter, es wird dir nichts geschehen. Bald danach wirst du einen Sohn gebären, dem du den Namen Jelk geben sollst. Bade ihn täglich zweimal im Meere, damit er groß und kräftig wird. Gleich nach seiner Geburt sollst du ihm diesen Kiesel unters Kinn legen, damit er unverwundbar wird wie der Stein.« Bei diesen Worten gab der Walfisch der Frau einen Kieselstein und schwamm zurück ins Meer.

Die Frau folgte dem Rat des mächtigen Walfisches, baute danach am Strande eine Hütte und wartete auf ihren Sohn.

Kaum hatte dieser das Licht der Welt erblickt, als sie ihm jenen Stein unter das Kinn legte, um ihn unverwundbar zu machen. Nun konnte der böse Häuptling sich noch so sehr anstrengen, diesen Sohn würde sie behalten.

Jelk wuchs nach jedem Bad im Meer ein Stück, und bald war er groß genug, um Bogen und Pfeile geschickt zu handhaben. Da zog er jeden Tag auf die Jagd, und stets brachte er Beute heim. Bald kannte er die ganze Küste, machte Jagd auf alles Getier und wurde ein geschickter Fischer.

Eines Tages erlegte Jelk den Himmelsvogel Kusgatuli, der wie eine große Elster aussah. Er zog seiner Beute den Balg ab und brachte diesen heim zu seiner Mutter. Der Balg des Himmelsvogels barg jedoch ein großes Geheimnis, denn mächtige Zauberkräfte waren in ihm verborgen. Wer ihn besaß, konnte wie Kusgatuli durch die Lüfte fliegen.

Als Jelk herangewachsen war, fragte er seine Mutter nach ihren Verwandten. Doch die Mutter gab ausweichende Antworten und erzählte, daß sie keine Verwandten habe. Jelk aber gab nicht nach, und am Ende speiste ihn die Mutter mit der Ausrede ab, daß alle Verwandten vor Jahren gestorben seien. Nicht lange nach diesem Vorfall erschienen zwei Krieger, die der große Häuptling ausgesandt hatte, um nach der verschollenen Schwester zu suchen, denn der Gedanke, daß diese vielleicht wiederum Söhne haben könnte, ließ ihm keine Ruhe. Wie erstaunt waren die Boten, als sie die Hütte und die Vorräte sahen, denn im ganzen Lande herrschte Hungersnot. Sie eilten zurück, um ihrem Häuptling diese Entdeckung zu melden, vergaßen auch nicht, den Sohn zu rühmen, der ein so hervorragender Jäger sei, daß bei ihm daheim niemand Hunger leiden müsse, und konnten sich nicht genug tun, ihre Entdeckung ins rechte Licht zu rücken.

Der Häuptling war sogleich entschlossen, seinen Neffen zu sich ins Dorf zu bitten, um ihn wie einst seine Brüder zu beseitigen. Daher sandte er die beiden Krieger zurück an den Strand, trug ihnen auf, den jungen Jäger ins Dorf zu bringen, und versprach, dem ganzen Dorfe ein großes Gastmahl zu geben.

Die Mutter warnte Jelk und erzählte ihm vom Schicksal seiner Brüder, aber dieser war unbekümmert und erklärte, daß er dennoch seinen Onkel besuchen wollte. Darauf nahm er den Balg vom Himmelsvogel Kusgatuli und folgte den Boten ins Dorf. Die Mutter aber, die um ihren Sohn bangte, folgte ihnen heimlich.

Als Jelk das Haus des Häuptlings betrat, staunte er nicht nur über die mächtigen Totempfähle und geschnitzten Pfosten, die zahlreichen Diener, die vielen Decken und Kästen, sondern auch über die Freundlichkeit, mit der er empfangen wurde. Die junge Frau des Häuptlings gefiel ihm sehr, und er bedauerte nur, daß der Onkel sie stets in einem großen, bunt bemalten Kasten verbarg, sobald er fortging. Den Kasten aus Zedernholz hängte er an einem der großen Deckenbalken auf und knüpfte die Schnur auf solche Weise, daß niemand den magischen Knoten lösen konnte. Vier rote Vögel bewachten die Frau Tag und Nacht und erzählten dem Häuptling, mit wem seine Frau gesprochen hatte und was sie während des Tages getrieben.

Nach dem Gastmahl lud der Häuptling den Neffen ein, auf dem Ehrenplatz die Nacht zu verbringen. Während Jelk schlief, versuchte der böse Häuptling seinem Gast die Kehle abzuschneiden, doch das Obsidianmesser zerbrach in seiner Hand. Böse über seinen Mißerfolg, beschloß der Onkel, am nächsten Morgen ein anderes Mittel zu versuchen.

Am Morgen bat er Jelk, einen hinter dem Hause befindlichen Baum zu fällen. Sogleich ging Jelk hinter das Häuptlingshaus, um sich an die Arbeit zu machen. Da traf er seine Mutter, die ihn heimlich warnen wollte. »Unter jenem Baume liegen die Gebeine deiner Brüder, die bei der gleichen Arbeit umgekommen sind. Der Baum ist verzaubert; jeder, der ihn anrührt, wird von ihm erschlagen.« Jelk besah sich den Baum, und richtig, neben dem Stamm lagen die Gebeine von zehn

Männern, die der böse Häuptling hier hatte modern lassen. Dann machte sich Jelk an die Arbeit, den Baum zu fällen. Große Stücke des verhexten Stammes fielen ab, sobald man ihn nur berührte, denn durch den Zauberbann war das Holz so brüchig wie Feuerstein geworden. Aber alle Stücke zerschellten auf dem Kopfe von Jelk, ohne daß sich dieser bei seiner Arbeit stören ließ. Anschließend schleppte er den Baum in das Haus des Onkels, warf den ganzen Stamm auf den Boden und schob ihn ins Herdfeuer. So gewaltig wurde die Hitze, daß der Häuptling fürchtete, sein Haus möchte abbrennen!

Um den Besucher vom Feuer fortzulocken, sagte er: »Komm mit, wir wollen uns meine Kanus ansehen. Ich habe gerade ein neues Kriegskanu in Arbeit. Seit Wochen bemühen wir uns, es auszuhöhlen, und ich möchte gern deine Meinung hören, denn du scheinst ein erfahrener Mann und ein großer Jäger zu sein, der sicherlich auch von Booten etwas versteht.« Jelk jedoch war auf seiner Hut, denn jetzt wußte er, was der Onkel wirklich mit ihm vorhatte. Als sie bei dem mächtigen Boote ankamen, bemerkte Jelk, daß die Seitenwände des Zedernstammes nur durch Spreizen auseinandergehalten wurden. Man war noch nicht dazugekommen, dem Boot durch Einfüllen von Wasser und heißen Steinen seine endgültige Form zu geben. ›Aha‹, dachte Jelk, ›jetzt wird er mich ins Boot locken und dann die Spreizen wegziehen. Schnapp, schließt sich der Stamm, und ich sitze in einem hohlen Baume, in dem ich verhungern soll!‹ Und genauso geschah es; während Jelk sich das Boot besah, zog der Onkel die Querspreizen fort, so daß die Seitenwände zusammenklappten. »So, da kommst du wohl kaum wieder heraus!« murmelte er schadenfroh und begab sich in sein Haus zurück. Jelk aber zerbrach das Boot, schleppte die beiden Hälften ins Haus und warf sie auf das glosende Feuer, das, hoch auflodernd, den Onkel fluchtartig aus dem Hause vertrieb. Knisternd fraßen sich die Flammen durch die schweren Deckenbalken, während der böse Häuptling eilig einen Zaubergesang anstimmte, der das Feuer verlöschen ließ.

Der böse Häuptling überredete Jelk, am nächsten Morgen mit ihm aufs Meer hinauszufahren, um Tintenfische zu fangen. Jelk machte sich heimlich ein kleines Kanu, steckte es unter den Umhang und erklärte sich bereit, mit dem Onkel auf Tintenfischfang zu gehen. Als Jelk im Bug des Bootes stand und nach Tintenfischen Ausschau hielt, brachte der Onkel das Boot zum Schwanken, und Jelk fiel ins Wasser. So schnell er konnte paddelte der Häuptling zurück zur Küste und überließ den Neffen seinem Schicksal.

Es war schon Nacht, als der Häuptling im Dorfe ankam, so konnte er nicht bemerken, daß Jelk sein kleines Kanu hervorgezogen hatte. Mit diesem fuhr er weiter hinaus, fing einen Tintenfisch und kehrte zurück zum Hause seines Onkels. Dort warf er dem Häuptling seinen Fang vor die Füße und sprach: »Hier, an diesem Fang sollst du ersticken!« Darauf begann der Tintenfisch sich aufzublähen; immer dicker, immer gewaltiger wurde er. Bald war im Hause kein Platz mehr, immer höher stieg das Wasser, und immer größer wurde der Tintenfisch.

Während die Menschen mit dem Tode kämpften und einer nach dem anderen in den Fluten versanken, zog Jelk den Balg des Himmelsvogels an, und zusammen mit seiner Mutter erhob er sich in die Lüfte. Schließlich stieß er mit dem Schnabel gegen den Himmel und blieb dort zehn Tage lang stekken. Das Wasser überflutete die ganze Welt und erreichte gar Jelks Füße! Am Ende verlief sich die Flut, da ließ Jelk los und fiel auf die Erde zurück. Dort landete er glücklich auf einem Tanghaufen, den die Flut an dieser Stelle zusammengetragen hatte. Viele Abenteuer mußte er bestehen, bis er die Welt neu geordnet hatte. Am Ende jedoch wurde er der Stammvater des Raben-Clans der Tlingit-Indianer, die ihn noch heute als ihren Heilsbringer verehren.

43. Die Zauberkeule

(Tsimshian)

In einem Tale standen vor langer Zeit zwei Dörfer. Der Fluß trennte sie, so daß jemand, der von einem Dorfe in das andere wollte, jedesmal übersetzen mußte. Doch dies kam sehr selten vor, denn die beiden Dörfer lebten in dauernder Feindschaft miteinander. Nur gelegentlich halfen sie sich gegenseitig. Meist aber bestand zwischen ihnen eine Art von Abneigung, wie sie manchmal zwischen Nachbarn auftritt.

In einem dieser beiden Dörfer lebten vier Brüder, die stets gemeinsam zur Jagd zogen, zum Fischfang gingen und in all ihren Taten unzertrennlich waren. Eines Tages geschah es, daß die vier wiederum auszogen, diesmal, um Biber zu fangen. Bei diesem Vorhaben wurde der älteste Bruder von einem Baumstamm erschlagen, während er dabei war, den Biberdamm einzureißen, um desto leichtere Beute zu machen. Die übrigen Brüder waren sehr betrübt über diesen Verlust und fragten einander, warum ihr Bruder wohl heute solches Unglück haben mußte. Denn Unglück auf der Jagd hatte immer einen guten Grund. Das konnte doch nur daher kommen, daß seine Frau ihn während seiner Abwesenheit betrogen hatte. Sie wußten nur zu gut, daß Jagdpech stets durch eheliche Untreue hervorgerufen wird. Daher machten sich die Brüder auf den Weg ins Dorf, um den Übeltäter nach Möglichkeit zu ertappen. Mit Fackeln bewaffnet, versteckten sie sich hinter der Hütte ihres Bruders und warteten ab, was während der Nacht geschehen würde.

Als es im Dorfe still geworden war und selbst die Hunde zu schlafen schienen, sahen die drei Brüder plötzlich eine Gestalt vom Flusse her auf die Hütte zuschleichen. Bevor sie den nächtlichen Besucher erkennen konnten, war dieser in der Hütte verschwunden, und als die Brüder dort eindrangen, sahen sie den Häuptlingssohn vom Nachbardorf neben der

Frau ihres Bruders sitzen. Voller Zorn fielen sie über ihn her und schnitten ihm den Kopf ab, den sie als Zeichen ihrer vollzogenen Rache über den Hütteneingang hängten.

Am nächsten Morgen wurde im Nachbardorf der Sohn des Häuptlings vermißt, und niemand konnte sich denken, wohin er wohl geraten sein mochte. Der Häuptling sandte alle Krieger an den Fluß und in die Wälder, um nach dem Verlorenen Ausschau zu halten. Aber selbst die erfahrenen Jäger fanden keine Spur und mußten unverrichteterdinge ins Dorf zurückkehren. Darauf schickte der Häuptling ein junges Mädchen, das als Gefangene im Dorfe lebte und daher von allen gemieden wurde, ins Nachbardorf mit dem Auftrage, von dort Feuer zu entleihen. In Wirklichkeit sollte sie auskundschaften, ob der Vermißte vielleicht dort gefangengehalten wurde. Aufgeregt kam das Mädchen nach einer Weile zurück und berichtete voller Schrecken von dem blutigen Haupte, das dort im Dorfe über einem Hütteneingang hing. Den Häuptlingssohn hatte sie bestimmt an seinen Ohrgehängen erkannt!

Wütend nach Rache schreiend befahl der Häuptling seinen Kriegern, sich zum Kriegszug gegen das Nachbardorf zu rüsten. Überall herrschte große Geschäftigkeit; Pfeile wurden geordnet und nachgesehen, Bogensehnen geprüft, Lederpanzer hervorgesucht, und der Medizinmann des Dorfes beschwor die Geister, damit sie dem Unternehmen Erfolg bescheren sollten. Dann schlichen die Männer hinunter zum Fluß, um das Nachbardorf zu überfallen.

Mittlerweile hatte die Frau des verstorbenen Bruders aus Angst unter ihrer Lagerstatt eine Grube ausgehoben, denn sie wußte wohl, daß der Tod des nächtlichen Besuchers nicht ungerächt bleiben werde. Dort wollte sie sich verstecken, wenn der Feind anrückte. Sobald die ausgestellten Wachen Alarm schlugen, flüchtete sie mit ihrer Tochter in das vorbereitete Versteck, während draußen der Kampf begann.

Die erbosten Angreifer überrannten die Verteidiger und

machten alles nieder, was sich ihnen entgegenstellte. Dann plünderten sie das Dorf und steckten es schließlich in Brand. Weithin leuchtete der Feuerschein.

Nachdem es ruhig geworden war, krochen die Frau und das Mädchen aus ihrem Versteck hervor und starrten auf die schwelenden Reste. Bald wußten sie, daß außer ihnen niemand die Zerstörung überlebt hatte. Verstört wanderten die beiden zum Dorfe hinaus, setzten sich am Waldrande nieder und überdachten ihr Schicksal. Immer wieder murmelte die Frau vor sich hin: »Wer soll nun meine Tochter heiraten? Wer soll uns fortan ernähren?«

Plötzlich stand das Waldhuhn in Gestalt eines jungen Mannes vor ihr und bot sich an, das Mädchen zu heiraten. Die Mutter aber lehnte den Freier ab, und auch dem Eichhörnchen erging es nicht anders. Als der Hase mit dem gleichen Angebot kam, fragte die Frau: »Was kannst du denn gegen unsere Feinde ausrichten?« Und als der Hase darauf keine Antwort wußte, wurde er ebenfalls fortgeschickt. Auch die Eule hatte kein Glück, obgleich sie von sich behauptete, daß ihr Aussehen allein genüge, den Menschen Schrecken einzujagen. Der Schwarzbär gar versuchte ein paar Bäume auszureißen, um seine Stärke zu beweisen, aber auch er wurde als unbrauchbar abgelehnt. Die Mutter suchte nämlich einen Freier, der ihr in ihrer Rache helfen konnte. Der Grizzlybär wäre beinahe angenommen worden, aber im letzten Augenblick kamen der Frau doch wieder Bedenken. Da zuckte mit einem Male ein Blitz aus den Wolken, und der Donner rollte dröhnend durchs Tal; als die Mutter sich von ihrem Schrekken erholt hatte, stand vor ihr ein junger Krieger. Um die Schultern trug er eine weiße Büffelhaut, und in der Hand hielt er eine Kriegskeule aus Walroßzahn. Wieder fragte die Frau: »Sag, was kannst du tun, um mir zu helfen?« Da hob der Mann die Keule, drehte diese in der Hand, und Mutter und Tochter befanden sich mit einem Male unter der Erde, begraben von Sand, Steinen und Lehm! Und gleich darauf waren sie wieder am Waldrande, und vor ihnen stand der junge Krieger, sah beide lächelnd an und sprach: »Ich habe den Untergang des Dorfes gesehen und bin gekommen, deine Tochter zu heiraten.«

Die Mutter willigte ein, und der Krieger nahm beide bei der Hand und sprach: »Haltet eure Augen geschlossen, sonst kann ich euch nicht mitnehmen.« Darauf stieg er mit ihnen zu den Wolken empor.

Unterwegs ertönte gewaltiger Lärm, und die Mutter konnte sich nicht beherrschen, sondern öffnete die Augen, um zu sehen, was dort vorging. Sogleich fielen alle zurück zur Erde und landeten an der gleichen Stelle am Waldrande. Wiederum warnte der Krieger die beiden und versuchte es ein zweites Mal, aber die Frau konnte ihre Augen nicht geschlossen halten. Da nahm der junge Krieger einen Zweig aus einem Baumstamm, steckte die Frau in die so entstandene Öffnung und sprach: »Fortan sollst du in den Bäumen wohnen, und nur wenn der Wind durch die Zweige streicht, darfst du weinen über dein Schicksal.« Dann verschwand er mit seiner Braut in den Wolken.

Lange Zeit lebte das Mädchen dort oben als Frau des Donnerers, der der Herr des Himmels ist. Drei Söhne und zwei Töchter hatte sie, die alle in schönen Häusern wohnten. Bunt und seltsam waren die Zeichen, die die Giebel schmückten, und stolze Totempfähle standen vor den Eingängen. Jeden Tag übten sich die Söhne im Bogenschießen und im Zweikampf, und wenn sie sich gegenseitig verwundeten, so schlossen sich die Wunden, sobald nur der Pfeil herausgezogen. So wuchsen die Söhne zu mächtigen Kriegern heran.

Eines Tages gab ihnen der Donnerer die Zauberkeule und sprach: »Von nun an seid ihr stark genug und braucht niemanden zu fürchten. Daher sollt ihr fortan auf der Erde wohnen.« Im selben Augenblick befanden sich die fünf Geschwister an genau der gleichen Stelle am Fluß, wo einst das Dorf ihrer Mutter gestanden hatte. Auch die schönen Häuser aus Zedernholz mit den bunten Stirnseiten waren auf die Erde versetzt worden. Voller Erstaunen riefen sich die Brüder ihre Beobachtungen zu, sangen und scherzten und zündeten schließlich ein großes Feuer an, um besser sehen zu können.

Am anderen Ufer hatten sich die Leute sehr gewundert, als plötzlich eine Nebelbank über dem Fluß erschien und kurz danach aus der Gegend des ehemaligen Nachbardorfes Singen und Rufen zu hören war. Ein alter Mann, der zufällig am Flußufer war, kam verstört zum Häuptling gelaufen und berichtete, daß am anderen Ufer Leute sein müßten. Man höre von dort Stimmen und könne sogar den Schein eines Feuers sehen. Doch der Häuptling lachte nur und erwiderte: »Was du gesehen hast, sind die Geister der Toten, die dort wohnen. Wir alle wissen, daß dort keine Hütte mehr steht und keine Menschen leben, denn seit Jahren liegt der Ort verlassen.«

Wie erstaunt aber war der Häuptling, als er am nächsten Morgen die großen Häuser der fünf Geschwister sah! Sogleich befahl er einen Angriff, und wieder setzten die Krieger in ihren Kriegskanus über den Fluß. Aber alle Bemühungen waren vergeblich, denn die drei Brüder waren unbesiegbar. Jedesmal, wenn ein Pfeilschuß einen von ihnen traf, zog der Getroffene den Pfeil aus der Wunde, die sich sogleich wieder schloß. Schließlich rief der älteste Bruder: »Geht zurück in euer Dorf, sonst werden wir euch alle vernichten!« Und zum Zeichen seiner Macht hob er drohend die Zauberkeule. Die Angreifer jedoch wollten den Kampf nicht aufgeben, denn sie sahen nur drei Gegner, die sich zwar verbissen wehrten, aber doch wohl zu besiegen sein mußten. Da drehte der älteste Bruder seine Keule in der Hand, und mit einem Male waren alle Krieger und das Dorf jenseits des Flusses unter der Erde verschwunden. Wieder drehte er die Keule, und sogleich stand alles wieder an seinem alten Platz. Doch auch jetzt wollte der Häuptling nicht aufgeben, und ein zweites

Mal verschwand alles unter der Erde, diesmal, um für immer begraben zu bleiben. Heute erinnert auch nicht ein Knochen an die alte Dorfstelle, alles ist in der Erde versunken.

Von nun an fühlten sich die Brüder als Herren der Erde. Jeden Tag zogen sie aus, führten Krieg gegen die umliegenden Stämme und vernichteten, was Widerstand leistete, indem sie es unter den Erdboden verschwinden ließen. Viele Dörfer sind damals verschwunden, und niemand kennt ihre Namen. Eines Tages vergaßen die Brüder ihre Zauberkeule, und der Donnerer kam herab, um sich sein Eigentum zurückzuholen, denn er war erzürnt über den Mißbrauch seiner Gabe.

Seitdem konnten die Brüder keine Nachbarn mehr überfallen, sondern mußten sich mit dem begnügen, was sie selbst erjagen konnten. Die Stelle jedoch, an der sie von ihrem Vater auf die Erde gesetzt wurden, blieb auch weiterhin ihre Heimat, und die Nachkommen der fünf Geschwister leben noch heute dort. Zur Erinnerung an ihre Ahnen bemalen sie noch immer die Wände ihrer Häuser mit jenen bunten Zeichen, die einst mit ihren Vorfahren vom Himmel gekommen waren.

44. Abenteuerliche Meerfahrt

(Kwakiutl)

An jener Stelle der Küste, die heute noch Rotsand heißt, lebte vor Zeiten Weltältester mit seiner Sippe in einem großen Dorfe. Seine Tochter war Vielfarbige Frau, ein schönes Mädchen, das seit ihrer Geburt blind war. Zwölf Sklaven sorgten für sie und leisteten ihr all jene Dienste, die sie wegen ihrer Blindheit nicht ausführen konnte. Denn Weltältester war reich und mächtig; viele Sklaven hatte er von seinen Kriegszügen heimgebracht, die nun in seinem Hause dienen mußten.

Einst wollte Vielfarbige Frau an eine Stelle am Flußufer fahren, wo wilder Reis wuchs. Daher trug sie ihren Sklaven auf, das Boot bereitzumachen. Schon oft war sie in früheren Jahren zur Reisbucht gefahren, und jedesmal war sie sicher heimgekehrt, denn vor dem Hause ihres Vaters stand ein hoher Pfahl, auf dem ein Adler saß. Wenn Vielfarbige Frau aus dem Hause trat, hub der Vogel zu schreien an und gab nicht eher Ruhe, als bis die Tochter wieder daheim war. Durch den Adlerschrei aber fand die Blinde stets die Richtung zum Hause des Vaters.

Ruhig lag die See, und kein Lüftchen regte sich, als ob die Welt den Atem anhalte. Da bestieg Vielfarbige Frau das Boot und befahl den Sklaven, zur Reisbucht zu fahren. Lange Zeit paddelten die Diener, schließlich aber begann die Blinde sich zu wundern. »Warum landen wir nicht? Die Zeit ist um, wir sollten schon längst am Ort des wilden Reissumpfes sein!« Die Sklaven jedoch sprachen von der starken Strömung und von widrigen Winden, die das Boot aufhielten. Da wußte Vielfarbige Frau, daß man sie belog. Sie lauschte auf den Schrei des Adlers, der nur noch ganz schwach an ihr Ohr drang. »Ihr wollt mich entführen, um selbst flüchten zu können!« rief sie den Sklaven zu, stand entschlossen auf, nahm jedem der Männer die Paddel fort und warf sie in die See. Keiner der Sklaven wagte sie daran zu hindern.

Die Nacht über trieb das Boot hilflos auf dem Wasser, und die ablaufende Flut spielte mit ihm. Am Morgen verhüllte dichter Nebel die Küste, verschluckte alle Geräusche und durchdrang mit seiner Nässe alle Kleider. Vielfarbige Frau vernahm nun nicht länger den Adlerschrei, so sehr sie auch ihr Ohr anstrengen mochte. Wieder kam die Nacht, und wiederum wurde es Tag. Da hörte die Blinde, wie das Boot durch etwas fuhr, das wie Eisschollen an den Bordwänden rieb. Die Sklaven sagten, daß es Holzkohle sei, durch die sie mit der Strömung trieben. Nun wußte Vielfarbige Frau, daß sie an jener Stelle angelangt waren, die Holzkohle-am-nördlichen-Weltende hieß. Hier kam alle Kohle zusammen, die die Menschen jemals ins Meer geschüttet haben.

Am nächsten Morgen trieben sie durch Sandbänke, die Felder-des-schwimmenden-Sandes genannt werden. Aller Sand der Welt, der vom Strand ins Meer weht, findet hier seine Ruhe. Wiederum stieß das Boot an etwas, diesmal war es Treibholz, das die Meeresoberfläche bedeckte, so weit man sehen konnte. Stelle-des-schwimmenden-Holzes sammelt alles Treibholz, das die Flüsse ins Meer tragen. Danach kamen sie an Untiefen, doch trug die Flut sie schließlich auch über dies Hindernis. Am Abend sah einer der Sklaven in der Ferne eine Insel, und alle im Boot faßten neuen Lebensmut.

Am Morgen wachte Vielfarbige Frau davon auf, daß das Boot an den Strand stieß. Rasch weckte sie ihre Sklaven, damit sie ihr berichten sollten, was zu sehen sei. Da kam auch schon ein junger Mann gelaufen und fragte Vielfarbige Frau: »Woher kommst du? Nie kommt ein Fremder zu uns. Ich will dich zum Hause meines Vaters führen, der ein mächtiger Häuptling ist und den sie den Reichen nennen.« Darauf führte er sie den Strand hinauf. Die Blinde erwiderte: »Ich bin gekommen, um dich zu heiraten.« Einer der Sklaven flüsterte dem Manne zu: »Herr, sorgt gut für diese Frau, denn sie ist die Tochter des Weltältesten. Sie ist blind seit ihrer Geburt.«

Bei diesen Worten hatten sie das Haus erreicht, das dort auf der Strandhöhe stand. Aus mächtigen Brettern der Zeder waren die Wände gefügt, und reichgeschnitzte Pfosten trugen das Dach. Totempfähle kündeten allen den Ruhm der Bewohner, und mit bunten Zeichen von seltsamer Gestalt waren die Wände bemalt. Der Mann führte das Mädchen ans Feuer und sprach: »Willkommen hier im Hause des Häuptlings, den man den Reichen heißt. Doch bade zuerst im Teiche des lebenspendenden Wassers, damit du dein Leiden loswirst.«

Darauf brachte er sie in eine Ecke des Hauses, wo ein kleiner Teich war. »Nimm deine Decke ab und deinen Schurz und bade dann in diesem Wasser. Tauche viermal.« Vielfarbige Frau gehorchte dem Mann und tauchte ins Wasser. Als sie wieder an die Oberfläche kam, bemerkte sie einen Lichtschimmer. Beim zweiten Male erkannte sie die Hauspfosten, und beim dritten Male konnte sie die Umrisse des Mannes erkennen. Noch einmal tauchte sie unter, da war sie sehend geworden. Vielfarbige Frau und der Mann, der Seeohrmuschel-der-Welt hieß, wurden darauf Mann und Frau. Gewaltig war das Fest, das an diesem Tage gefeiert wurde.

Lange Zeit lebte Vielfarbige Frau in jenem fernen Land als Gattin von Seeohrmuschel-der-Welt. Dem ersten Sohn, den sie gebar, gab der Vater den Namen Kupfermacher. Groß war die Freude; nur der alte Häuptling, den man den Reichen nannte, schien von den Vorgängen um ihn keine Notiz zu nehmen. Den ganzen Tag über lag er im Halbdunkel des Hauses und starrte vor sich hin. Nach einiger Zeit wurde ein zweiter Sohn geboren, der den Namen Weltenküste erhielt. Bald darauf kam ein dritter Sohn zur Welt, der Blankes Kupfer genannt wurde. Vielfarbige Frau war glücklich mit ihren Kindern und hatte unterdessen ihre Eltern und die alte Heimat fast vergessen. Doch als der vierte Sohn geboren wurde, gab sie ihm den Namen Stelle-der-Sehnsucht, denn übermächtig war plötzlich der Wunsch nach dem Hause ihres Vaters geworden.

Die Zeit verging, und die vier Söhne wuchsen zu Männern heran. Noch immer lag der alte Häuptling im Hause, als ob der Tod ihn vergessen hätte. Eines Tages, als die vier Brüder allein im Hause waren, kamen sie dem Alten zu nahe. Der alte Mann wollte sie fortscheuchen und sagte: »Geht fort von mir! Niemand weiß, warum ihr überhaupt hier seid.«

Als die Mutter vom Strande heimkam, fragten die vier Söhne sie: »Warum bist du hierhergekommen? Woher stammen wir? Warum sind wir hier?« Da erzählte die Mutter ihnen von der abenteuerlichen Meerfahrt und daß sie schließlich hier an den Strand getrieben seien. Die Brüder beschlossen sogleich, den Großvater aufzusuchen, den mächtigen Häuptling Weltältester. Seeohrmuschel-der-Welt war mit diesem Plane einverstanden und gab ihnen sein eigenes Kriegskanu für die Reise. Vier Körbe belud er mit allerlei Dingen und stellte sie ins Boot. Dann sprach er zu Vielfarbiger Frau: »Wenn du zurück willst zu den Deinen, dann fahre mit ihnen, ich will dich nicht halten.« Doch die Frau blieb am Strande, während die vier Söhne hinausfuhren aufs Meer. Rasch verloren sie die Küste aus den Augen, und der zweitälteste Bruder, Weltenküste, gab die Richtung an.

Immer weiter nach Süden fuhren sie, kamen zu all den Stellen, von denen die Mutter erzählt hatte, und hörten am vierten Tage den Schrei des Adlers. Am Abend stießen sie auf den roten Strand vor dem Hause des Weltältesten. Kaum waren die vier Brüder gelandet, da sandten sie den Jüngsten hinauf zum Hause des Großvaters, damit er ihr Kommen ankündige. Aber niemand war zu sehen; leer und verlassen stand das große Häuptlingshaus, vor dem noch immer der Adler schrie. Neben dem großen Hause stand ein kleineres, in dem vor Zeiten vielleicht die Diener gehaust haben mochten. Dort traf Stelle-der-Sehnsucht zwei alte Leute, einen Mann und eine Frau. Er erkundigte sich nach dem Verbleib des Häuptlings und sprach: »Vier Brüder sind wir, die Söhne von Vielfarbiger Frau. Gekommen sind wir, um Weltältestem von seiner Tochter zu berichten.« Der Alte jedoch schenkte dem Sprecher keinen Glauben, sondern nahm an, daß der junge Mann ihn verspotten wolle. So schickte er ihn fort, während die Frau auf ihn einredete und ihn umzustimmen versuchte. Erst als die vier Brüder gemeinsam erschienen, wurden sie erkannt und begrüßt. Weltältester breitete eine Matte aus, so schnell er seine alten Arme dazu zwingen konnte, und lud die Besucher zum Sitzen ein. Als die erstaunten Dörfler gleich darauf ihren alten Häuptling Holz zerkleinern sahen, kamen sie gelaufen, denn wichtige Gäste mußten eingetroffen sein. Staunend hörten sie die Neuigkeit und begannen sogleich, im Häuptlingshause ein großes Feuer anzuzünden und ein Festmahl zu richten. Dann versammelte sich die ganze Sippe, während einige Männer zum Strande eilten, um die Körbe aus dem Boot zu holen, die die vier Brüder mitgebracht hatten. Aber keiner konnte sie auch nur anheben, so schwer waren sie. So ging Stelle-der-Sehnsucht hinunter zum Kriegskanu seines Vaters und kehrte gleich darauf mit den Geschenken zurück. Groß war das Staunen, als die Bewohner all die seltsamen Dinge sahen, die aus den Körben zum Vorschein kamen. Besonders bestaunten sie die glänzenden Sachen aus Kupfer, die der älteste Bruder unter sie verteilte. Blankes Kupfer, der dritte Bruder, gab dem Weltältesten Kupferplatten, ganz so wie die, die die Häuptlinge noch heute in Ehren halten. Auch schöne Schnitzereien und Schalen aus Schieferstein wurden verteilt.

Die vier Brüder blieben im Dorfe des Weltältesten und wurden die Ahnherren von vier mächtigen Sippen der Kwakiutl. Vierfarbige Frau aber kehrte nie zurück an den roten Strand ihrer Heimat, und vergeblich erklang der Schrei des Adlers. Eines Tages jedoch war auch dieser verstummt, da wußten die Brüder, daß ihre Mutter die Reise ins Land der Toten angetreten hatte.

45. Die Geschichte vom Lachs

(Wishram)

Vor langer, langer Zeit, als die Erde noch jung war, geschah es einst, daß Coyote, Stinktier und die fünf Wölfe den Lachs töteten, dessen Frau gefangen fortschleppten und den Lachsmann verspeisten. Unbemerkt von den Räubern hatte die Lachsfrau eines ihrer zahllosen Eier verloren. Als der Weltenschöpfer sah, was dort auf Erden geschah, schickte er einen großen Regen, der so lange anhielt, bis das winzige

Ei durch die Fluten zurück in den Fluß geschwemmt war. Dort schwamm es mit der Strömung und wurde bald zu einem mächtigen Lachs.

Sobald der junge Lachs erwachsen war und sich stark genug fühlte, begab er sich auf die Suche nach seinen Eltern, denn irgendwo mußten diese doch geblieben sein. Daher stieg er aus dem großen Flusse, nahm menschliche Gestalt an und folgte dem Pfade, der vom Ufer fort ins Land führte. Nach einer Weile traf er das Waldhuhn, das sich vor seinem Anblick sehr fürchtete. »Hab keine Sorge«, redete er die Frau an, »ich suche nur meine Eltern. Ich bin der Lachs vom großen Flusse dort.« Die Frau, die das Waldhuhn war, warnte ihn und sprach: »Dort hinter der Anhöhe wohnen Coyote und Stinktier, die vor Zeiten deinen Vater verspeist und deine Mutter gefangen haben.«

Als der junge Lachs dies hörte, machte er sich sogleich auf den Weg, um diese beiden Räuber aufzusuchen. Waldhuhn, die furchtsame Frau, die ihm noch immer erschrocken nachsah, rief ihm zu: »Sei vorsichtig, denn im nächsten Dorf wohnen die fünf Wölfe, die ebenfalls bei dem Überfall auf deinen Vater beteiligt waren. Mit ihnen binde lieber nicht an, denn sie sind wilde Gesellen.«

Nach einiger Zeit kam der Lachs an eine Erdhütte, in der Coyote und Stinktier wohnten. Die beiden Räuber fühlten sich sehr sicher, denn sie sagten sich: »Kein Lachs kann so weit ins Land kommen, denn Fische gehören nun einmal ins Wasser.« Als sie daher den jungen Mann kommen sahen, waren sie sehr erstaunt, und Coyote flüsterte: »Mir schwant nichts Gutes, doch laß mich nur machen. Irgendwie werden wir uns schon aus der Patsche helfen.« Kaum hatte der junge Lachs seinen Namen genannt, als Coyote und gleich darauf auch Stinktier in Tränen ausbrachen. Sie konnten sich nicht genug tun in ihrer Trauer und versicherten immer wieder: »Sieh uns an, seit dein Vater starb, haben wir stets weinen müssen! Stinktier hier hat vor lauter Betrübnis kaum aus den

Augen sehen können, während ich meinen Appetit völlig eingebüßt habe. Oh, dein armer Vater! Welch braver Mann, welch großer Krieger! Wirklich ein Jammer, daß er hat sterben müssen!«

Der Lachs wußte wohl, was er von den beiden zu halten hatte, und glaubte kein Wort. Er durchschaute den Schwindel und erwiderte: »Nun, wenn ihr beide so betrübt seid über eure böse Tat, so habt ihr sicher nichts dagegen, wenn ich mir die Waffen meines Vaters zurückhole, die ihr ihm abgenommen habt, als ihr ihn umbrachtet.« Coyote tat sehr erstaunt, wagte aber nichts zu entgegnen, sondern nahm einen Bogen vom Pfeiler und reichte ihn dem Besucher. Der drehte die Waffe nur einmal in den Händen, da zerbrach der Bogen. »Dies ist nicht die Waffe meines Vaters!« rief er aufgebracht. »Gebt mir meines Vaters Bogen!« Aber auch zwei weitere Versuche bewiesen, daß die angebotenen Waffen nicht echt waren, denn beide Male zerbrachen sie unter den Händen des jungen Mannes. Als der vierte Bogen ebenfalls zerbrach, wurde Lachs böse, warf dem Coyoten die Stücke an den Kopf und rief: »Wenn ihr glaubt, mich betrügen zu können, so wird es euch schlecht ergehen!« Nun endlich erhielt er den geforderten Bogen, der diesmal nicht in seinen Händen zerbrach. Triumphierend rief er: »Ihr habt meinen Vater getötet, denn von euch habe ich seinen Bogen wiedergewonnen!« Danach ergriff er das Stinktier und warf es mit gewaltiger Kraft zwischen die Berge. »Dort soll deine Heimat sein, dort, zwischen den Bergen, wo kaum je die Sonne scheint und kein anderes Wesen wohnen will. Niemals sollst du wieder an den Fluß kommen und andere Leute belästigen.«

Den Coyoten ergriff er ebenfalls, schleppte ihn hinunter an den Fluß und sprach: »Von nun an sollst du am Ufer wohnen, dich von toten Fischen ernähren und nur das fressen dürfen, was sonst niemand haben will.« So bestrafte er zwei der Übeltäter, die seinen Vater ermordet hatten.

Wieder zog der Lachs hinaus, um seine Mutter zu finden,

diesmal wollte er zu den fünf Wölfen. Bei dem Coyoten war seine Mutter nicht, daher mußten die Wölfe sie versteckt halten. Nach langer Wanderung kam er an eine Hütte, lauschte eine Weile, um festzustellen, wer wohl darin wohnen mochte, und hörte plötzlich eine Frau weinen. Rasch trat er ein, während die erschrockene Frau ihn sogleich als ihren Sohn erkannte. »Deinen Vater haben die fünf Wölfe erschlagen«, rief sie, »mich halten sie gefangen, obgleich sie mich ihre Frau nennen. Auch dir werden sie ein Leid antun, wenn du nicht sogleich entfliehst. Dies ist nämlich ihr Haus, gleich müssen sie eintreten. Eile daher, so schnell du kannst, zurück zum Flusse!«

Der junge Lachs aber tat nichts dergleichen, sondern setzte sich dicht ans Feuer, sprach kein Wort und verwandelte sich plötzlich in einen alten Mann. Kurz darauf erschienen die Wölfe, die alle Brüder waren, besahen sich den seltsamen Gast und entschieden, daß er harmlos sein müsse, denn von einem alten Manne hatten sie wohl kaum etwas zu befürchten. »Ich weiß nicht, aber es kommt mir so vor, als ob es hier nach Lachs riecht!« bemerkte einer von ihnen. Doch die Frau erwiderte: »Da magst du recht geraten haben, denn jener alte Mann ist mein Vater, und da ihr mich zu eurer Frau gemacht habt, ist er euer Schwiegervater. Laßt ihn in Ruhe, denn er ist müde.« Die Brüder besahen sich den Alten mißtrauisch, und der Älteste sprach: »Bei uns muß jeder sehen, wie er durchkommt. Wenn der alte Mann bei uns bleiben will, muß er arbeiten. Er soll für uns Pfeile machen, denn Pfeile kann man immer brauchen.«

Der alte Mann, der in Wirklichkeit der junge Lachs war, war einverstanden und antwortete: »Ich will für jeden von euch Pfeile machen. Die besten Pfeile, die ich zu machen verstehe, will ich für euch machen, denn für euch ist das Beste gerade gut genug.« Dabei beschloß der Lachs, für jeden der Wölfe einen Pfeil zu machen, mit denen er dann die Brüder erschießen wollte, um seinen Vater zu rächen.

Am Morgen, als die Wölfe die Hütte verlassen hatten, verwandelte sich der Lachs wieder in einen jungen Krieger. Darauf nahm er die fünf Pfeile zur Hand, die er als alter Mann während der Nacht geschnitzt hatte, und verließ seine Mutter, um die fünf Wölfe umzubringen. Überall suchte er nach ihnen, aber keine Spur war von den Wölfen zu finden. Da ließ der Lachs seine Zauberkräfte spielen, und sogleich versiegten Bäche und Flüsse; die Seen und Tümpel trockneten aus, und nur an einer einzigen Stelle gab es eine Quelle, die weiterhin sprudeln durfte. Dort versteckte sich der Lachs zwischen ein paar Bäumen, nahm den Bogen seines Vaters zur Hand und wartete. Bald mußten die Wölfe ja kommen, weil sie sicherlich inzwischen durstig geworden waren. Und richtig, da kam bereits der erste Wolf angeschnürt.

Als sich der Wolf über die Quelle beugte, ließ der Lachs das Wasser versiegen und schoß den ersten Pfeil ab. Tot fiel der Wolf zur Erde nieder, ohne daß er den Schützen auch nur gesehen hatte. Rasch räumte der Lachs die Beute aus dem Wege und versteckte sich von neuem. Auf diese Weise erlegte er vier der Brüder. Doch der vierte Wolf sah im Sterben seinen Feind, und mit seinem letzten Gedanken warnte er seinen Bruder. Daher entkam der letzte Wolf in den Wald. So gibt es noch heute Wölfe, die alle von jenem Bruder abstammen. An der Wasserstelle ließ sich dieser allerdings nicht mehr sehen. Sobald ein Wolf heute eine menschliche Gestalt erblickt, läuft er davon, denn noch immer sitzt ihnen der Schreck im Nacken, den ihnen der Lachs eingepflanzt hatte, als er fast die gesamte Wolfssippe ausrottete.

Zurück zur Hütte der Wölfe ging der Lachs, um seiner Mutter die Kunde vom Tode der Wölfe zu bringen. Auf der Wanderung zurück zum großen Fluß bemerkte der junge Lachs, daß die Frau, die seine Mutter war, ein Kind im Leibe trug. Als sie aber fünf kleinen Wolfskindern das Leben schenkte, zündete der Lachs ein großes Feuer an und warf die jungen Wölfe in die Flammen. Am Ufer des Flusses verwandelte sich die Mutter in eine Trauertaube, denn das war ihre wirkliche Gestalt. Noch heute kann man ihren traurigen Ruf vernehmen, wenn die Lachse den Fluß hinaufziehen und das Wasser des großen Flusses aufschäumt von der Gewalt der mächtigen Leiber, die sich vorwärtsdrängen, um an die Laichplätze zu kommen.

Die Frau blieb am Ufer zurück, während der junge Lachs in seinem Kanu den Fluß hinunter reiste. Niemand weiß, wie lange der Lachs so den Fluß hinunterschwamm, denn es gab damals noch keine Zeit. Als er dicht am Ufer entlangtrieb, hörte er mit einem Male zwei Stimmen, die sich zu streiten schienen. »Du kannst aber nicht gerecht verteilen!« zeterte die eine Stimme. »Denn jede Seite sollte doch wohl eine Backe haben. Auch nehme ich an, daß wir auf jede Seite ein Auge geben sollten. Und gar die Ohren! Du kannst doch nicht einfach beide behalten wollen!« Die zweite Stimme antwortete krächzend: »Warum denn nicht? Du hast doch auch sogleich die Nase für dich in Anspruch genommen, als es ans Verteilen gehen sollte. Überhaupt, was soll der Streit, vorerst haben wir die Beute ja noch nicht!«

Der Lachs wunderte sich über solche Unterhaltung und fragte die beiden Raben, denen die Stimmen gehörten, worüber sie denn so uneins seien. Doch keiner der beiden Vögel wollte mit der Sprache heraus. Schließlich aber erfuhr der Lachs, daß die beiden den Körper einer Frau verteilten, doch waren sie neidische Burschen, die keinem etwas gönnten. Da sprach der Lachs: »Geht und bringt die Frau zu mir, denn ich bin euer Häuptling. Wißt ihr nicht, daß der Lachs eingesetzt ist über alles Getier, bis seine Herrschaft abgelöst wird von den Menschen, die eines Tages an den großen Fluß kommen werden? Die Frau, die ihr gefunden habt, ist meine Mutter, die Trauertaube. Aus Gram über den Tod ihres Gatten vermag sie kaum noch zu leben. Sagt mir daher, wann ihr die Frau gefunden habt.«

Da sprachen die beiden Raben: »Wenn dieser Mond beendet ist, sind es ein Mond und ein halber, daß wir die ganz abgemagerte Frau zwischen den Klippen am Flusse sahen. Inzwischen dürfte sie gestorben sein, denn sie sah damals bereits erbärmlich aus und vermochte sich kaum auf den Beinen zu halten.«

Als die beiden Raben jedoch mit der Frau beim Lachs ankamen, begoß dieser die Erschöpfte fünfmal mit Fischöl. Und siehe da, mit einem Male war sie so jung wie am Tage ihrer Hochzeit. Von ihr stammen alle Lachse der Welt, die noch heute den großen Fluß hinaufschwimmen, um im Lande ihrer Ahnen zu sterben. Zu den Raben aber sprach der junge Lachs: »Fortan sollt ihr als weise gelten, und wenn die Menschen später zwei Raben streiten hören, dann werden sie sagen: ›Sicherlich haben die beiden Vögel etwas gefunden, das sich nicht teilen läßt. Hört nur, wie sie schreien!‹«

46. Wie der Pfeilmacher zum Kannibalen wurde

(Wasco)

Ein Mann lebte davon, daß er für die übrigen Jäger des Dorfes Pfeilspitzen aus Feuerstein machte. So geschickt war er in seiner Kunst, daß seine Pfeilspitzen weit und breit berühmt waren wegen ihrer Form und ihrer Treffsicherheit. Eines Tages nun, als der Pfeilmacher wiederum dabei war, eine Spitze zu formen, schnitt er sich an einer scharfen Kante in den Finger. Unbekümmert arbeitete er weiter und steckte den blutenden Finger in den Mund. Der Geschmack von frischem Blut gefiel ihm sehr, erst knabberte er an seinem Finger, bald hatte er fast die ganze Hand verzehrt, und ehe er es sich versah, war sein Arm bis zur Schulter verschwunden. Weiter mahlten die gefräßigen Zähne, und bald stand der Pfeilmacher als Knochenmann da. Nur zwischen den Schulterblättern war ihm ein wenig Fleisch geblieben, denn bei aller Anstrengung konnte er seinen Mund nicht bis an jene Stelle bringen. Zu einem seltsamen Wesen war er geworden, das schrecklich anzuschauen war, denn mitten im knöchernen Brustkorb hing das noch immer schlagende Herz, während alle Muskeln der Glieder verschwunden waren.

Hungrig und scheinbar unersättlich brach er ins Dorf ein, verzehrte dort einen Bewohner nach dem anderen und ließ nur die abgenagten Knochen zurück. Als er seine eigene Hütte erreichte, rannte seine Frau mit ihrem Sohne schreiend aus dem Dorfe, denn fürchterlich war der Anblick des Kannibalen. Auf den Spitzen der Grashalme lief sie nach Süden, und keine Spur kündete von ihrem Fluchtweg. Als der menschenfressende Pfeilmacher aber dennoch die Richtung herausfand, wußte die Frau sogleich, daß er ihr auf den Fersen war, denn ein Sturmwind lief vor dem Kannibalen her.

Tag und Nacht eilte sie voller Furcht dahin, aber der Kannibale war schneller und hatte sie am dritten Tage beinahe eingeholt. Schließlich kam sie erschöpft an eine Hütte am Fuße der Berge. Dort saß ein alter Mann und schnitzte an Pfeil und Bogen, während seine Tochter dabei war, einen Beutel zu verzieren, so wie man sie für Tabak gebraucht. »Oh, Vater! Hilf mir!« rief die erschöpfte Frau aus. »Ehe die Sonne über den Horizont ist, wird er hier sein, der menschenvernichtende Pfeilmacher.« Doch der Alte rührte sich nicht, und auch das Mädchen schien nicht zu hören. Statt dessen erhob sich ein brausender Sturm, der die Hütte fast ins Tal geschleudert hätte. Heulend fuhr der Wind aus dem Norden durchs Tal, peitschte die Tannen und schüttete Sturzbäche auf den Wald. Da sprach der alte Mann, ohne von seiner Arbeit aufzusehen: »Verstecke dich hinter meinem Rücken!« Im gleichen Augenblick erschien auch schon der Knochenmann, der einst ein berühmter Pfeilmacher gewesen war. Taumelnd ging er vor dem Winde her, der ihm pfeifend durch den dürren Brustkorb fuhr. Mit unsicheren Schritten stolperte er ums Feuer und zertrat die Pfeile, die der alte Mann vor sich liegen hatte. Da nahm der Alte eine lange Pfeilspitze, wie man sie zur Jagd auf Großwild verwendet, beugte sich vor und stieß sie dem Knochenmann ins Herz. Im gleichen Augenblick ging eine Veränderung mit dem Pfeilmacher vor. Er blieb stehen, die Knochen lösten sich voneinander, und mit dem letzten Schlage des Herzens wurde er zu einem wirren Haufen Knochen, auf denen zuoberst der grinsende Schädel lag. Kaum aber waren die Knochen zur Ruhe gekommen, als auch der Wind zu blasen aufhörte. Der Mann aber sprach zur verängstigten Frau: »Komm, hilf mir die alten Knochen auf den Abfallhaufen zu werfen, denn sie sind zu nichts nütze.«

Ein seltsames Leben führten der Alte und seine Tochter, denn sie aßen nie. Jeden Tag ging der Alte mit einem Bündel Pfeile hinaus an den sonnigen Berghang, um am Abend mit einem großen Armvoll Tabak nach Hause zu kommen. Beide, Vater und Tochter, lebten vom Rauche, dem Atem der Tabakleute, den sie tief in sich hineintranken, wenn die Tabakblätter in der langen Pfeife glimmten. Immer, wenn die Tabaksbeutel leer waren, zog der Alte hinaus und machte Jagd auf die Tabakleute.

Lange Zeit blieb die Frau mit ihrem Sohne bei den beiden in der Hütte am Berge. Der Junge wuchs heran, zog auf die Jagd und brachte Wild heim für die Mutter. Eines Tages jedoch folgte er aus Neugierde dem alten Manne hinauf zwischen die Steine, wo die Tabakleute lebten. Da sah er voller Staunen, wie der Alte nach Tabakstauden schoß. Um ihm bei dieser Beschäftigung behilflich zu sein, legte der Junge einen Pfeil auf die Bogensehne, bat die Geister um Beistand und schoß auf die Tabakstauden. Als der alte Mann mit so viel Tabak heimkehrte, daß beide Jäger schwer zu tragen hatten, sprach er zu seinem Helfer: »Von nun an sollst du meine Tochter zur Frau haben, denn meine Zeit ist fast um.« Zur Tochter aber sagte er: »Hier ist dein Mann, denn jedes Mädchen will einen guten Jäger. Hinfort sollen die Eltern dafür sorgen, daß die Tochter einen guten Mann bekommt. So soll es sein, bis die Welt endet.«

Nach diesem Vorfall jagte der junge Mann stets für den Alten, der glücklich in der Hütte saß und den Atem der Tabakleute genoß. Eines Tages begaben sich die Mutter und die beiden jungen Leute hinunter an den Fluß, nachdem sie dem Alten die Hütte mit Tabak gefüllt hatten. Als sie bei jenem Dorfe ankamen, in dem sie früher einmal gewohnt hatten, damals, als der Pfeilmacher noch hier wirkte, sahen sie nur Knochen herumliegen. Fünfmal warf der junge Mann jeden Knochen in die Luft, danach erstanden alle Bewohner zu neuem Leben, als ob sie nie gestorben seien.

Als die Mutter älter wurde, nahm sich das Mädchen ihrer an und umsorgte sie. Dennoch wurde sie immer schwächer. Kurz vor ihrem Tode sprach sie: »Alle Schwiegertöchter sollen sich fortan um ihre Sohnesmutter kümmern. Du aber sollst mit mir aufbrechen nach dem Süden. Dort wollen wir bleiben und die Schutzgeister aller Medizinfrauen werden. Jede Frau aber, die vom heiligen Atem der Tabakleute trinkt, soll heilende Kräfte haben.« Auch der Sohn verließ das Dorf und sprach: »Fortan will ich der Schutzgeist aller Jäger sein. Die mich verehren, werden niemals ohne Beute heimkehren.«

Nie vergaßen die Bewohner die drei Besucher, die ihnen das Leben wieder zurückgegeben hatten. Noch heute beten sie zu ihnen, wenn sie in Not sind.

47. Die Fledermaus

(Modoc)

Einmal, so erzählt man sich, führten die Vierbeiner und die Vögel miteinander Krieg. Groß war das Aufgebot an tapferen Kriegern, die sich auf einer Waldlichtung ein wildes Gefecht lieferten. Der Kriegshaufen der Vögel verlor den Kampf. Da versteckte sich die Fledermaus, die sich auf die Seite der Vögel geschlagen hatte, unter einem alten Baumstamm, während alle übrigen Vögel ihr Heil in der Flucht suchten.

Als die Sieger sich über die Beute hermachten, kroch die Fledermaus scheinheilig aus ihrem Versteck hervor und tat ganz so, als ob sie auch dazugehöre. Die vierbeinigen Tiere wunderten sich und fragten einander: »Nanu? Die Fledermaus gehört doch zu den Vögeln, wie kommt sie denn auf einmal hierher?« Dies hörte die Fledermaus und erwiderte: »Nein, das ist nicht richtig! Habt ihr schon einmal einen Vogel mit einem Fell gesehen? Außerdem habe ich Zähne im Maul, und es gibt keinen Vogel, der Zähne hat. Wenn ihr mir auch nur einen Vogel zeigen könnt, der einen einzigen Zahn im Schnabel sein eigen nennt, will ich gern zu den Vögeln gehören.«

Zu solcher Rede wußten die Tiere nichts zu sagen und dachten, daß sie sich vielleicht geirrt hätten. Kurz danach lieferten sich die beiden feindlichen Lager ein zweites Gefecht, und wieder verkroch sich die Fledermaus, als sie sah, daß diesmal die Vierbeiner verloren. Nachdem alles vorüber war, kam sie hervor und mischte sich unter die siegreichen Vögel. Diese aber wunderten sich und riefen: »Du gehörst doch nicht zu uns! Du gehörst doch zu den vierbeinigen Tieren.«

»Oh, da irrt ihr euch aber«, sagte die Fledermaus gekränkt, »ich gehöre zu den Vögeln, denn ich kann fliegen. Wenn ihr mir auch nur ein Tier zeigt, das fliegen kann, dann will ich gern zu den Vierbeinern gehören.« Die Vögel wußten darauf keine Antwort und glaubten, daß sie der Fledermaus vielleicht Unrecht getan hätten.

Am Ende machten die feindlichen Parteien ihren Frieden miteinander, und Vierbeiner und Vögel bildeten einen großen Kreis ums Feuer, um Freundschaft zu schließen. Die Fledermaus jedoch wußte nicht, auf welche Seite sie sich setzen sollte. Da kam es schließlich heraus, welche Rolle sie gespielt hatte. Zur Strafe beschlossen die Tiere, daß sie von nun an allein bleiben müsse. Die Fledermaus aber schämt sich noch immer und traut sich nur bei Dunkelheit auszugehen.

48. Tkalmas Slewis

(Modoc)

Dort, wo der große Fluß in den See mündet, stand vor langen Jahren eine Hütte, in der Tkalmas Slewis, der Westwind, mit seinem jüngeren Bruder wohnte. Tkalmas Slewis hatte zwei Frauen, die ihm das Haus versorgten, Wasser holten, für ihn kochten und nähten, seine Vorräte bewachten, kurzum all das taten, was die Frauen der Modoc auch heute noch für ihre Männer besorgen. Obgleich er beide Frauen gleich gut behandelte und keine bevorzugte, hatten die beiden doch dauernd Streit miteinander. Nur wenn der Mann daheim war, vertrugen sie sich einigermaßen.

Die ältere der beiden Frauen hieß Tanies Slewis, Nordwind, während die jüngere auf den Namen Mowas Slewis hörte, was soviel wie Südwind bedeutet. Mowas Slewis war immer freundlich und guter Laune. Wenn sie im Hause war, herrschte Sonnenschein, und alles schien noch einmal so gut zu gedeihen. Tanies Slewis dagegen ging stets mit brummigem Gesicht durchs Leben, und sobald sie das Sagen hatte, fing es an zu stürmen und zu regnen.

Eines Tages nun verließ Mowas Slewis die Hütte, um zu ihrem Vater zu reisen, der weit im Süden ein großer und geachteter Häuptling war. Kaum war sie abgereist, als es kalt und ungemütlich wurde, denn nun hatte Tanies Slewis ja das ganze Haus für sich. Der Schnee häufte sich auf dem Dache, und der jüngere Bruder von Tkalmas Slewis schaute sehnsüchtig über den See, ob Mowas nicht bald zurückkäme. Er hatte Angst, daß sie alle erfrieren müßten, wenn der gegenwärtige Zustand noch länger dauerte. Wochenlang mußte er vergeblich warten. Eines Tages jedoch begann der Schnee zu schmelzen, das Eis auf dem See wurde brüchig, und die Sonne traute sich zum ersten Male seit langer Zeit wieder aus den Wolken hervor. Da wußte er, daß Mowas Slewis auf dem Wege war, und als sie schließlich vor der Hütte stand, rief er voller Freude: »Oh, Mowas Slewis! Nur gut, daß du wieder bei uns bist. Ich dachte schon, du würdest niemals wiederkommen!«

Tanies Slewis hörte dies und wurde so wütend, daß sie zur Stunde ihre Sachen zusammenpackte, das Bündel auf den Rücken nahm und zu ihrem Vater zurückkehrte. Als Tkalmas Slewis von der Jagd kam, mußte er feststellen, daß ihn eine seiner Frauen verlassen hatte. Aber einmal im Jahr, immer dann, wenn Mowas Slewis zu ihrem Vater nach dem Süden reist, kehrt Tanies Slewis zurück zu ihrem Manne. Dann schneit es, und die Indianer rücken näher an das flackernde Feuer. Wenn dann aber die Sonne wieder scheint und es Frühling wird, dann sagen sie: »Nun ist Mowas Slewis wieder zu Hause.«

49. Die Hirschjagd

(Alsea)

Vor uralten Zeiten lebten einmal fünf Wölfe beisammen. Alle fünf waren Brüder, die stets gemeinsam jagten. Eines Tages sprach Grauwolf, der älteste von ihnen: »Ich fühle, daß unser altes Leben zu Ende geht, denn bald werden die Menschen die Erde beherrschen. Laßt uns daher alle Stämme der Tiere zu einem großen Fest einladen. Überall wollen wir verkünden, daß wir ein Tanzfest halten, und unsere Boten zu allen Tieren senden. Wenn sie dann alle hier beisammen sind, machen wir uns über die Häuptlinge her und fressen sie auf.«

Die übrigen Wölfe waren sofort einverstanden, und der zweite der Brüder, Präriewolf, sprach: »Ich schlage vor, daß wir unseren jüngsten Bruder als Boten schicken. Coyote ist listig und gewandt, und niemand wird etwas Böses ahnen, wenn er die Einladungen überbringt.«

So kam es, daß Coyote alle Stämme der Tiere besuchte, die überall verstreut im Lande wohnten. Zuerst kam er zu den Hirschen und sprach: »Häuptling Großer Hirsch, in fünf Tagen wollen wir ein Tanzfest halten. Daher laden wir alle Krieger deines Stammes ein, in unserem Dorfe zu erscheinen. Hier sind fünf Stäbe; wirf jeden Morgen einen von ihnen ins Feuer. Wenn auch der letzte Stab verbrennt, mache dich auf den Weg.«

Auch bei den Grizzlybären, den Schwarzbären, den Truthähnen und allen übrigen Stämmen brachte Coyote seine Einladung vor, übergab die Datumsstäbe und schwärmte von dem Tanzfest. Auch den alten Mann Waschbär in seinem hohlen Baume vergaß er nicht, obgleich dieser so gut zu tanzen verstand wie ein Felsblock. Danach machte er sich wieder auf den Heimweg.

Die übrigen vier Wölfe hatten inzwischen alle Zurüstungen zum Fest getroffen und ihre Tanzgewänder hervorgeholt. In den übrigen Dörfern wurden jeden Morgen feierlich die Stäbe verbrannt, und als die letzten Stäbe in Flammen aufgingen, zogen alle Tiere zum Dorf der Wölfe.

Dort erwartete man sie bereits, und den Brüdern lief beim Anblick all der Gäste das Wasser im Maule zusammen. Aber sie beherrschten sich und taten ganz freundlich. Nachdem alles gegessen hatte, holte Coyote zwei Federn hervor, eine große und eine kleine, zeigte sie herum und sprach: »Hier sind die Tanzpreise, denn die besten Tänzer sollen belohnt werden. Wer diese Preise gewinnt, soll sie behalten dürfen.« Alle bewunderten die Federn, und der Coyote fuhr fort: »Jeder soll mit den Preisen tanzen, und wem sie am besten stehen, den erklären wir zum Sieger.«

Einer nach dem anderen machten die Gäste sich daran, die Federn ins Haar zu stecken und um das Feuer zu tanzen, das im Gemeinschaftshaus flackerte. Zuerst tanzte Grizzly, doch die Feder machte ihn noch schrecklicher, als er ohnehin schon war. Da sprach Coyote: »Nein, dir steht sie nicht. Fortan sollst du als Bär durch die Welt ziehen, denn unsere Herrschaft geht zu Ende; bald werden die Menschen kommen.«

Auch der Berglöwe fand mit seinem Tanz nicht den Beifall, den er erwartet hatte, und wurde fortgeschickt, sich bei den Zuschauern niederzulassen. Der Wildkatze und dem Storch erging es nicht besser; und auch die Robbe und die Möwe wurden wieder an ihre Plätze gesandt. Der Biber gab schon vorher auf und weigerte sich, auch nur einen Schritt zu tun. »Von nun an sollst du im Wasser leben, da du zu bequem bist«, sprach der Coyote, »und von Zweigen und Rinde sollst du dich ernähren.« Seit dieser Zeit wohnt der Biber im Wasser.

Weißwedelhirsch gewann mit seinem Tanze die kleine Feder. Coyote aber sprach: »Kleiner Bruder Hirsch sei fortan dein Name, denn du siehst dem Hirsche ähnlich. Und zum Zeichen deiner Tanzkunst sollst du stets die Feder tragen.« Noch heute trägt der Weißwedelhirsch ein kleines Geweih.

Schließlich erhob sich Großer Hirsch, wanderte mit mächtigen Schritten in den Kreis der Zuschauer und wirbelte so schnell ums Feuer, daß diese kaum mit den Augen folgen konnten. »Großer Hirsch«, sagte darauf Coyote, »behalte die Feder, denn du kannst besser tanzen als alle anderen hier. Dein Name soll von nun an Hirsch sein, und alle Tiere sollen sehen, daß du tanzen kannst. Trage daher deine Feder mit Stolz.«

Doch Großer Hirsch traute der Freundlichkeit der Wölfe nicht so ganz. Daher beschloß er bei sich, an den Rückweg zu denken. Daheim war er zwar ein großer Häuptling, doch gegen die Wölfe nützte ihm das wenig. So begann er mit einem Male Zauberlieder zu singen, mit denen er die Wölfe bald zum Schlafen brachte. Sobald die Wölfe eingeschlafen waren, gab er den übrigen Tieren das Zeichen zum Aufbruch.

Leise schlichen sie alle hinaus, um nach Hause zurückzukehren. Auch der alte Mann Waschbär nahm seinen Köcher und seinen Bogen, rückte seinen Halsschmuck zurecht und schlich hinaus in den Wald zu seinem hohlen Baume. Bald war es leer um das Feuer, und gerade wollte sich auch der Häuptling Großer Hirsch davonschleichen, als er die alte Frau Bussard verschlafen in einer Ecke sitzen sah. Als er diese aufmuntern wollte, fing sie an zu schreien, und die Wölfe erwachten! Rasch rannte der Große Hirsch davon, um die übrigen Krieger seines Stammes einzuholen. Aber die Wölfe, einmal wach geworden, setzten sich sogleich auf seine Fährte, heulten ihren Kriegsruf und hatten ihn bald eingeholt. Geschickt schossen sie ihre Pfeile auf ihn ab. Aber Großer Hirsch entkam mit letzter Kraft in den Wald und verschwand im Dickicht.

Während die Wölfe noch berieten, was zu tun sei, erschien von irgendwoher der alte Mann Rabe. Dieser besaß als Landstreicher einen nicht gerade guten Ruf, wenn man ihm auch große Zauberkräfte nachsagte. »Was ist denn hier los?« fragte er scheinheilig die Wölfe, die im Halbkreis auf den Keulen saßen und betrübte Gesichter machten. »Wir waren auf der Jagd, und nun ist uns die Beute entschlüpft«, erklärten diese. Der alte Mann Rabe machte sein unschuldigstes Gesicht und erklärte: »Nun, da werden wir wohl mal auf die Suche gehen müssen. Wenn ich etwas finde, rufe ich euch. Ihr könnt derweilen ruhig hier sitzenbleiben und beratschlagen.« Damit erhob er sich schwerfällig in die Luft und zog krächzend über dem Wald davon.

Schon von weitem sah der Rabe den Großen Hirsch mit einem Pfeil in der Seite tot unter einem Baume liegen. »Hahahaaa«, rief er aus, »hier ist ja, was ich suche!« Dann begann er sich den Bauch vollzuschlagen. Erst als er sich satt gegessen hatte und auch nicht einen Bissen mehr hinunterwürgen konnte, flog er auf einen Ast und begann nach den Wölfen zu rufen. Diese kamen eiligst herbei, stürzten sich auf die

Beute und balgten sich um die besten Stücke. Nach einer Weile kam auch die alte Frau Bussard dazu, aber da waren nur noch die Knochen übrig, und die wollte sie auch nicht. Vollgefressen und müde machten sich die Wölfe auf den Heimweg, während alter Mann Rabe einstimmte in das Gejammer der Frau Bussard über den Undank der Welt.

Daheim angekommen, sprach Grauwolf zu seinen Brüdern: »Von nun an werden wir Wölfe sein und von Hirschen leben. Da aber der Hirsch jetzt unsere Nahrung ist, können wir nicht länger hier im Dorfe bleiben, denn hier gibt es ja keine Hirsche. Laßt uns daher jeder für sich in eine andere Gegend ziehen.«

Daher kommt es, daß die Wölfe bis auf den heutigen Tag ohne feste Heimat umherstreifen, immer auf der Suche nach Hirschen. Als die ersten Menschen in jene Gegend kamen, lernten sie die Hirschjagd von den Wölfen, fanden Gefallen an der Nahrung und nannten den Hirsch von da an einfach Nuns, was soviel wie Nahrung bedeutet.

50. *Olelbis*

(Wintu)

Niemand kann sicher sagen, was vor der Erschaffung der Welt gewesen ist. Doch Olelbis lebte schon zu dieser Zeit im Himmelsblau. Vielleicht hat er früher einmal woanders gewohnt, niemand weiß es. Olelpanti, das Himmelsblau, ist die höchste Stelle, die wir kennen. Was darüber sein mag, wird uns für immer verborgen bleiben. Olelbis aber wohnte in Olelpanti zusammen mit zwei alten Frauen, die seine Großmütter waren.

Die heutige Welt ist nicht immer hier gewesen. Lange vorher gab es eine andere Welt, die untergegangen ist, weil ihre Bewohner zu stehlen begannen. Viele Menschen lebten in dieser verschwundenen Welt. Eines Tages geschah es, daß diese Menschen von einem seltsamen Wesen im Süden erfuhren. Dort sollte ein berühmter Jäger wohnen, der schneller sei als alle übrigen Wesen. Katkatschila war sein Name, was soviel wie Schnell bedeutet. Niemand wußte, auf welche Weise Katkatschila auf die Jagd ging, nur daß er eine geheime Waffe besaß, hatte man erfahren. Da sprach Blauer Kranich, der Häuptling der Menschen: »Wir wollen Katkatschila einladen zur Jagd, dann wird sich zeigen, welchen Zauber er gebraucht.«

Am nächsten Morgen wurde Tsaroki, die Grasschlange, ausgesandt, um die Einladung zu überbringen, denn Tsaroki war als schnell und geschickt bekannt. Obgleich es sehr weit war, kam Tsaroki schon am Mittag an. »Blauer Kranich lädt dich ein, bei uns zu jagen!« sagte sie zu Katkatschila.

»Gut«, antwortete dieser, »ich werde bei Sonnenaufgang zur Stelle sein.« Da machte sich Tsaroki wieder auf den Heimweg, um den Leuten im Dorf das Kommen des großen Jägers mitzuteilen.

Blauer Kranich aber ordnete an: »Erst werden wir essen und dann die ganze Nacht hindurch tanzen. Am nächsten Morgen gehen wir alle auf die Jagd. Da werden wir doch wohl hinter sein Geheimnis kommen und herausfinden, wie Katkatschila das macht. Jeder soll die Augen offen halten.«

Am Morgen, noch ehe es dämmerte, nahm Katkatschila Abschied von seiner Schwester, die mit ihrem Manne bei ihm wohnte. Kein Mensch wußte von dieser Schwester, denn sie und ihr Kind gingen niemals aus. Ihr Name war Jonot, was soviel wie Kastanienbaum bedeutet. Ihr Mann hieß Tilikus, der Feuerbohrer, das Kind aber war Pohila, das Feuer. Auch der Bruder von Tilikus wohnte an diesem Ort, sein Name war Poharamas, der Komet. Zwar wußten die Menschen nichts von diesen feurigen Leuten, doch sollten sie bald genug Gelegenheit bekommen, ihre Macht zu spüren.

Bevor Katkatschila noch das Dorf des Blauen Kranichs erreicht hatte, machte er auf einem Hügel halt. Von dort aus konnte er alles überblicken, sah die Frauen zwischen den Hütten hin und her gehen, sah die Männer sich für den Tanz vorbereiten und bemerkte auch den Blauen Kranich, der eifrig Anordnungen gab. Schließlich kam er zu den Menschen und setzte sich neben den Häuptling.

Auch Olelbis sah vom Himmelsblau aus zu und las die Gedanken vom Blauen Kranich. Da sprach er zu den beiden alten Frauen: »Ich weiß, daß die Menschen dort unten etwas vorhaben. Mir gefallen ihre Pläne nicht.«

Die Menschen aber wußten nichts von diesen Dingen und tanzten und sangen die ganze Nacht hindurch zu Ehren ihres Gastes Katkatschila. Am nächsten Morgen machten sich alle bereit für die Jagd. Bevor sie aufbrachen, sprach Blauer Kranich zu seinem schnellsten Läufer, Graues Eichhörnchen: »Bleibe bei unserem Gast und sieh ihm genau auf die Finger. Wenn er einen Hirsch schießt, so laufe zur Beute und verstecke das Geschoß!« An diesem Tage schoß Katkatschila zehn Hirsche, doch jedesmal kam er dem Grauen Eichhörnchen zuvor.

Als alle wieder im Dorfe waren, sprach Roter Fuchs zum Blauen Kranich: »Morgen will ich auf unseren Gast achtgeben. Graues Eichhörnchen hat viel zu kurze Beine und ist nicht schnell genug.« Blauer Kranich war einverstanden, und am Abend überredete der Häuptling seinen Gast, doch morgen nochmals auf die Jagd zu gehen.

Wieder erlegte Katkatschila zehn Hirsche, aber diesmal paßte Roter Fuchs auf. Beim letzten Hirsch zog er die Waffe aus der Beute und versteckte sie in seinem Ohr. Katkatschila war sehr ungehalten und forderte sein Geschoß zurück, aber da er nicht gesehen hatte, wohin es gekommen war, nützte ihm sein Geschrei nichts. »Ich habe gesehen, daß du es gestohlen hast, wenn ich auch nicht weiß, wo es jetzt ist!« sagte er zum Roten Fuchs. »Wenn ich mein Geschoß nicht zurückerhalte, wird es euch allen schlimm ergehen. Bald schon werdet ihr einsehen, daß ihr besser daran getan hättet, mich nicht zu bestehlen.« Damit drehte er sich wütend um, verließ die Jagd und eilte mit großer Geschwindigkeit nach Süden.

Der Rote Fuchs aber gab das Geschoß dem Blauen Kranich.

Dieser rief alle Männer des Dorfes im Schwitzhaus zusammen, denn dort traf man sich zu allen Besprechungen, bei denen die Frauen nicht dabei sein sollten. Als alle beisammen waren, zeigte der Häuptling die Beute herum. Alle sahen erstaunt auf das kleine Stück Feuerstein. »Als ich es versteckte«, brüstete sich der Fuchs, »wurde Katkatschila sehr wütend, drohte uns allen, und dann rannte er nach Süden zu fort.«

»Ihr habt unrecht getan«, sprach der Dachs, »denn Katkatschila ist mächtig und kennt viele Zaubersprüche. Jetzt wird er auf Rache sinnen und uns das Leben schwermachen.«

Blauer Kranich sah verlegen auf den Fuchs, aber dieser hielt es für klüger, zu schweigen. Dann starrten alle auf das Stückchen Stein, bis Fliege plötzlich sagte: »Gebt mir den Stein, vielleicht finde ich heraus, was es damit auf sich hat.« So wurde Fliege allein mit dem Feuerstein im Schwitzhaus gelassen. Kopfschüttelnd besah er sich das Ding, drehte es hin und her, rieb seine Hände daran, betrachtete es von allen Seiten und rieb es wieder mit den Händen.

Die ganze Nacht über blieb dieser einsame Krieger mit der Waffe Katkatschilas im Schwitzhaus, und als die Männer am nächsten Morgen kamen, war aus dem kleinen Stück ein mächtiger Klotz geworden! Blauer Kranich sagte entschlossen: »Am besten wird es sein, wenn wir dies hier aus dem Dorfe schaffen, ehe es noch größer wird.« Alle waren sogleich einverstanden, doch niemand traute sich, den Block anzufassen. »Vielleicht kann Dachs damit fertigwerden«, schlug jemand vor, »er weiß ja sonst immer Rat.« Aber auch Dachs konnte den Klotz, der inzwischen weitergewachsen war, nicht bewegen. Gleich darauf versuchte Waschbär sein Glück, aber auch für ihn war der Stein zu schwer. Schließlich bemühte sich das Erdhörnchen Titschelkis – alle waren sehr erstaunt, als Titschelkis den Block fortzutragen begann.

Mittlerweile war Katkatschila daheim angelangt und hatte seinem Schwager von der Beleidigung berichtet. Zusammen mit Poharamas, dem Kometen, bereitete er seine Rache vor. Eine große Menge Fichtenzweige häufte er vor der Hütte auf, machte daraus einen Kreis und befahl seiner Schwester, ihr Kind Pohila in die Mitte dieses Kreises zu setzen. Sogleich begann alles Gezweig zu brennen. Poharamas ergriff einen Feuerbrand und eilte nach Südosten davon, hell leuchtete die wehende Fackel in seiner Hand. Am Ende kam er an die Stelle, an der Himmel und Erde zusammenstoßen. Von dort aus lief er nach Norden und steckte so den ganzen Horizont in Brand. Auch Tilikus, der Feuerbohrer, hatte einen brennenden Zweig ergriffen und war damit nach Südwesten gelaufen. Als er am Himmelsrande ankam, wandte er sich ebenfalls nach Norden, und wo er vorüberlief, brannte die Erde lichterloh. Da nahm Jonot ihr Kind auf den Arm und ging zurück in ihre Hütte.

Als die Menschen das Feuer über den Horizont rasen sahen, waren sie voller Furcht, doch Blauer Kranich versuchte sie zu beruhigen. Bald aber konnte jeder sehen, daß die Flammen immer näher kamen. Als sie schließlich das Dorf erreichten, war es für die Flucht zu spät. Fast alle Bewohner kamen in den Flammen um. Nur der weise Maulwurf, Klabus Herit, und Tsaroki, die Grasschlange, entkamen, weil sie so schnell nach Norden gelaufen waren, daß sie unter dem Himmelsgewölbe durchschlüpfen konnten, ehe die Feuerträger dort angelangt waren.

Olelbis sah die brennende Welt unter sich; vor lauter Rauch und Flammen vermochte er kaum etwas zu erkennen. Krachend brachen glühende Felsen zusammen, und die Funken stoben bis an das Himmelsgewölbe, wo sie steckenblieben und zu Sternen wurden. Noch heute erinnern heiße Quellen daran, daß die vorige Welt durch Feuer verschwunden ist.

Olelbis war gerade dabei gewesen, sein Haus zu bauen, als der Weltenbrand begann. Aus dem Süden hatte er sich die weiße Eiche geholt, die der Mittelpfosten wurde. Aus dem Norden kam die schwarze Eiche, aus dem Osten die grüne Eiche und aus dem Westen die rote Eiche. Die Zweige all dieser Bäume beschatteten sein Haus, dessen Wände aus blauen Blumengirlanden geflochten waren. Um das Haus herum wuchsen Beeren, Büsche, Blumen und all jene Pflanzen, die später auch auf die Erde gekommen sind. Das Haus aber hieß Olelpanti, Himmelsblau, und nachdem es fertig war, ließ Olelbis es wachsen und sich ausdehnen, bis es so gewaltig war, daß es den ganzen Himmel einnahm.

Immer noch wütete das Erdfeuer, und Olelbis beschloß, den alten Mann Wind, Kahit Kiemila, um Hilfe zu bitten. Er sollte mit seiner Frau Mem Loimis, dem Wasser, kommen und das Feuer löschen. So wurden Kolibri und Schwarzer Adler beauftragt, im Norden einen Pfahl unter das Himmelsgewölbe zu stecken. Durch diese Öffnung sollten Wind und Wasser, die jenseits des Horizontes wohnten, hinabkommen zur Erde. Kahit Kiemila hatte seinen Sohn Sotchet, den Biber, daheim gelassen, obgleich dieser unbedingt mitkommen wollte. Als Olelbis dies sah, warf er Sotchet ein Paddel zu und sprach: »Dies sei fortan dein Schwanz, damit du im Wasser rascher fortkommst.« Seit dieser Zeit haben alle Biber, die Enkel von Sotchet, platte Schwänze.

Ganz in der Nähe lebte Joholmit, die Frau Frosch. Als diese sah, daß es eine große Flut geben würde, freute sie sich, denn schon immer hatte sie sich nach dem Wasser gesehnt. Sogleich flocht sie einen Korb, der so dicht war, daß kein Wasser einzudringen vermochte. Als Mem Loimis auf die Erde hinunterfuhr, stieg Joholmit in ihren Korb und schwamm auf dem Wasser. Auch Sosini Herit, der Taucher, war ganz närrisch über das Wasser; immer wieder steckte er seinen Kopf hinein, um nachzusehen, ob es auch wirklich alles Wasser sei.

Mit großem Getöse stürzten sich alter Mann Wind und

seine Frau Wasser durch das Loch auf die Erde. Seit Tagen hatte das Feuer dort gewütet, aber vor der Gewalt der anrauschenden Wassermassen zog es sich laut zischend und böse fauchend nach Süden zurück. So viel Wasser gab es, daß ein großer Teil keinen Platz auf der Erde hatte, sondern sich vor dem Loch staute, das der Kolibri und der Schwarze Adler gemacht hatten. Als Olelbis sah, daß das Wasser im Himmel immer höher stieg, weil es auf der Erde keinen Platz hatte, stieg er auf das Dach seines Hauses. In den Wassermassen aber sah Olelbis viele Leute, die schwimmen konnten. Da trieb Joholmit in ihrem Korbe, auch Sosini Herit, der Taucher, und Toko, der Sonnenfisch, bewegten sich mit Leichtigkeit. Über allem aber brauste Kahit Kiemila, der alte Mann Wind. Er hatte eine Knochenflöte im Munde, und als er sich über die Erde bewegte, blies er auf ihr schreckliche Melodien. Pfeifend und blasend flog er wie eine riesige Fledermaus über die Erde, die dunkelgrauen Flügel weit ausgebreitet, von einem Horizont zum anderen. Hinter ihm kam seine Frau Mem Loimis rauschend angezogen. Klatschend trommelten ihre Füße über die Erde, und wo sie hintrat, wurde alles naß.

Neben Olelbis standen Kuntihle, der Seeadler, und sein Bruder Tede Wiu, der Rohrspatz, und sahen den Fluten zu. Olelbis aber sah die schwimmenden Wesen und gab jedem seine Aufgabe. Joholmit durfte von nun an immer im Wasser bleiben. Auch die Nerzleute und Biber erhielten ihre Plätze auf der Erde. Als der Riesenvogel Wokwuk erschien, durfte er bei Olelbis bleiben. Niemand weiß genau, wie Wokwuk ausgesehen hat, denn es gibt ihn nicht mehr, aber jeder sagt, daß er rote Augen hatte. Schließlich wurde Kiriu, die Rohrdommel, ausgesandt, um Wind und Wasser wieder in ihre Heimat zu schicken. Da verlief sich alles Wasser, und es war ruhig, klar und trocken auf der Erde.

Olelbis besah sich die Welt und fand, daß sie völlig leer war. Kein Baum, kein Berg, ja selbst kein einziges Krümchen Erde war vom Feuer verschont geblieben, alles hatte es verschlungen. Nur an einer Stelle entdeckte er einen Tümpel mit Wasser, den Mem Loimis vergessen haben mußte. Olelbis rief sogleich alle Wesen in Olelpanti zusammen und fragte sie, wo eine Krume Erde zu finden sei. Klabus Herit, der Maulwurf, und Jilahl, der Präriehund, wußten, daß es weit im Westen Erde gab. So wurden sie ausgesandt, um von jenseits des Horizontes Erde für die neue Welt zu holen. Klabus schaufelte unermüdlich Erde in die Körbe, und Jilahl schleppte diese zu Olelbis, der die Krume gleichmäßig über die Welt verteilte. Fünf Tage und fünf Nächte arbeiteten sie, dann waren alle Felsen mit Erde bedeckt, und die Welt sah nicht länger gar so verbrannt aus.

Präriehund und Maulwurf machten sich nun daran, die Berge zu gestalten, die Täler auszuhöhlen und die Hügel aufzuwerfen. Olelbis, der den beiden zusah, bemerkte mit einem Male ganz im Süden eine dünne Rauchfahne. So war das Feuer doch noch nicht völlig aus der Welt verschwunden. Tede Wiu, der Rohrspatz, wurde beauftragt, ein wenig von dem Feuer im Süden nach Olelpanti zu bringen. Aber Tede Wiu konnte nicht in das Haus von Tilikus gelangen und kehrte ohne Feuer zurück. Auch sein Bruder Kuntihle, der Fischadler, hatte kein Glück. Noch einmal machte sich Tede Wiu auf den Weg. Nach fünf Tagen erhaschte er einen Funken und flog damit zurück zu Olelbis.

Als Tilitschi, der Wasserläufer, zu jenem Tümpel kam, den Mem Loimis vergessen hatte, war er sehr erstaunt, daß dieser voller Fische war. Auch Olelbis konnte sich das nicht erklären. Als er die beiden alten Frauen fragte, rieten diese ihm:

»Gehe immer nach Westen, bis du an das Ende des Himmels kommst. Dort brich ein Stück des Himmelsgewölbes ab und spitze es an. Mit diesem Himmelspfahl ziehe tiefe Furchen über die Erde. Wo du den Pfahl in die Berge stößt, werden Flüsse und Quellen hervorsprudeln, und die Furchen werden sich mit Wasser füllen. Bepflanze die Ufer mit Schilf, Binsen und Weinranken.«

Olelbis zog große und kleine Furchen für Flüsse und Bäche und verband diese mit dem Tümpel. Die Fische breiteten sich sogleich aus und waren bald darauf in allen Gewässern zu Hause. Dann nahm Olelbis Samen von allen Pflanzen, die um das Haus Himmelsblau wuchsen, und streute sie über die Erde. Nachdem dies geschehen, rief er Tsurat, den Schwarzspecht, und trug ihm auf, den alten Mann Eichbaum zu holen. Als Tsurat mit dem Gewünschten zurückkehrte, sprach Olelbis: »Nimm ihn und fliege mit ihm über die ganze Erde.« Alter Mann Eichbaum jedoch sah aus, wie eben ein alter Eichbaum aussieht, innen war er morsch und voller Holzmehl. Wohin Tsurat flog, fiel etwas von diesem Holzmehl auf die Erde. Als er nach fünf Tagen zurückkam, sproßte aus jedem Staubkorn, das der alte Mann Eichbaum verloren hatte, eine junge Eiche.

Coyote und Tschultschul, die Wiesenlerche, sahen vom Himmel herab, wie die Erde grün wurde. Tschultschul konnte sich kaum satt sehen, da sandte Olelbis sie hinab auf die Erde, um auf die jungen Pflanzen aufzupassen. Seit dieser Zeit sitzt sie im Gras und sieht zu, wie dieses wächst. Coyote aber warf heimlich seinen Rock auf die Erde, der sogleich aufstand und als Coyote fortlief.

Von überall brachte Olelbis die Wesen, die die Erde bevölkern sollten. Aus dem toten Wokwuk, dem Riesenvogel, machte er den ersten Hirsch und den ersten Elch. Die Federn von Wokwuk aber wurden zu Faltern und bunten Muscheln. Jedem Geschöpf wurde ein Platz auf der Erde angewiesen, nur die, die in Olelpanti, dem Hause Himmelsblau, notwendig waren, durften dort bleiben. So sind Reiher und Forellen, Kraniche und Adler, Wiesel und Otter, kurz alle Tiere, die heute noch die Erde bevölkern, damals auf die Welt gekommen. Doch während Olelbis noch dabei war, die Tiere zu belehren, sah er kleine Wesen über die Berge im Westen huschen.

Als Olelbis die beiden alten Frauen fragte, verwiesen diese ihn an Katkatschila. So wandte sich Olelbis an den großen

Jäger im Süden, der durch seine Schnelligkeit berühmt war. »Was du, mein Bruder, hier siehst«, berichtete jener, »sind die Wolkenhunde. Als das Erdfeuer wütete, trieb aller Rauch und Dampf nach Süden, denn der alte Mann Wind kam von Norden. Dort im Süden wurden sie zu Wolkenhunden. Jetzt aber versuchen diese wieder nach Norden zu gelangen. Vergeblich haben wir uns bisher bemüht, sie zu fangen, aber sie sind zu schnell für mich, und auch Komet kann sie nicht einholen.«

Nicht lange danach fing Katkatschila aber doch einen Wolkenhund, zog diesem das Fell ab und brachte es zu Olelbis. Der gab es einer der beiden alten Frauen, damit sie des Nachts nicht zu frieren brauchte. Schön grau war es und seidenweich. Als Katkatschila einen zweiten Wolkenhund fing, der ganz weiß war, erhielt auch die zweite der beiden Frauen ihre Schlafdecke. Das dritte Fell, das ganz rot war, behielt Katkatschila für sich. Noch heute hängt er es manchmal im Osten oder Westen an den Horizont. Auch die Frauen hängen ihre Schlafdecken ab und zu nach draußen. Wenn das graue Fell im Himmelsblau hängt, dann ist es trübe. Die vielen weißen Federwölkchen aber sind das weiße Fell des Wolkenhundes, den Katkatschila als zweiten erlegt hatte. Heute wohnen die Wolkenhunde alle wieder im Norden, und manchmal, wenn der Wind von dort kommt, bringt er ein bißchen Wolle mit von ihrem Fell. Ganz weiß sind diese Flocken und können die Wärme nicht vertragen. Wenn es zu warm wird, werden sie wieder zu Wasser, denn aus Dampf sind ihre Träger ja einst entstanden.

Als Olelbis alle Tiere auf ihre Plätze geschickt hatte, blieben noch drei Wesen übrig: Dokos, Wima und Klak. Da sprach Olelbis zu ihnen: »Ich will euch die Zähne abbrechen, damit ihr den übrigen Tieren keinen Schaden tun könnt.« Denn alle drei waren als zänkisch und bösartig bekannt. Obwohl sie Geschwister waren, hatten sie dauernd miteinander Streit. Aber keines wollte auf seine Zähne verzichten. Da sprach

Olelbis: »Du, Wima, sollst von jetzt an ein Grizzlybär sein; du, Klak, wirst bis ans Ende der Zeit als Klapperschlange leben, allen verhaßt und keines Wesens Freund. Euer Bruder Dokos aber, der mit allen zankt und streitet, soll zum Feuerstein werden. Du, Dokos, gehe hinunter auf die Welt und vermehre dich. Die Menschen werden kommen, und du wirst allen Tieren verhaßt werden, denn die Menschen werden dich zur Jagd gebrauchen. Selbst Wima wird vor dir Angst haben.«

So erschuf Olelbis die Welt, in der wir heute leben. Noch immer wohnt er dort oben in Olelpanti, dem Hause Himmelsblau, und sieht herab auf seine Schöpfung.

51. *Palawaikö*

(Maidu)

An jener Stelle, die noch heute Große Quelle genannt wird, lebte einst ein alter Mann mit seiner Frau und einer erwachsenen Tochter. Vor Jahren soll dort ein großer See gewesen sein, von dem heute aber nur mehr ein paar tiefe Kolke und eine sprudelnde Quelle übriggeblieben sind. Die Hütte der drei Bewohner stand nicht weit vom Seeufer, und das Mädchen hatte die Gewohnheit, jeden Abend an den See zum Baden zu gehen. Anschließend kam sie dann stets zurück in die Hütte, legte sich zum Schlafen nieder und begann zu träumen. Immer erschien in ihren Träumen der gleiche Mann, ohne daß sie ihn jemals bei Tage zu Gesicht bekommen hätte.

Wieder war das Mädchen an den See gegangen, doch an diesem Abend warteten die Eltern vergeblich auf ihre Rückkehr zur gewohnten Zeit. Erst am nächsten Morgen erschien sie in der Hütte und trug ein paar Fische in der Hand. Diese gab sie dem Vater, der über solche Gabe recht erstaunt war. Fischen war eigentlich Männersache, und nie war seine Tochter bisher zum Fischen gegangen. Den ganzen Morgen saß das Mädchen schweigsam in einem Winkel, als am Mittag plötzlich Palawaikö, die Große Schlange, erschien, zur Hütte hereinsah und sogleich hineinzukriechen begann. Niemand hatte das Tier kommen sehen, doch nun schob es sich langsam durch die Hütte, rollte sich zusammen und füllte bald das halbe Haus. Immer noch schien der Riesenleib kein Ende zu nehmen. Der Kopf aber machte dicht vor dem Mädchen halt, die kleinen schwarzen Augen starrten ihr ins Gesicht, und nach einer Weile verschwand die Große Schlange Palawaikö ebenso schweigsam, wie sie gekommen. Die erschrokkenen Eltern sahen das Tier im Wasser untertauchen; zuerst verschwand der Kopf, dann glitt der schuppige Leib hinein, und als der Schwanz noch am Ufer war, tauchte der Kopf bereits mitten im See auf!

Da begann das Mädchen zu sprechen: »›Komm mit!‹ hat er gesagt. ›Komm morgen zu mir!‹« Dabei starrte sie wie abwesend vor sich hin. »Was?« rief der besorgte Vater. »Was hat er gesagt?« Doch das Mädchen murmelte nur: »Morgen will ich zu ihm gehen.«

Am Morgen, als das Mädchen zum See ging, um Wasser zu holen, sah sie jenen Mann, den sie aus ihren Träumen nur zu gut kannte. Er gab ihr wiederum eine Anzahl Fische. Als sie zur Hütte zurückkehrte, setzte sie den Wassertopf umständlich nieder und gab dem Vater das seltsame Geschenk. Am Mittag erschien die Große Schlange Palawaikö zum zweiten Male. Wieder verließ das Tier nach einer Weile die Hütte und verschwand im See. Da sprang das Mädchen auf und rief: »Jetzt will ich zu ihm gehen!« Der Vater sah wohl, daß er sie nicht würde halten können; so willigte er ein.

»Bevor du uns verläßt, will ich dir ein Geschenk mit auf den Weg geben. Nimm diesen Stab, an den ich eine Zauberwurzel gebunden habe. Wenn dir jemand zu nahe kommt, so sage: ›Belästige mich nicht, denn sonst mache ich dir Kopfschmerzen mit dieser Wurzel, bis du am Ende den Verstand verlierst.‹ Willst du aber zurückkehren zu uns, so nimm den

Stab und wirf ihn von oben durch das Rauchloch der Hütte. Sei aber darauf bedacht, den Stab genau ins Herdfeuer zu werfen. Danach eile, so schnell du kannst, und kümmere dich nicht um das, was hinter dir geschieht. Eile heimwärts und wende dich nicht um.«

Mit diesem Rat verließ das Mädchen die Hütte ihrer Eltern und begab sich hinunter ans Seeufer, wo sie bereits erwartet wurde. Große Schlange Palawaikö hatte wiederum menschliche Gestalt angenommen und sah äußerlich nicht schlechter aus als viele andere Burschen auch. Nach einer Weile ergriff er das Mädchen beim Arm, doch kaum hatte er sie angerührt, da sprach sie: »Belästige mich nicht, denn sonst mache ich dir Kopfschmerzen mit meiner Zauberwurzel, bis du am Ende den Verstand verlierst.«

Schließlich erreichten sie die Stelle, an der Palawaikö seine Hütte hatte. Sogleich verwandelte er sich wieder in eine Schlange, kroch schwerfällig in die Hütte und befahl dem Mädchen, zu ihm zu kommen. Doch als diese den geschuppten Körper sah, der sich träge zusammengerollt hatte und sich am Feuer wärmte, erfaßte sie ein Grausen. Rasch betrat sie das Dach der halb in der Erde verborgenen Hütte, spähte hinunter durch das Rauchloch und warf voller Verzweiflung den Zauberstab mitten ins Feuer!

Kaum hatte sie zu laufen begonnen, als sie hinter sich ein Getöse vernahm; und als sie den Waldrand erreicht hatte, dröhnte die Erde wie von schweren Gewittern. Dann sah sie einen zuckenden Lichtschein hinter sich. Keuchend erreichte sie die elterliche Hütte und sah sich um. Da gewahrte sie, daß der ganze See in Flammen stand. Fauchend schoß die Lohe bis zum höchsten Himmel, und die Erde zitterte und stöhnte, als wolle sie sterben.

Am nächsten Tage jedoch war der See verschwunden, und nur ein paar dunkle Löcher bezeichneten die Stelle, wo einst die Hütte der Großen Schlange Palawaikö gestanden hatte. Selbst das Wasser war von der Gewalt des Feuers verschlungen worden. Einzig eine Quelle war von der Katastrophe verschont geblieben. Die Indianer aber meiden seit dieser Zeit den Ort und nennen nur flüsternd den Namen der Großen Schlange Palawaikö, die einst dort hauste.

52. *Wie das Feuer gefunden wurde*

(Yana)

Bevor die Menschen vom Feuer wußten, kannte nur Au Mujaupa, der Herr des Feuers, sein Geheimnis. Er lebte weit im Süden, jenseits der Flüsse und Berge. Die Menschen im Lande der Yana hatten wohl etwas Ähnliches wie Feuer, aber man konnte nicht damit kochen, denn es gab keine Wärme. So aßen sie ihr Fleisch und ihre Fische roh und fühlten sich nicht sehr wohl dabei. Auch die Menschen im Westen hatten eine Art von Feuer, aber auch dieses gab keine Wärme. Im Norden und Osten lebten damals ebenfalls Menschen, doch deren Feuer gab weder Wärme noch Licht.

Der Häuptling Grauwolf beschloß, nach dem richtigen Feuer zu suchen, denn irgendwo mußte es doch ein Feuer geben, das wärmen konnte. Daher stieg er eines Nachts auf einen hohen Berg und hielt Umschau. Aber so sehr er sich auch die Augen aus dem Kopfe starrte, nirgends sah er einen Funken Licht. Am Morgen kam er zurück ins Dorf und berichtete von seinem Mißerfolg.

Nun lebte in jenem Dorfe ein Mann, der ganz besonders scharfe Augen hatte. Sogar durch Bäume und Berge konnte er hindurchsehen. Diesen Mann, der den Namen Sigewi trug, nahm Grauwolf in der folgenden Nacht mit auf den Berg. Unterwegs aber beklagte sich Sigewi über den langen Weg. Da nahm Grauwolf den Pfad in seine Hände und rollte ihn auf, bis nur noch ein kleines Stück übrig war. Bald danach waren sie auf dem Berggipfel.

Lange starrte Grauwolf nach Norden, konnte aber nichts entdecken. Auch im Westen war alles dunkel. Mit dem Osten erging es ihm nicht besser, und erst, als er nach Süden blickte, sah er in der Ferne einen schwachen Schimmer. Sigewi stimmte mit ihm überein, daß dies nur ein Feuer sein konnte; weit im Süden mußte es also Feuer geben.

Am nächsten Morgen wurde beschlossen, eine Gruppe von fünfzig Leuten nach dem Süden zu schicken, um das Feuer zu stehlen. Lang und beschwerlich war die Reise dorthin, und einer nach dem anderen kehrte mutlos um. Am Ende waren nur noch Grauwolf, Coyote und die alte Frau Hund übrig.

Bald darauf kamen die drei an einen großen Fluß; am anderen Ufer stand ein großes Dorf. Hier wohnte Au Mujaupa, der Herr des Feuers, mit seinen Kriegern, die das Dorf hüteten, damit niemand das Feuer stehlen konnte. Besonders tapfer und verwegen waren Schnee, Großer Regen, Großer Hagel, Kleiner Hagel, Westwind, Südwind, Nordwind und Ostwind.

Als es Nacht geworden war, schlichen Grauwolf, Coyote und die alte Frau Hund vorsichtig ins Dorf. Alles war still, und selbst die vier Winde, die Wache hielten, waren eingeschlafen. Da drang Grauwolf in die Hütte des Häuptlings ein, räumte die Asche fort und gab dem Coyoten ein Stück Feuer. Auch die alte Frau Hund erhielt ein Stück. Schließlich hatte jeder von ihnen zwei Stücke Feuer. Alle steckten sich die Beute in die Ohren und machten sich auf den Heimweg. Rasch eilten sie nach Norden, so schnell ihre Beine sie nur tragen wollten. Aber kaum waren sie über zwei Berge, als Au Mujaupa, der Herr des Feuers, erwachte, die verstreute Asche sah und Alarm schlug: »Das Feuer ist geraubt worden!«

Alle wachten sogleich auf, und mit Windeseile begannen die Krieger mit der Verfolgung der Diebe. Allen weit voraus eilte Südwind dahin, und als er die nach Norden hastenden Gestalten erblickte, fegte er heulend hinter ihnen her. Dicht hinter ihm kam Großer Regen. Gemeinsam fielen sie über die Räuber her, trommelten einen wahren Regen von Hieben auf sie herunter, während diese halbblind durch die Nacht stolperten. Bald blieb die alte Frau Hund zurück, denn ihre Beine wollten ihr nicht länger gehorchen. Nun gesellte sich auch Nordwind zu den anderen beiden Kriegern und nahm den Verfolgten fast den Atem. Gemeinsam mit Schnee fuhr er auf die drei Gestalten ein, die sich in diesem Toben nur noch mühsam fortbewegen konnten. Coyote glaubte bereits, daß sein Ende nahe sei; aus beiden Ohren hatte er das Feuer verloren, und sein Leib war arg zerschunden. Sogar Grauwolf wollte fast verzagen; Großer Regen und Schnee hatten auch ihm das Feuer fortgenommen. Die alte Frau Hund hielt mit einer Hand ihr Ohr fest, als aus dem anderen das Stück Feuer auf die Erde fiel und in zwei Teile zerbrach. Bevor sie es aufheben konnte, hatte Großer Regen sich der Beute bemächtigt. Zufrieden zählte er die Stücke, es waren sechs. Da gab er sich zufrieden und kehrte mit den übrigen Kriegern ins Dorf zurück.

Coyote und Grauwolf erschienen am nächsten Morgen im Dorf und berichteten von ihrem Mißgeschick. Eine ganze Weile danach kam auch die alte Frau Hund; müde, abgehetzt und halb erfroren wankte sie auf wunden Beinen in die Hütte. »Wo ist das Feuer?« fragte sie müde. »Hat denn keiner von euch das Feuer mitgebracht?« Darauf suchte sie zitternd ein paar Späne zusammen, legte vorsichtig das Stück Feuer aus ihrem Ohr darauf, und bald knisterten die hellen Flammen, als ob sie mehr Holz erbitten wollten. In kurzer Zeit war die Hütte warm.

Fische und Wildpret brachten die Dörfler, brieten ihr Essen über dem Feuer und waren erstaunt über den neuen Geschmack. Gagi, die Krähe, konnte sich nicht genug tun und betonte immer wieder: »Oh, so süß, so saftig, so gut!«

Auch die Häuptlinge der Nachbardörfer kamen, angelockt vom hellen Schein, und bestaunten das neue Feuer, das wärmte und leuchtete. Alle erbaten sie sich ein Stück davon und kehrten zufrieden zu ihren Hütten zurück. Bald hatten alle Menschen das neue Feuer, und niemand brauchte je wieder rohen Fisch und rohes Fleisch zu essen.

53. Wie zwei Mädchen ihre Liebsten besuchten

(Karuk)

Vor langer Zeit lebten einst zwei angesehene Krieger in einem Dorfe am Ufer des Klamath-Flusses. Stets waren sie unterwegs, entweder auf der Jagd oder beim Fischfang, und kaum je blieben sie länger als ein paar Tage im Dorfe. Auch waren sie oft in den Nachbardörfern zu finden, wo sie Freunde besuchten. Heimlich trafen sie sich wohl mit ihnen auf einer versteckt liegenden Waldlichtung, um Tanzschritte zu üben, denn die beiden Krieger waren ausgezeichnete Tänzer, die bei den Tanzfesten stets besonders auffielen. Beim Hirschtanz gar waren sie immer in der ersten Reihe, Vortänzer für die übrigen Männer des Dorfes. Kein Wunder, daß die Mädchen der ganzen Gegend diese beiden bewunderten, wenn es auch kein Geheimnis war, daß die beiden Krieger ihre Wahl bereits getroffen hatten.

Eines Tages geschah es, daß beide zugleich auf einem Jagdzug verunglückten. Schweigend brachten die Männer die Leichen ins Dorf zurück. Die beiden Krieger waren von einem Grizzlybären übel zugerichtet worden und wurden rasch bestattet. Am nächsten Morgen und an allen folgenden Tagen fanden sich an den Gräbern zwei Mädchen ein, weinten sich die Augen aus und glaubten vor Schmerz sterben zu müssen.

Als die beiden wieder einmal an den Gräbern saßen, erschien mit einem Male der Habicht, der der Herr des Himmels ist. Als solcher aber hatte er Gewalt über alle Länder, auch über das Land der Toten, denn auch dort gibt es einen Himmel, der über allem ist. Der Himmelsherr hatte beobachtet, wie getreulich die beiden Mädchen die Trauersitten befolgten, jeden Morgen zu den Gräbern gingen und stets Speisen und Wasser aufstellten für die Toten. Daher sprach er zu ihnen: »Laßt das Trauern, denn ich weiß, wo eure Liebsten sind. Da ihr alle Gebräuche genau befolgt habt, will ich euch zu ihnen führen, damit die Menschen lernen, daß auch die Toten glücklich zu sein vermögen.«

Die beiden Mädchen waren so erstaunt, daß sie sogar das Weinen vergaßen. »Weit ist die Reise«, ließ sich der Himmelshabicht wiederum vernehmen, »und drei Dinge braucht ihr dazu. Zuerst müßt ihr jeder zehn Baströcke machen, denn der Weg ins Land der Toten ist weit und beschwerlich. Dann müßt ihr Markknochen vom Hirsch mitnehmen, damit ihr euch unterwegs mit Fett einreiben könnt, denn heiß brennt die Sonne auf dem Wege ins Schattenreich. Und drittens müßt ihr schweigen können, denn niemand darf erfahren, wohin ihr wollt.«

Nah lag das Dorf, und schnell waren Baströcke und Markknochen besorgt; danach begann die Reise ins Land der Abgeschiedenen. Unwegsam und voller Dornen war das Land; ein Rock nach dem anderen blieb zerfetzt an den Sträuchern hängen. Und die Sonne brannte heiß, obgleich sich die Mädchen immer wieder mit dem fetten Mark der Hirschknochen einrieben. Endlich sprach der Habicht zu seinen Begleiterinnen: »Wir sind angelangt. Gleich werdet ihr eure Freunde sehen, ganz so, wie sie vordem waren, als sie noch bei euch lebten. Hier tun die Toten die gleichen Dinge, die sie im Leben auch getan haben, denn die Menschen wollen das Gewohnte, um glücklich zu sein.«

Mittlerweile war es dunkel geworden, und bald kamen die drei an ein Dorf, in dem man gerade den Hirschtanz zelebrierte. Wie erstaunt aber waren die beiden Mädchen, als sie in den Vortänzern ihre beiden Liebsten erkannten! Freudig gingen sie auf die Tänzer zu, aber als sie sie berühren wollten, waren diese mit einem Male verschwunden. Immer wieder versuchten sie, den beiden Kriegern nahe zu kommen, aber jedesmal, wenn sie die Hand ausstreckten, griffen sie in die Luft.

Der Himmelshabicht, der sie beobachtet hatte, sprach: »Ich lasse euch jetzt allein, doch werde ich zurückkehren, um euch zurückzuführen ins Land der Menschen, denn eure Zeit ist noch nicht gekommen. Dies ist das Land der Toten, in dem ihr Gäste seid. Ihr allein habt euren Körper, daher wundert euch nicht, daß die übrigen Bewohner nur Schemen sind, deren Körper in den Grabkisten ruhen.« Gleich darauf mischte er sich unter die Tanzenden, tauchte noch einmal wieder für einen Augenblick unter der Menge auf und blieb dann unsichtbar.

Als die Nacht zum Morgen wurde, erschien der Himmelshabicht wiederum, um die Mädchen zurück zum Lande der Menschen zu bringen. Doch die Mädchen wollten bleiben und weigerten sich zurückzukehren. Da sprachen die beiden jungen Krieger: »Dies ist nicht euer Land, sondern das der Toten. Ihr aber seid noch nicht gestorben, denn auch bei allem Herzeleid und bei aller Trauer stirbt der Mensch nicht. Kehrt zurück und erwartet in Geduld eure Zeit. Danach werden wir wieder beieinander sein dürfen. Als Zeichen dessen, daß ihr hier gewesen seid, nehmt von diesem Lachsfleisch. Wenn im Dorfe jemand gestorben ist, gebt ihm davon zu essen. Sogleich wird er aufstehen und weiterleben.«

Als die beiden Mädchen ins Dorf zurückkehrten, staunten die Bewohner sie mit großen Augen an, und auch die Mädchen waren erstaunt, als sie hörten, daß sie ein ganzes Jahr fortgewesen. Seit diesem Besuch im Totenlande hatten die Menschen nun ein Mittel, die Toten wieder zum Leben zu erwecken. Jedesmal, wenn jemand gestorben war, gab man ihm ein kleines Stück von jenem Lachsfleisch zu essen, das die beiden Mädchen aus dem Lande der Abgeschiedenen mitgebracht hatten. Lange Zeit brauchte niemand zu sterben und niemand zu trauern, aber schließlich war auch der letzte

Brocken dieser Gabe aufgebraucht. Von dieser Zeit an begannen die Menschen wieder zu sterben und zu trauern. Das Erlebnis der beiden Mädchen aber blieb unvergessen; noch heute sagen die Karuk-Indianer: »So sehr man auch über den Verlust eines lieben Toten trauern mag, sterben kann man davon nicht.«

54. Wie die Sonne gestohlen wurde

(Yellow Knives)

Vor vielen, vielen Jahren, lange, bevor es an den Ufern des Großen Sklavensees Menschen gab, lebten alle Tiere friedlich zusammen, halfen einander und redeten eine gemeinsame Sprache. Damals gab es überall genug zu essen, und niemand brauchte Not zu leiden. In einem Winter jedoch blieb der Schnee länger als gewöhnlich liegen. Die Sonne wollte und wollte sich nicht sehen lassen, und in großen Flocken fiel das Schweigen vom Himmel. Bald deckte der Schnee die ganze Erde zu, und die hohen Tannen hatten Mühe, sich gegen den brausenden Sturm zu behaupten. Es gab so viel Schnee, daß selbst die höchsten Spitzen der Bäume unter der weißen Last begraben waren. Der Frühling ließ auf sich warten, und die Sonne schien gestorben zu sein, denn monatelang herrschte völlige Dunkelheit. Die Tiere hatten große Not zu leiden, und viele von ihnen verhungerten oder verirrten sich im Schnee, wo sie jämmerlich erfroren. Da beschlossen die Überlebenden, eine Abordnung in den Himmel zu schicken, die nachsehen sollte, wohin die Sonne wohl verschwunden war.

Mühsam stapften die Tiere nach Norden, denn dort, wo am Himmelseingang die Geister der Verstorbenen zu tanzen pflegten, daß der ganze Himmel leuchtete, dort mußte auch für sie ein Weg sein. Nach langer Suche fanden sie schließlich den Eingang zur oberen Welt und befanden sich bald darauf in einem Lande voller Sonnenschein und Wärme. Gras und Blumen gab es dort, und freundlich spiegelte sich die Sonne im Wasser eines Sees. Am Ufer aber stand das Zelt des Schwarzen Bären, eines Tieres, das damals auf der Erde noch unbekannt war.

Neugierig traten die Tiere näher, betrachteten das Lederzelt aus Rentierhäuten und fanden so drei kleine Schwarzbären, die ängstlich in einer Ecke saßen. Der alte Bär jedoch war nicht daheim, sondern zum See gegangen, um Rentiere zu erlegen. Dies war die Zeit der großen Wanderung, und täglich schwammen die Herden der Karibus über den See, dort, wo sich die beiden Ufer fast berührten. Eigentlich hatte der Schwarze Bär die Aufgabe, den Eingang zur Oberwelt zu bewachen und ungebetene Gäste zu verscheuchen, aber manchmal ging eben der Jagdeifer mit ihm durch. Die drei kleinen Bären hatte er daheim gelassen, damit sie die heiligen Medizinbeutel im Zelt bewachen sollten, in denen ein großer Zauber verborgen war. Die Tiere wunderten sich, was wohl in den Beuteln sein mochte, aber die Bärlein blieben stumm, und selbst der Elch traute sich nicht, sie einfach aufzumachen und nachzuschauen.

Als die Tiere merkten, daß es ihren Brüdern, den Karibus, ans Leben gehen sollte, hatten sie großes Mitleid. Rasch sandten sie die Maus hinunter ans Ufer, damit sie die Paddel im Kanu des Bären zernagen sollte. Sogleich machte sich diese an die Arbeit, aber sie hatte kaum richtig begonnen, als der Schwarze Bär erschien, um auf die Jagd zu gehen. Mit mächtigen Schlägen paddelte er auf den See hinaus, ängstlich drängten sich die Rentiere zusammen, als sie den Jäger nahen sahen, und enttäuscht standen die Tiere am Ufer. Mit einem Male, als sich der Jäger mitten auf dem See befand, zerbrach das angenagte Paddel in seiner Hand, das Kanu kenterte, und der Schwarze Bär verschwand im Wasser.

Die Tiere hatten alles mit angesehen und machten sich sogleich über die heiligen Medizinbeutel her, um sie zu öffnen. Da fanden sie die Sonne, den Mond und die Sterne, die von der Erde verschwunden waren! Rasch warfen sie diese Beute hinunter auf die Welt, wo der Schnee sogleich zu schmelzen begann, als die Sonne plötzlich wieder schien.

Anschließend machte sich die Abordnung auf den beschwerlichen Rückweg, der allerdings nicht ohne Unfälle abging. Bison, seit jeher ein ungeschickter Geselle, der zudem noch äußerst kurzsichtig war, trat dem Biber aus Versehen auf den Schwanz. Das Blut spritzte über die Wildkatze, die neben dem Biber ging. Seit dieser Zeit hat die Wildkatze dunkle Streifen auf ihrem Fell, während der Biber mit einem platten Schwanz durchs Leben gehen muß. Der Elch stolperte über seine eigenen Beine und fiel auf die Nase; noch heute ist sie davon krumm und geschwollen. Die drei kleinen Bären aber folgten den übrigen Tieren aus reiner Neugierde.

Am Ende erreichten die Tiere die Erde; aber wie erstaunt waren sie, als sie nur eine riesige Wasserfläche vor sich sahen, aus der auch nicht ein einziger Baum ragte. Weit und breit war kein Land zu sehen, und niemand wußte sich einen Rat. Schließlich entdeckten die Fische, die bisher brav auf dem Lande gelebt hatten, daß sie schwimmen konnten. So nahmen sie ihre Gefährten auf den Rücken und schwammen davon, trockenes Land zu suchen. Die Enten aber bemühten sich vergeblich, das Land an die Oberfläche zu ziehen; ein Unterfangen, das sie seitdem noch nicht ganz aufgegeben haben, denn jedesmal, wenn sie im Wasser sind, versuchen sie es von neuem.

Als die Fische müde wurden, schickte man die Vögel aus, um nach dem Lande Umschau zu halten. Ein sehr bunter Vogel, der sich auf sein Gefieder viel einbildete, war der Rabe. Er war ebenfalls auf die Suche gegangen. Aber statt sich anzustrengen, fand er einen alten Knochen, den er abzunagen begann. Zur Strafe wurde er ganz schwarz und verlor zu allem Überfluß auch noch seine schöne Stimme. Obgleich er bisher nur Körner und Beeren gefressen hatte, darf er nun nichts wie Abfälle verzehren und muß von dem leben, was andere fortwerfen.

Nach langer Suche fand das Schneehuhn schließlich trockenes Land, und zur Belohnung darf es seit dieser Zeit zwei Kleider tragen, ein weißes im Winter und ein braunes im Sommer. Alle Tiere machten sich auf, um sich ein trockenes Plätzchen zu suchen, und als sie an Land stiegen, wurden sie von den Zurückgebliebenen freudig begrüßt. Langsam verlief sich das Wasser, aber das alte Leben wollte sich nicht wieder einstellen. Jedes Tier zog in eine Gegend, die ihm besonders gefiel. Die Fische blieben im Wasser, die Hirsche zogen in die Wälder, der Biber, der sich seines platten Schwanzes wegen nicht mehr in der Gesellschaft anderer wohlfühlte, ließ sich mitten im See nieder, wo ihn niemand besuchen konnte. Die Vögel flogen in alle Richtungen, und der Elch zog in den Sumpf, um seine Nase zu kühlen. Langsam vergaßen die Tiere ihre gemeinsame Sprache. Lange Zeit danach sind dann die ersten Menschen ins Land gekommen.

55. Das wunderbare steinerne Kanu

(Chippewyan)

Es geschah einmal, daß ein junges Mädchen gerade an dem Tage starb, an dem sie einen jungen Krieger des Stammes heiraten sollte. Der Mann hatte den ganzen Sommer hindurch um sie geworben, und es war ausgemacht, daß sie beim ersten Schnee Mann und Frau werden sollten. Als er von ihrem Tode erfuhr, war er untröstlich, und nichts konnte ihn aus seiner Schwermut reißen. Jeden Tag begab er sich an die Stelle, wo die alten Frauen der Sippe den Leichnam seiner Braut bestattet hatten. Selbst seine Freunde konnten ihn nicht bewegen, statt dessen auf die Jagd zu gehen oder gar mit ihnen auf den Kriegspfad zu ziehen. Sein Herz war wie abgestorben, weder Pfeil und Bogen noch Tomahawk interessierten ihn mehr. Da erinnerte er sich schließlich der alten Legende des Stammes; irgendwo tief im Walde sollte es einen Pfad geben, der in das Land der Toten führte. Sogleich beschloß er, diesen Pfad zu suchen.

Schon am nächsten Morgen machte er sich auf den Weg. Zunächst wußte er nicht, wohin er sich wenden sollte, aber dann wanderte er nach Süden, wo der Überlieferung nach das Land der Toten liegen mußte. Lange wanderte er durch den verschneiten Wald, ohne irgendwelche Veränderungen zu bemerken; alles sah genauso aus wie bei ihm daheim. Wälder, Hügel, Täler und Bäche waren mit einer dicken Schneeschicht bedeckt, die das Vorwärtskommen erschwerte. Schließlich jedoch hörte der Schnee auf, und die Landschaft sah freundlicher aus; überall regten sich die Vögel, Blumen blühten, und dicke Knospen zeigten an, daß der Frühling angekommen war. Endgültig hatte der Krieger den Winter hinter sich gelassen. Warm war die Luft, und die Sonne spielte auf dem Pfade, auf dem er seit einiger Zeit dahinzog. Nun war er gewiß, daß er sich auf dem richtigen Wege befand, denn im Lande der Toten sollte ewiger Sommer herrschen.

Gerade hatte er einen lichten Bestand von Zuckerahorn durchwandert, als er auf der Anhöhe vor sich einen Wigwam gewahrte. Neben der Rindenhütte aber stand ein alter Mann mit langem Haar, einen Bogen in der Hand. Freundlich begrüßte ihn der junge Chippewyan und hob zum Zeichen der Freundschaft die Rechte, um anzudeuten, daß er keine Waffe darin trug.

Der Alte forderte ihn auf einzutreten. Als beide am Feuer saßen, begann der junge Krieger seine Geschichte zu erzählen. Doch der alte Häuptling, denn um einen solchen mußte es sich der Kleidung nach handeln, unterbrach seinen Gast:

»Ich habe dich erwartet, denn die, die du suchst, ist vor ein paar Tagen hier vorbeigezogen. Da sie von der langen

Reise erschöpft war, hat sie einige Zeit bei mir gerastet. Doch dann mußte sie weiter und konnte nicht auf dich warten. Sei mein Gast, ich will dir alle Fragen beantworten und dir für den weiteren Weg Ratschläge geben. Jenseits der Höhe beginnt das Land der Seelen, und mein Wigwam steht an der Grenze zwischen Diesseits und Jenseits. Wenn du morgen weiterziehst, mußt du deinen Körper bei mir zurücklassen, genau wie deinen Bogen und deinen Hund. Ich werde alles aufbewahren bis zu deiner Rückkehr, denn du wirst zurückkehren ins Land der Menschen.«

Am nächsten Morgen machte sich der junge Krieger wieder auf den Weg, aber die Welt war seltsam geworden. Obwohl alles sein natürliches Aussehen behalten hatte, fühlte sich der junge Mann seltsam unbeschwert. Reich war das Land an Wild, Vögel sangen in den Büschen, Hirsche zogen zur Tränke, und auf den Lichtungen balzten wilde Truthähne. Beeren und Früchte gab es im Überfluß. Mit erstaunten Augen besah sich der Krieger dies Geisterreich, selbst durch die dicksten Bäume vermochte er mit Leichtigkeit hindurchzuwandern, ohne sie auch nur zu spüren.

Mittags kam er an das Ufer eines weiten blauen Sees. In der Ferne lag eine große Insel, die leuchtend über dem Wasser stand. Am Ufer jedoch schaukelte ein weißes Kanu, das ganz aus Stein bestand, aber seltsamerweise doch auf dem Wasser schwamm. Im Boot lagen zwei Paddel, weiß und glänzend. Da besann er sich nicht lange, sondern bestieg das Kanu, nahm ein Paddel zur Hand und stieß vom Ufer ab. Mit einem Male sah er ein zweites Kanu auf dem Wasser und darin das Mädchen, das er so lange gesucht hatte. Bald trafen sich die Boote auf dem See, dessen Wellen immer wieder über den beiden Booten zusammenzuschlagen drohten. Aber seltsam, sobald sich eine große Welle näherte, schossen die beiden Kanus durch sie hindurch, als ob sie Luft sei. Klar und durchsichtig wie Bergkristall war das Wasser. Auf dem Seegrunde aber lagen die Knochen vieler Menschen, die bei der Fahrt über das Wasser umgekommen waren. Ganze Haufen lagen dort beisammen, und stellenweise verschwand der weiße Sand unter ihnen. Der Krieger und das Mädchen hatten große Angst, aber wie durch ein Wunder geschah ihnen nichts. Unbeschadet landeten sie auf jener Insel, denn der Große Geist hatte beschlossen, diese beiden Menschen ungehindert über den See zu lassen.

Die Insel war ein Wunderland, wo stets die Sonne schien und niemand zu hungern brauchte. Die Luft selbst genügte zum Leben, keiner der Bewohner brauchte auf die Jagd zu gehen, und auch die Tiere schienen das zu wissen und zeigten keine Scheu vor den Menschen. Niemand trauerte um die Toten, denn auf dieser Insel mußte niemand sterben. So gab es keine Kriege und keinen Streit.

Gern wäre der junge Krieger in diesem Lande geblieben, aber der Große Geist ließ sich vernehmen: »Gehe zurück zu deinem Körper und in das Land, woher du gekommen bist. Wenn deine Zeit um ist, will ich dich rufen. Die Pflichten, zu denen du geboren bist, sind noch unerfüllt. Gehe zurück zu deinem Stamm, einst wirst du unter ihnen als Häuptling leben. Der alte Häuptling, dem du deinen Körper gegeben hast, wird dir erklären, was deine Pflichten sind. Höre auf ihn, und eines Tages wirst du wieder auf dieser Insel sein. Jetzt aber mußt du die, die dich hierhergeführt hat, verlassen. Wenn du meinen Worten gehorchst, wirst du sie eines Tages wiedersehen, denn sie darf für immer hierbleiben. Sie wird stets so jung und hübsch sein wie an dem Tage, an dem ich sie aus dem Land des Schnees und des Winters abberufen habe.«

Als die Stimme des Großen Geistes schwieg, erwachte der junge Krieger und fand sich plötzlich daheim, wo es noch immer Winter war. Später soll er ein großer Häuptling geworden sein.

56. Die Reise ins Schattenreich

(Tanaina)

Am oberen Yukon wohnte vor vielen Jahren einmal eine Familie mit mehreren Kindern, von denen eines eine Tochter war. Die Brüder verwöhnten die Schwester sehr und wetteiferten miteinander, ihr einen Gefallen zu tun. Die besten Felle, die sie erbeutet hatten, gehörten ihr. Als es Zeit wurde zur jährlichen Wanderung zu den Jagdgründen in der Tundra, bauten die Brüder einen besonders leichten Schlitten für ihre Schwester. Dennoch blieb das Mädchen hinter den anderen zurück. So sehr sie sich auch mühte, sie konnte ihre Familie nicht einholen.

Als sie wieder einmal Ausschau hielt, bemerkte sie neben dem Wege zwei Männer. Beide sahen ganz anders aus als ihre Brüder; ihre Gesichter waren schemenhaft, und ihre Gestalten schienen nur aus Schatten zu bestehen. Als sie versuchte, an den beiden vorbeizukommen, fühlte sie sich ergriffen und verlor das Bewußtsein.

Vor dem Eingang zu einer Hütte kam sie wieder zu sich, und die beiden schattenhaften Begleiter bedeuteten ihr einzutreten. Ganz hinten in der Hütte sei ihr Platz, dort solle sie sich niedersetzen. Zögernd betrat das Mädchen die Hütte, konnte aber in der Dunkelheit nichts erkennen. Nur ganz hoch oben sah sie ein Fünkchen Licht, kaum größer als ein Nadelöhr. Wie gebannt blieb sie stehen und starrte in die Höhe, bis sie schließlich die Stimme einer alten Frau vernahm: »Warum hat man das Mädchen hierhergebracht?« Und eine zweite Stimme antwortete: »Nun, da sie schon einmal hier ist, fang etwas mit ihr an!« Dann kam die Alte hüstelnd näher. Das Mädchen merkte, wie die alte Frau sie mit einem Stocke berührte und allerlei seltsame Zeichen auf ihren Körper schrieb.

Sogleich wurde es hell, und sie befand sich in einem Raume,

der dicht gedrängt voller Frauen war. Nur an einer Stelle schien noch ein Plätzchen frei zu sein. Beschämt begab sie sich dorthin, denn sie wußte wohl, wie ungehörig es war, in Gegenwart so vieler Menschen dort zu stehen und an die Decke zu starren. Kurz darauf kamen auch die beiden Männer herein und setzten sich schweigend ans Feuer.

Als die Zeit zur Abendmahlzeit gekommen war, erhob sich ein solcher Gestank im Raume, daß das Mädchen kaum zu atmen wagte. Von Zeit zu Zeit steckte sie ihren Kopf unter die Felljacke und holte tief Luft, denn auf diese Weise war der üble Geruch nicht ganz so betäubend. Der ganze Raum schien angefüllt mit blassen, schattenhaften Gestalten, von denen viele erst sichtbar wurden, wenn sie in unmittelbare Nähe gekommen waren. Das Mädchen beobachtete das Feuer und wunderte sich, warum wohl die Holzstücke von allein immer näher an die Flammen rückten. Schließlich stand sie auf und begann das Feuer zu schüren, daß die Flammen hochschlugen und den ganzen Raum beleuchteten. Da aber hörte sie eine Stimme schreien: »Du verbrennst mich! Du verbrennst mich!« Als sie sich umsah, gewahrte sie einen alten Mann, der unsichtbar am Feuer gesessen hatte, um sich den Rücken zu wärmen. Nun begriff sie, warum das Brennholz scheinbar selbständig zum Feuer wanderte, denn bei genauem Hinsehen wurden die Schatten der tanzenden Flammen zu Frauen, die sich Feuerbrände holten, um ihre eigenen Kochfeuer zu entzünden. Erstaunt trat sie vor die Hütte, neugierig, wohin diese Schatten wohl verschwänden. Da sah sie, daß sie in einer großen Siedlung war; überall standen Hütten, in denen Schatten ihrer Arbeit nachgingen, kochten und brieten. Über allem lag der gleiche Verwesungsgeruch von verdorbenem Fisch und faulendem Fleisch. Die ganze gespenstische Siedlung war erfüllt von diesem Geruch des Todes und der Verwesung.

Die beiden Männer, die das Mädchen an diesen Ort gebracht hatten, boten ihr Fisch an, aber sie vermochte keinen

Bissen anzurühren, denn auch der Fisch in der Schale roch, als ob er monatelang am Ufer gelegen hätte. So blieb sie ohne Nahrung, und auch in den nächsten Tagen erging es ihr nicht anders. Am Ende fühlte sie sich so schwach, daß sie kaum noch gehen konnte, doch von dem stinkenden Fisch wollte sie keinen Bissen über ihre Lippen bringen. Als sie glaubte, vor Erschöpfung sterben zu müssen, wünschte sie sich nichts sehnlicher als einen Trunk Wasser. Unbewußt sah sie sich um und gewahrte eine Schale mit frischem Wasser und eine zweite mit Fisch und Beeren! Heißhungrig aß und trank sie. Speise und Getränk erinnerten sie an ihre Eltern, denn genau solche Mahlzeit hatte die Mutter oft bereitet. Mehrere Male wiederholte sich dieser Vorgang; jedesmal, wenn sie fast vor Durst und Hunger glaubte vergehen zu müssen, fand sie plötzlich zwei Schalen neben sich, deren Inhalt sie an die Eltern erinnerte. Das hatte seinen guten Grund, denn Wasser und Essen waren von ihrer eigenen Mutter für sie geopfert worden. Die Eltern hatten nämlich alle Hoffnung aufgegeben, ihre Tochter je im Leben wiederzusehen; so stellten sie von Zeit zu Zeit Speise und Trank beiseite, damit das Mädchen im Totenreich nicht Mangel leiden sollte.

Eines Tages rüstete sich die ganze Siedlung zum Aufbruch. Das Mädchen fragte die alte Frau, die sie zu Beginn begrüßt hatte, wohin denn die Reise gehen sollte. Da erklärte diese: »Wir ziehen an einen Ort, an den du uns nicht folgen kannst. Unterwegs werden wir alle über einen Hügel wandern, du aber wirst nicht auf die andere Seite gehen können. Folgst du meinem Rat, so kehrst du eines Tages unversehrt zu den Deinen zurück. Nutze die Zeit und fertige so viele Kleidungsstücke wie möglich an. Verstecke alles in einem Lederbeutel und zeige niemandem auch nur ein Stück davon. Besonders die beiden Männer, die dich hierhergebracht haben, dürfen nichts davon merken. Sie warten nur auf eine Gelegenheit, dich ganz zu einem Schatten zu machen.«

Als bald darauf ein endloser Zug von schemenhaften Wesen

das große Dorf verließ, zog das Mädchen mit ihnen. Bald aber blieb sie mit der alten Frau hinter dem Zuge zurück. Lang und mühsam war der Weg, endlich kamen sie an eine von Felsen übersäte Hügelkette, die den Weg versperrte. Ohne Mühe waren die Schattenwesen über die Felsbrocken gewandert, doch das Mädchen sah sich außerstande, ein solches Hindernis zu überwinden. Wie angewurzelt blieb sie stehen und vermochte auch nicht einen Fuß zu rühren. Da sprach die Alte: »Hier trennen sich unsere Wege, denn kein Sterblicher kann diesen Hügel überqueren. Du mußt zurückgehen, und wenn du auf mich hörst, wirst du wohlbehalten in deinem Dorfe ankommen. Verstecke dich, denn wenn die beiden Männer merken, daß du fehlst, kommen sie zurück und suchen nach dir.« Und sogleich begann die Alte im Schnee ein Loch zu scharren. Als dieses groß genug war, befahl sie dem Mädchen, sich hineinzulegen. Dann häufte sie Schnee über die Gestalt, lief ein paarmal darüber hin, um die Stelle zu verwischen, und warnte zum Abschied: »Bleib dort unten vier Tage und vier Nächte, dann kehre um. Denn keiner von uns darf länger als vier Tage an dieser Stelle bleiben.« Danach wurde es still, und nur das leise Singen des treibenden Schnees war in der Einsamkeit vernehmbar.

Nicht lange danach hörte das Mädchen in seinem Versteck Schritte und gleich darauf die Stimmen der beiden Männer, die nach ihr suchten. Verstört und ungeduldig wartete sie vier Tage und vier Nächte in ihrem Versteck, dann stand sie benommen auf und machte sich auf den Rückweg. Nach einer Weile kam sie an einen Fluß, dem sie folgte. So sehr sie sich mühte, sie fing nur Fische, die genauso übel rochen wie jene im Dorf. Schon wollte sie ihren Mut sinken lassen, als sie eines Nachts bemerkte, daß das Treibeis vom Fluß verschwunden war. Rasch eilte sie ans Ufer und sah dort zu ihrem Erstaunen einen riesigen Baumstamm liegen. Noch nie hatte sie einen so mächtigen Stamm gesehen. Sogleich holte sie ihren Lederbeutel und richtete sich zwischen den Ästen ein, denn dort schien es ihr sicherer zu sein als am Ufer. Kaum graute der Morgen, als der Stamm zu treiben begann; immer schneller riß die Strömung ihn mit sich fort, und bald schoß er mitten im Flusse dahin.

Aus der Ferne ertönte Singen und ein Klang von Trommeln, und bald sah sie auch das Dorf am Ufer. Zwei Männer in Booten steuerten auf den treibenden Stamm zu. Als diese nahe herangekommen waren, bemerkte das Mädchen, daß sie Schatten waren. Hastig öffnete sie den Lederbeutel und gab jedem von ihnen ein Kleidungsstück. Da kehrten die Männer um, ohne sich weiter um sie zu kümmern. Den ganzen Sommer trieb sie auf dem Flusse, und jedesmal, wenn sie auf Schatten stieß, gab sie ihnen von ihren Kleidern. Dann wurde es Herbst, und eines Morgens lag der Stamm am Ufer. Zu Fuß folgte das Mädchen dem Flusse, immer auf der Suche nach dem Dorfe der Eltern. Schließlich sah sie ein Kanu, das den Fluß hinaufkam. Beim Näherkommen bemerkte sie, daß der einsame Mann im alten, zerbrochenen Kanu ihr Vater war! Aber so sehr sie auch rief und winkte, der Vater schien sie nicht zu bemerken, sondern paddelte, ohne nach rechts oder links zu sehen, den Fluß hinauf.

Weiter zog das Mädchen den Fluß hinunter; als der Herbst zum Winter wurde, fand sie sich eines Morgens in einen Vogel verwandelt, wie man ihn in diesen Gegenden noch nie gesehen hatte. Aber immer weiter zog sie flußabwärts. Kam sie aber an ein Dorf, so setzte sie sich wohl auf eine Hütte und begann zu singen. Dann wunderten sich die Bewohner, daß der Vogel den Namen eines Mädchens erwähnt hatte, das vor über einem Jahr in der Tundra verschwunden war, während die Eltern in einem der Dörfer am Flusse noch immer trauerten. So erreichte sie endlich das Dorf ihrer Brüder.

Dort nahm sie ihre wirkliche Gestalt an, ging in die Hütte ihrer Eltern und sah dort die Mutter am Feuer sitzen. Keiner der Brüder war daheim, und auch die Mutter schien die Tochter nicht zu sehen. Da ging sie auf die Mutter zu, setzte sich auf ihren Schoß und schlang die Arme um ihren Hals. Die alte Frau hörte zu weinen auf und sagte: »Was ist geschehen? Mein Schoß ist schwer, und meine Wangen fühlen Küsse!« Sooft das Mädchen die Mutter ansprach, die alte Frau schien ihre Tochter weder zu sehen noch zu hören. Verzweifelt sah sich das Mädchen im Hause um; da gewahrte sie in einer Ecke eine Schale mit Fischrogen, wie die Medizinmänner ihn in ihren Riten gebrauchen. Sogleich nahm sie davon, rieb sich damit den Körper ein, und mit einem Male erkannte die Mutter ihre totgeglaubte Tochter! Sprachlos vor Staunen sah sie das Mädchen an und konnte sich nicht erklären, woher die Vermißte so plötzlich gekommen war.

Die Tochter berichtete der Mutter, wo sie gewesen und wie sie wieder zu ihrem Dorfe gefunden. Auch die Begegnung mit dem Vater vergaß sie nicht. Da sagte die Mutter: »Dein Vater ist im Frühjahr gestorben, und wir haben das alte Kanu auf sein Grab getan.« Dann berichtete sie, daß die Brüder im Gemeinschaftshause versammelt seien, um für die Schwester das Totenfest zu halten und die Geschenke zu verteilen. Sogleich nahm das Mädchen eine große Felldecke, wickelte sich ganz hinein und folgte der Mutter ins Festhaus.

Das ganze Dorf schien dort versammelt, und niemand bemerkte das Mädchen, das sich schweigend in eine Ecke setzte. Ihre Brüder standen dort vor einem Haufen Fellkleider, die zu Ehren der verstorbenen Schwester an die Gäste verteilt werden sollten. Doch bevor noch die Brüder damit beginnen konnten, stand die Schwester plötzlich auf, warf die Decke ab und lief mitten unter die Trauergäste! Da erkannten die Brüder die Totgeglaubte, und wieder mußte die Schwester von ihrer Reise ins Schattenreich berichten.

Seit dieser Zeit sehen die Indianer darauf, daß bei jeder Mahlzeit ein Teil des Essens für die Verstorbenen beiseite gestellt wird, damit niemand in der Schattenwelt zu hungern braucht. Auch die Totenfeier wird für jeden Verstorbenen noch heute abgehalten. Als aber die Weißen in immer größerer Zahl ins Land kamen und den alten Bewohnern das Leben sauer machten, da sagten diese: »Das müssen die zahllosen Leute des Schattenreiches sein, die auf die Erde zurückgekehrt sind.«

57. Sonne und Mond

(Tanaina)

Als die Welt noch so jung war, daß Sonne und Mond noch nicht am Himmel standen, lebten einmal fünf Geschwister in einem Dorfe am Ufer des Yukon-Flusses. Die vier Brüder sorgten für ihre Schwester, so gut sie nur konnten, denn die Eltern waren schon lange tot, und die übrigen Bewohner hatten sich nie sonderlich um die fünf Waisen gekümmert. Als das Mädchen herangewachsen war, kamen von überall fremde Männer, um sie als Frau zu sich zu nehmen. Doch das Mädchen wies alle Freier ab, denn sie wollte sich nicht von ihren Brüdern trennen. Aber einige Zeit danach heiratete der älteste Bruder und bezog mit seiner Frau eine Hütte am anderen Ufer. Der zweite Bruder gar heiratete ein Mädchen aus einem weit entfernten Dorfe und zog zu seinen Schwiegereltern, wie es in jenem Dorfe Sitte war. Auch der dritte Bruder hatte nach einer Weile sein Mädchen gefunden und verließ die elterliche Hütte. Der jüngste Bruder aber zog ins Männerhaus, wo er mehr Gesellschaft hatte. Schließlich war das Mädchen ganz allein, und auch die Freier blieben aus, denn von den Burschen im Dorfe war in allen Nachbardörfern die Kunde verbreitet worden, daß jeder Freier abgewiesen wurde.

Lange Zeit blieb das Mädchen allein. Eines Nachts jedoch wachte sie mit einem Male davon auf, daß jemand ihr Gesicht streichelte. Verwundert richtete sie sich auf, konnte aber bei der Dunkelheit nichts erkennen. In der nächsten Nacht ereignete sich der gleiche Vorgang, wieder streichelte jemand ihr Gesicht und liebkoste ihren Körper. Da war das Mädchen überzeugt, daß sie einen geheimen Liebhaber hatte, der sie jede Nacht besuchte. Aber so sehr sie sich auch mühte, sie konnte nicht herausfinden, wer der nächtliche Besucher sein mochte. Da sich der geheime Freier nicht selbst zu erkennen geben wollte, beschloß das Mädchen schließlich, eine List anzuwenden.

Als der schweigsame Liebhaber sich wiederum bei ihr einstellte, band sie ihm eine Feder ins Haar. Am nächsten Morgen wollte sie dann genau achtgeben, wer von den Männern im Dorfe ihr Zeichen trüge.

Ganz früh stand sie auf, stellte sich vor die Hütte und beobachtete die Eingänge zu den übrigen Hütten. Bald kamen die Bewohner zum Vorschein, reckten sich nach der langen Nacht und begannen mit der Tagesarbeit. Aber keiner der Männer hatte eine Feder im Haar. Mit einem Male erschrak das Mädchen, flüchtete zurück in ihre Hütte und begann zu weinen, denn sie hatte ihren Liebhaber erkannt: er war niemand anderes als ihr eigener Bruder!

Voll Zorn über diese Schmach begann sie ihre Sachen zusammenzupacken. Ihre besten Fellkleider zog sie hervor, reinigte sich gründlich und begann sich für die lange Reise anzukleiden. Nicht länger wollte sie im Dorfe bleiben. Als sie bereit war, schnitt sie sich die Brüste ab, legte sie in die Eßschüssel ihres Bruders und bedeckte die Schüssel mit einem Stück Leder. Als sie dem Bruder kurz darauf die Schüssel reichte, sprach sie: »Von nun an sollen Krankheiten die Menschen heimsuchen. Ich aber will dich verlassen und dich niemals wiedersehen. Zum Abschied lasse ich dir das, wonach du begehrt hast.« Damit eilte sie aus dem Dorfe.

Der Bruder stand wie erschlagen, als er den Inhalt der Schüssel sah. Sogleich eilte er ins Männerhaus, um sich zur Reise anzuziehen, denn auch er wollte nicht länger im Dorfe bleiben. Als er aus der Hütte trat, sah er dort, wo die Schwester verschwunden war, die Sonne aufgehen. Da eilte er nach der entgegengesetzten Seite davon, um sich in der Dunkelheit zu verkriechen. Niemand sollte seine Schande sehen. So wurde er zum Mond, der sich nur hervortraut, wenn die Sonne nicht am Himmel steht. Bei den Menschen aber gilt es seit dieser Zeit als größte Schmach, die eigene Schwester heiraten zu wollen.

58. Die Karibu-Frau

(Point-Barrow-Eskimo)

Einst lebten an der Küste ein Mann und eine Frau zusammen, die sich nur schlecht vertrugen. Stets gab es Streit zwischen ihnen, und der Mann verprügelte seine Frau so oft, daß diese am Ende beschloß fortzulaufen. Als ihr Mann eines Tages wiederum auf dem Küsteneise nach Robben jagte, nahm sie ihre besten Pelzsachen und einen kleinen Beutel mit Nahrungsmitteln und machte sich auf nach den Bergen, die fern von der Küste im Dunst lagen. Dort, so dachte sie, würde sie niemand suchen, denn kein Robbenjäger traute sich weit von der Küste fort. Im Inneren des Landes sollten nämlich allerlei Zauberwesen leben, die den Menschen feindlich gesonnen waren.

Tagelang wanderte die Frau allein durch die Tundra, und da der Winter nicht weit war, fand sie wenig zu essen. Ein paar Beeren hier, eine Wurzel dort, ein paar unvorsichtige Mäuse und Vögel waren alles; wenn sie ihren Vorratsbeutel nicht gehabt hätte, wäre sie elend verhungert. Doch als die Vorräte verzehrt waren, wurde sie immer schwächer. Eines Abends legte sie sich zum Schlafen nieder, ohne am Morgen die Kraft zu haben, sich zu erheben. Kalt und steif vor Erschöpfung stand sie schließlich auf und stolperte über die öde, steinbesäte Tundra. Immer häufiger sank sie nieder, um zu rasten. Aber plötzlich fiel sie tief in die Erde hinunter, denn sie war gerade auf ein Haus gestoßen, das unter der Erde verborgen lag. Voller Verwunderung sah die Frau sich um, konnte aber niemanden in der Hütte entdecken. Nur Vorräte schien es hier zu geben, denn im Hintergrund der Behausung sah sie Trockenfleisch und Häute aufgestapelt. Obgleich die Frau großen Hunger hatte, ja vor Hunger fast ohnmächtig wurde, wollte sie dennoch nichts anrühren aus Angst, daß die Bewohner dieser unterirdischen Hütte sie deswegen wieder fortschicken würden. Weiterwandern aber konnte sie nicht mehr, obgleich ihr diese menschenleere Hütte nicht geheuer vorkam. Schließlich ergab sie sich in ihr Schicksal und dachte: ›Viel schlimmer als daheim kann mich hier auch niemand behandeln.‹

Nach einer Weile hörte sie draußen Schritte, und gleich darauf erschien eine Gestalt an der Öffnung im Dach, durch die die Frau gefallen war. »Wer ist denn hier eingebrochen?« hörte sie eine Männerstimme murmeln. »He!« rief der Mann. »Wer ist dort unten im Hause?« Und als er keine Antwort erhielt, setzte er hinzu: »Ich dulde keine Räubereien in meiner Hütte!« Dann kam der Besitzer mit großem Gepolter zum Eingang herein. Erstaunt betrachtete er die Frau, die sich ängstlich in eine Ecke drückte. »Du hast Glück, daß du kein Mann bist«, redete er sie an, »denn sonst hätte ich dich unweigerlich umgebracht.« Der Mann musterte die Frau eingehend und fuhr fort: »Iß, denn du siehst verhungert und erschöpft aus.«

Zögernd begann die Frau zu essen, während der Mann sie noch immer ansah. »Du kommst von der Küste?« fragte er endlich. Die Frau bejahte die Frage und erzählte, warum sie fortgelaufen sei. »Du kannst hierbleiben«, sagte da der Mann, »und für mich sorgen. Ich habe genug zu essen für uns beide. Schon lange suche ich nach einer Frau, die mir den Haushalt versorgt. Da du niemandem gehörst, sollst du meine Frau werden.«

So kam es, daß die Frau bei jenem Manne in der Tundra

blieb. Sie nähte ihm Fellkleider, kochte für ihn, sorgte für die Vorräte und gebar ihm schließlich zwei Söhne. Jedesmal, wenn der Mann zur Jagd auszog, warnte er sie, auf keinen Fall das unterirdische Haus zu verlassen und sich um die Reden etwaiger Besucher nicht zu kümmern. »Wenn jemand kommt, so höre nicht darauf, was geredet wird, denn schon drei Frauen habe ich durch solch Geschwätz verloren.«

Der Mann war auf der Jagd, als eines Morgens ein altes Weib in der Hütte erschien, sich niedersetzte und lang und verworren zu reden begann. Aber die Frau erinnerte sich an die Warnung und hörte nicht hin. Als die Alte fortging, verwandelte sie sich vor der Hütte plötzlich in einen Fuchs! Der zurückkehrende Jäger jedoch sah aus den Spuren im Schnee, daß die Fuchsfrau dagewesen war, bevor noch die Frau von ihrem Erlebnis berichtete. Wieder ermahnte er sie, sich nicht mit fremden Besuchern einzulassen, da dies gefährlich sei. »Natürlich kannst du keinem das Gastrecht verweigern, doch sollst du nicht auf ihre Reden achtgeben.«

Noch ein paarmal kam die Alte wieder, doch die Hausfrau kümmerte sich nicht um die Besucherin, die vor sich hinredend in einer Ecke saß. Eines Tages jedoch, als die Alte wiederum erschien, vergaß die Frau die Warnung ihres Mannes und ließ sich von der Alten den Kopf kratzen. Die Fuchsfrau benutzte die Gelegenheit, die Frau einzuschläfern und zu besprechen. Als die Hausfrau schließlich aufwachte, war die Besucherin verschwunden. Ihr Kopf schien bersten zu wollen, sie fühlte sich elend und sehnte sich nach frischer Luft. Am Ende konnte sie es nicht länger in der Hütte aushalten, sondern eilte nach draußen. Vor Schmerz griff sie sich an den Kopf und fühlte dort mit einem Male etwas, was vordem nicht dort gewesen war: zu beiden Seiten des Kopfes begannen Hörner zu sprießen! Von Angst getrieben lief sie hin und her, aber die Hörner wuchsen unaufhaltsam, und bald begann sich auch der Kopf zu verwandeln. Selbst zur Hütte konnte sie nicht mehr hinein, denn die Geweihstangen wollten nicht durch den engen Eingang. Immer weiter ging die Verwandlung, die Hörner waren mittlerweile zu einem beachtlichen Karibugeweih geworden, und auch der Körper begann sich mit Fell zu bedecken. Kurz darauf stand die Frau als Karibu da, hatte vergessen, wohin sie sich wenden sollte, und rannte voller Furcht den Bergen zu, die klar und drohend in einiger Entfernung aufragten.

Am Abend kam der Mann von der Jagd zurück und fand nur die beiden kleinen Söhne vor, die auf seine Fragen auch keine Antwort wußten. Draußen aber wurde ihm der ganze Vorgang klar, als er an den Spuren sah, daß seine Frau in einen Karibu verwandelt worden war. Plötzlich hörte die Menschenspur auf, und eine Karibufährte stand deutlich im Schnee. Da wußte er auch, daß seine Frau sich in die Berge geflüchtet hatte, denn alle Karibus wanderten um diese Zeit nach Süden.

Nachdem sich der Mann für eine lange Reise gerüstet hatte, sagte er zu seinem ältesten Sohne: »Ich will eure Mutter suchen gehen. Du aber sollst auf deinen Bruder achtgeben und für ihn sorgen, denn es ist ungewiß, wann ich wiederkomme. Vielleicht bin ich bald zurück, vielleicht kehre ich erst als alter Mann wieder, und vielleicht nicht einmal das. Nimm den Bogen dort und achte darauf, daß die Vorräte nicht ausgehen. Laß niemanden in die Hütte und rede mit keinem Menschen. Hörst du, rede mit niemandem!« Dann machte er sich auf, der Karibufährte zu folgen, die selbst im Mondlicht deutlich auszumachen war.

Tagelang wanderte der Mann über die Tundra, verlor zuweilen die Fährte, fand sie von neuem, um sie schließlich zwischen den zahllosen Fährten der großen Karibuwanderung völlig zu verlieren. Aber er gab seine Suche nicht auf. Immer weiter zog er nach Süden, den Herden nach, die der Waldgrenze zustrebten. Eines Abends kam er an eine Hütte, und als er sich vorsichtig näherschlich, hörte er eine weinerliche Kinderstimme betteln: »Mutter, erzähl mir eine Geschichte.« Doch die Mutter weigerte sich und antwortete, daß sie keine Geschichte kenne. Schließlich jedoch gab sie nach und sprach: »Nun gut, eine Geschichte will ich dir erzählen, aber nur eine einzige. Ein Mann, eine Frau und zwei Söhne lebten einmal in einer Hütte. Eines Tages vergaß die Frau die Warnung ihres Mannes, hörte auf die Fuchsfrau und wurde in einen Karibu verwandelt . . .«

Der Mann, der draußen gelauscht hatte, konnte sich nicht länger beherrschen und rief: »Das ist meine Geschichte! Wo ist meine Frau, denn du mußt wissen, wo sie ist!« Und sogleich stürzte er in die Hütte. Die erstaunte Erzählerin sah ihn erschrocken an und rief: »Ich hatte keine Ahnung, daß uns jemand belauscht, sonst hätte ich den Mund gehalten!« Dann lud sie den Gast zum Sitzen ein, gab ihm zu essen und fuhr fort: »Du willst wissen, wo deine Frau ist? Nun, da kann ich dir helfen. Jenseits der Berge liegt eine weite Ebene, auf der sich viele Karibus tummeln. Endlos dehnt sich das Land, und zahllos sind die Herden, die dort ungestört leben. In einer von ihnen befindet sich auch deine Frau, die in einen Karibu verwandelt wurde, weil sie auf die Fuchsfrau gehört hat. Dich hat sie vergessen und ebenso ihre Kinder. Du kannst sie leicht erkennen, denn sie ist größer und lebhafter, als diese Tiere es gewöhnlich sind. Wenn du sie verwundest, muß sie sterben, daher nimm die Bola und versuche deine Frau zu fangen.« Der Mann wunderte sich über diese seltsame Jagdmethode, denn die Wurfkugeln wurden sonst nur zur Vogeljagd verwendet, doch sah auch er keine andere Möglichkeit. »Wenn du den Karibu zu Fall gebracht hast, mußt du ihn abhäuten, ohne die Muskeln zu verletzen. Hast du auch dies vollbracht, so mache an der Bauchseite einen Einschnitt; sogleich wird deine Frau herauskommen. Sei aber vorsichtig und befolge meinen Rat. Auch darfst du dich nicht umsehen, wenn du von hier fortgehst. Wenn du weit von dieser Hütte entfernt bist, magst du hinter dich blicken, denn ich werde dir folgen und darauf achten, daß dir nichts zustößt. Wenn du deine Frau gefunden hast, nimm sie zurück zu deiner Hütte. Zum Dank für meine Hilfe verlange ich von nun an von jeder Jagdbeute ein Stück, das du auf die Seite tun sollst.«

Am nächsten Morgen machte sich der Mann auf und wanderte durch die Berge auf die Ebene, von der ihm die Frau berichtet hatte. Nach einer Weile blickte er sich um und sah, daß eine Bärin und ein Bärenjunges ihm folgten. Um sich in dieser unbekannten Gegend nicht zu verirren, errichtete er ab und zu einen kleinen Steinhaufen als Markierung. Immer, wenn der vorige hinter einer Anhöhe zu verschwinden drohte, baute er ein neues Zeichen. So fand er schließlich die Karibuherden und zwischen ihnen ein Tier, das größer war als alle anderen. Dauernd rannte es umher, sprang in langen Sätzen den wandernden Herden voraus, um sogleich wieder umzukehren.

Da wußte der Mann, daß er seine Frau gefunden hatte. Vorsichtig schlich er sich näher und paßte auf eine Gelegenheit, dies Tier von der Herde abzudrängen. Dann warf er die Bola und sah einen Augenblick später das Tier am Boden liegen. Vorsichtig begann er die Beute aus der Decke zu schlagen, ohne das Fleisch zu verletzen. Dann machte er einen kleinen Einschnitt, ganz so, wie ihm die Bärenfrau geraten hatte, und sogleich erschien seine Frau, sah ihn erstaunt an und stand ohne Kleider zitternd vor ihm!

Nachdem er ihr von seinen Fellkleidern abgegeben hatte, begannen beide den Rückweg zu ihrer Hütte, während die beiden Bären sich über den Karibu hermachten. Tagelang wanderten sie über das Land, bis sie schließlich in die Nähe ihrer Hütte gelangten. Doch plötzlich sahen sie vor sich zwei Männer, beide mit Pfeil und Bogen bewaffnet, die ihnen den Weg versperrten. »Schießt nicht!« rief der Mann, »denn ich bin euer Vater, der auszog, die Mutter zu suchen.« Doch die beiden wollten ihn nicht erkennen, sondern behaupteten, weder Vater noch Mutter zu haben. Schließlich aber erinnerten sie sich an ihre Eltern und forderten diese auf, in die Hütte zu kommen. So lange Zeit waren Vater und Mutter fortgewesen, daß selbst die Söhne sie vergessen hatten.

59. Wie der Narwal entstanden ist

(Polar-Eskimo)

Vor vielen, vielen Jahren, so erzählt man sich, lebte einst eine alte Frau mit ihren Enkelkindern ganz allein in einem sonst völlig verlassenen Dorfe. Alle Bewohner waren fortgewandert und hatten die alte Frau mit den Kindern allein zurückgelassen. Niemand war da, der sich um sie kümmerte, ihnen von der Jagdbeute abgeben oder sie beschützen konnte. Die beiden Kinder, ein Junge und ein Mädchen, waren zu jung, um zur Arbeit zu taugen, und der Junge war außerdem völlig blind. So konnte er nicht einmal zum Fischen gehen und war den andern beiden eine ewige Last.

Eines Tages geschah es, daß ein großer Bär sich zwischen die verlassenen Hütten verirrte und schließlich vor dem Eingang zu der einzigen bewohnten Behausung stehenblieb, um zu sehen, woher denn der seltsame Geruch der Menschen wohl kommen mochte. Die alte Frau rief den blinden Jungen herbei und sprach: »Da ist ein Bär vor dem Hause, versuche ihn zu erlegen. Du sollst den Bogen spannen, und ich will für dich zielen.«

Der Junge war einverstanden, denn er wußte wohl, daß nur ein Mann einen Bären erlegen durfte. Auf das Zeichen der Großmutter hin ließ er den Pfeil von der Sehne fliegen und hörte, wie dieser gleich darauf irgendwo auftraf. Da war er überzeugt, daß er den Bären getroffen hatte. Die Alte aber sagte zu ihm: »Du bist auch zu nichts zu gebrauchen; jetzt hast du ein Loch in die Hüttenwand geschossen.« Dabei zog sie das kleine Mädchen hinaus vor die Hütte und flüsterte: »Hilf mir den Bären ein Stück fortschaffen. Dein Bruder braucht nicht zu wissen, daß wir jetzt etwas zu essen haben. Er ist ja doch nur ein überflüssiger Mund, der niemals wird auf die Jagd gehen können, aber immer zu essen haben will. Wir wollen den Bären dort drüben in den Schnee legen und abhäuten. Sag deinem Bruder nichts davon.«

Nachdem die beiden die Beute mühsam an die bezeichnete Stelle geschleift hatten, machte sich die Alte daran, den Bären zu zerwirken. Das Mädchen aber ging zurück in die Hütte, legte ihren Mund an das Ohr des Bruders und flüsterte leise: »Du hast einen Bären geschossen, aber ich soll dir nichts davon erzählen, denn du sollst nichts davon zu essen haben.« Da wußte der Junge, daß die alte Frau ihn verhungern lassen wollte.

Jedesmal aber, wenn das Mädchen und die Frau aus der Hütte verschwanden, um sich draußen von der Beute eine Mahlzeit zu bereiten, band das Mädchen sich die Felljacke unten zu. Während des Essens ließ sie dann Fleischbrocken verschwinden. Obgleich die Alte sich nicht erklären konnte, woher das Kind mit einem Male einen solchen Hunger haben mochte, kam sie nie darauf, daß die Schwester dem Bruder heimlich Fleisch zusteckte.

Eines Tages sprach der Blinde zu seiner Schwester: »Führe mich hinunter ans Seeufer, denn ich will Wasser trinken.« Die Schwester nahm den Bruder bei der Hand, trat mit ihm vor die Hütte und wollte ihn zum Ufer führen, als der Junge mit einem Male sagte: »Dort am Ufer sollst du mich allein lassen und hierher zurückkehren. Auf dem Rückweg aber setze ab und zu ein paar Steinbrocken aufeinander, so wie es die Jäger tun, die in der Tundra den Karibus nachstellen. Dann werde ich den Weg nicht verfehlen.«

Die Schwester ließ den blinden Bruder am Ufer zurück und machte sich auf den Heimweg. Den Rückweg aber bezeichnete sie mit kleinen Steinhaufen, wie sie sie früher einmal gesehen hatte. Damals war sie mit den Eltern einer solchen Reihe gefolgt, die wie schweigende Wichte in der Unendlichkeit standen und den Jägern den Weg wiesen.

Der Blinde saß allein am Seeufer und lauschte über das Wasser. Da hörte er mit einem Male ein sausendes Geräusch wie von einem großen Vogel. Gleich darauf redete ihn das Tier mit menschlicher Stimme an: »Setze dich auf meinen Rücken und halte dich an meinem Halse fest. Drück aber nicht zu sehr, damit du mich nicht erwürgst. Wenn du losläßt, bist du verloren.« Der Junge bestieg den unbekannten Vogel, klammerte sich mit aller Kraft fest und gab dabei acht, den freundlichen Helfer nicht zu sehr zu belästigen. In sausender Fahrt erhob sich das Tier in die Lüfte, um darauf mitten im See tief ins Wasser zu tauchen. Lange Zeit blieb der Blinde unter Wasser, und die Luft drohte ihm auszugehen. Schon wollte er loslassen, da erinnerte er sich der Warnung und hielt fest, so gut er konnte. Endlich tauchte der Vogel wieder auf und fragte den Jungen: »Nun, wie geht es dir?« Der Junge antwortete sogleich: »Besser, als ich gedacht habe, als ich dort unten war.« Darauf tauchte der Vogel zum zweiten Male. Wieder blieben beide lange Zeit unter Wasser, und als sie schließlich auftauchten, fragte der Vogel: »Nun, wie geht es dir?« Erstaunt rief der Blinde: »Ich sehe einen Lichtschimmer!« Da tauchte der Vogel zum dritten Male. Wieder kam er an die Oberfläche und stellte seine Frage. Diesmal konnte der Junge bereits Himmel und Erde unterscheiden. Beim vierten Male jedoch war der Blinde von seiner Krankheit geheilt. Der Zaubervogel, der dem Jungen sein Augenlicht wiedergegeben hatte, setzte ihn an genau der gleichen Stelle ab, an der die Schwester ihn verlassen hatte. Beim Abschied sagte er: »Nun, da du sehend geworden bist, will ich dir helfen, ein großer Jäger zu werden. Aber du darfst niemandem sagen, wen du getroffen hast.« Damit verschwand der Vogel mit schwerem Flügelschlag über dem See.

Der Junge konnte sich kaum zurechtfinden in dieser neuen Welt des Lichtes. Staunend betrachtete er den glitzernden

Schnee, blickte in den blauen Himmel, der in der unendlichen Weite eins wurde mit der Tundra, schaute auf die sich türmenden Eisschollen am Ufer und sah gleich darauf die kleinen Steinhaufen, die sich vom Ufer fort in der Einsamkeit zu verlieren schienen. Da machte er sich auf den Weg zurück ins Dorf.

Nachdem er den Steinhaufen eine Weile gefolgt war, erblickte er plötzlich in einer Senke einige Hütten. Da wußte er, daß er das verlassene Dorf erreicht hatte. Vor einem der Häuser war ein großes Bärenfell ausgespannt. Nun war der Junge sicher, daß ihn die Alte betrogen hatte. Als er die Hütte betrat, hockte die Alte vor der Steinlampe, die zum Kochen diente. Von Walöl genährt, flackerte die Flamme unruhig im Luftzug. »Ein schönes Fell hängt draußen vor der Hütte«, begrüßte er die alte Frau. Aber diese wollte auch jetzt noch nicht mit der Wahrheit heraus und versuchte sich mit einer Lüge aus der Schlinge zu ziehen: »Oh, das ist ein altes Fell, das einer von den Männern zurückgelassen hat.« Der Junge aber wußte nur zu gut, daß sie ihn belog.

Täglich ging er nun auf die Jagd, erlegte an der Drifteiskante Robben, schoß sogar einen Bären, der die Vorratsgerüste zu plündern kam, und hatte in allem, was er anfing, Erfolg. Immer aber war die Schwester bei ihm, hielt das Ende der Harpunenleine, wie es eben ein guter Jagdgefährte tut, und erhielt als Gegenleistung einen Teil der Beute. Der Alten aber gaben die beiden auch nicht einen Brocken zur Strafe für die schlechte Behandlung. Eines Tages kamen die beiden Jäger mit einem Weißwal zurück, den der Junge vom Kajak aus erlegt hatte. Voll Neid schaute die Alte zu, wie die beiden die Beute durch den Schnee schleiften, um das Tier auf dem Vorratsgestell durchfrieren zu lassen. Da bat sie, doch auch einmal mit hinausfahren zu dürfen, denn auch sie habe großen Appetit nach Walfleisch. Der Junge willigte ein, denn schon lange hatte er sich einen Plan zurechtgemacht, um die Alte ein für allemal für ihre Tücke zu bestrafen.

Wieder fuhr er im Kajak hinaus aufs Meer, diesmal jedoch saß im Boot hinter ihm die alte Frau. Plötzlich tauchte neben ihnen eine Anzahl von Weißwalen auf. Aufgeregt rief die Alte: »Sieh dort! Solch gute Beute!« Flink warf der Junge die schwere Harpune, traf eines der Tiere und begann die Leine einzuholen. Lange wehrte sich der Wal, aber schließlich ließ er sich an die Küste schleppen, wo er aufs Eis gezogen wurde. Wiederum fuhren die beiden hinaus. Diesmal sollte die böse Alte das Ende der Harpunierleine halten, zu diesem Zwecke hatte der Junge ihr das Leinenende ans Bein gebunden, so wie es die Jäger tun. »Da kannst du sie immer finden und schnell greifen, auch wenn du Handschuhe anhast!« hatte er dabei gesagt.

Immer weiter steuerte er den Kajak hinaus aufs Meer, und bald war die Eiskante im Dunst verschwunden. Mit großer Geschicklichkeit lenkte der Jäger das Boot, während die Alte sich furchtsam festhielt, wenn der Kajak von den Wellen hochgeschleudert wurde. Da tauchte nicht weit entfernt ein Wal auf, und der Junge hielt sogleich auf diese Stelle zu. Ehe die Alte wußte, was vorging, hatte der Jäger die Harpune in den Rücken des Wales geschleudert, der sogleich zu tauchen begann. Die böse Alte hatte nicht die Kraft, die Leine zu halten, sondern wurde von der tauchenden Beute aus dem Kajak gezogen und verschwand in den Wellen. Ein paarmal noch tauchte der Kopf auf, und der Junge hörte sie nach einem Messer schreien. Als sie aber zum letzten Male an der Oberfläche erschien, war sie in einen Narwal verwandelt worden. Zum Zeichen ihrer Bosheit muß sie von nun an einen mächtigen Zahn tragen, der allen anzeigt, wie böse und gefährlich sie ist.

Der Junge kehrte zurück ins Dorf zu seiner Schwester. Gemeinsam machten sie sich am nächsten Tage auf, Menschen zu finden, bei denen sie wohnen konnten, denn jeder Dörfler ist froh, wenn ein großer Jäger sich bei ihnen niederläßt.

60. Die Wolfsbraut

(Cape-Prince-of-Wales-Eskimo)

Vor vielen Jahren lebten einmal ein Mann und eine Frau an der Küste des Eismeeres. Sie hatten eine Tochter, die ganz allein mit ihren Eltern aufwuchs und außer diesen nie einen Menschen gesehen hatte. Eines Morgens, als das Mädchen vor dem Hütteneingang stand und über die schneebedeckte Weite schaute, sah sie plötzlich einen dunklen Fleck, den sie sich nicht erklären konnte. Lange starrte sie auf die Stelle, aber da sich der Punkt nicht bewegte, wanderte sie schließlich hinaus, um sich den unerklärlichen Gegenstand aus der Nähe zu besehen. Wie erstaunt aber war sie, als sie beim Näherkommen entdeckte, daß dort ein frisch erlegter Karibu lag!

Rasch eilte sie nach Hause und berichtete ihren Eltern von dem seltsamen Fund. Da ging der Vater hinaus, um die willkommene Beute nach Hause zu schaffen, wo die Frau mit dem Zerwirken begann. Am Abend schmausten die drei einsamen Menschen, wie sie schon seit Monaten nicht mehr gegessen hatten, denn das Wild war damals knapp, und der Mann hatte alle Mühe, seine Familie am Leben zu erhalten. Gesättigt begab sich bald darauf alles auf die Schlafplätze.

Mitten in der Nacht wachte das Mädchen mit einem Male auf; ihr Herz klopfte bis zum Halse, und ganz deutlich glaubte sie eine Wolfsrute zu sehen. Im nächsten Augenblick jedoch war die Erscheinung verschwunden. Lange lag das Mädchen wach, aber schließlich schlief sie wieder ein. Am Morgen kam es ihr vor, als ob sie das alles lediglich geträumt habe.

Der nächste Tag verlief genauso gleichförmig wie tausend andere vorher, die Frauen taten ihre gewohnte Arbeit, während der Mann am Rande des Packeises auf Robben lauerte. In der folgenden Nacht jedoch wiederholte sich der Vorgang;

wieder erwachte das Mädchen und glaubte einen Wolf aus dem Eingang entwischen zu sehen. Am nächsten Morgen ging sie hinaus vor die Hütte und suchte den Boden nach Spuren ab. So sehr sie auch suchte, auf dem Schnee war keine Wolfsfährte zu sehen; nur die Eindrücke der Pelzschuhe des Vaters standen überall im Schnee, und vom leeren Vorratsspeicher zur Hütte lief ein regelrechter Pfad, der tief in den Schnee getreten war.

Als das Mädchen wiederum über die Weite des winterlichen Küstenstreifens schaute, sah sie auf dem Packeis einen Gegenstand, der wie eine Robbe ausschaute. Da die Robben bei diesem Wetter jedoch nicht so weit aufs Eis kamen, sich der Fleck auch nicht bewegte, lief das Mädchen rasch hinaus, um den Fund zu bergen. Der Vater war recht erstaunt, als er herausgerufen wurde, um die Robbe ins Vorratslager zu schaffen. Wieder gab es am Abend einen Schmaus für die drei Menschen, die sich wunderten, woher diese seltenen Gaben kommen mochten, denn bisher war es nie vorgekommen, daß Jagdbeute direkt vor der Tür gefunden wurde. Die Mutter allein erinnerte sich an die Zeit, da sie noch im Dorfe gewohnt; damals hatten die Burschen stets Wildpret vor die Hütten ihrer Erwählten getragen als Zeichen der Brautwerbung. Aber sie schwieg, denn sie wußte, daß meilenweit kein Mensch an der Küste wohnte, und auch bei den sommerlichen Jagdzügen war der Mann nie auf Menschen gestoßen.

Noch einmal wiederholte sich das nächtliche Erlebnis des Mädchens, diesmal sah sie ganz deutlich, daß etwas in der Hütte war. Als der nächtliche Besucher jedoch entwischen wollte, wurde das Mädchen gewahr, daß er einen Schwanz wie ein Vielfraß hatte. Um sicher zu sein, stand das Mädchen auf, zündete die zweite Tranlampe an und schlich leise vor die Hütte. Hell stand der Mond am Himmel, doch alles war still. Wer der nächtliche Besucher auch gewesen sein mochte, im Schnee hatte er keine Spuren hinterlassen, und auch auf der weiten, mondbeschienenen Fläche war nichts zu sehen. Fröstelnd begab sich das Mädchen zurück in die Hütte und wunderte sich insgeheim, ob die Vorgänge der letzten Tage nicht doch eine besondere Bedeutung haben mochten. Aber so sehr sie auch grübelte, sie fand keine Antwort und schlief schließlich wieder ein.

Am nächsten Abend, kaum daß die Mahlzeit beendet war, hörten die drei Bewohner plötzlich jemanden vor der Hütte durch den Schnee stapfen. Bald darauf hörten sie ihn durch den Windfang kommen, der direkt in den Eingang mündete. Das Fell wurde zurückgeschlagen, und ein junger Mann trat ein. Er trug die übliche Fellkleidung, und die Kapuze seiner Jacke war mit einem Kranz von Wolfshaaren verziert.

»Ich komme, weil mein Vater es so will«, sagte er, nachdem er sich dem Mädchen gegenüber niedergesetzt hatte. Kaum aber hatte er dies gesagt, als sich draußen wiederum Schritte vernehmen ließen! Knirschend kam der zweite Besucher näher, und der Schnee ächzte unter seinen Schritten, denn es war bitterkalt. Ein zweiter Mann trat ein, dessen Pelzjacke über und über mit dem Fell des Vielfraßes verbrämt war. Er setzte sich neben den ersten Gast und sprach: »Wohl bist du mir zuvorgekommen, aber dennoch werde ich das Mädchen heiraten.«

Hin und her stritten sich die beiden, ohne zu einer Einigung zu kommen. Schließlich sagte der Vater, der seine Gäste zwar nicht mit einer Beleidigung fortweisen, aber auch keinen Streit in der Hütte haben wollte: »Wenn ihr gekommen seid, um zu streiten, so macht das draußen ab.« Sogleich erhoben sich die beiden Besucher und verließen wortlos die Hütte. Lange Zeit hörten die Bewohner, wie sich die beiden im Schnee balgten, doch nach einer Weile wurde es still.

Als das Mädchen am nächsten Morgen vor die Hütte trat, sah sie zwei Fährten im Schnee; Wolf und Vielfraß mußten sich hier über Nacht ein Stelldichein gegeben haben. Dabei war es augenscheinlich wild hergegangen, denn beide Fährten standen rot im weißen Licht des Morgens. Schritt für Schritt folgte das Mädchen den Spuren im Schnee, bis sie vor einem toten Vielfraß stand. Da eilte sie rasch nach Hause, denn der Vater hatte sie gewarnt, nicht zu weit fortzugehen, da es draußen nicht geheuer sei.

Am Abend hörten die Bewohner wiederum Schritte im Schnee, die auf die Hütte zukamen, plötzlich anhielten, um gleich darauf wieder hörbar zu werden. Dann trat ein älterer Mann ein, der wie ein Jäger gekleidet war, der die Nacht über im Hundeschlitten zu reisen gedenkt. Dicke Handschuhe verbargen seine Hände, und die Füße staken in doppelten Fellstiefeln. Seine Kleidung war reich mit Wolfsfell verziert. Schon beim Eintreten redete er die drei an: »Mein Sohn ist todkrank, daher komme ich, eure Tochter zu holen. Eile tut not, daher laßt uns nicht viel Worte machen. Vielleicht ist er inzwischen schon tot oder liegt gar im Sterben, während ich hier rede.« Die Eltern jedoch waren zu alt, um sich bei solchem Wetter auf die Reise zu begeben, und erst nach vielem Zureden willigte der Vater ein, daß die Tochter den Fremden begleiten solle. Auch hatte der Besucher versprechen müssen, sie nicht zu lange durch den Schnee stapfen zu lassen. Darauf nahm er das Mädchen bei der Hand und wanderte mit ihr landeinwärts in die Nacht hinaus.

Sobald sie weit genug von der Hütte entfernt waren und nicht mehr gesehen werden konnten, blieb der Mann mit einem Male stehen und sprach: »Steige auf meinen Rücken und mache die Augen fest zu. Wenn du versuchst, mein Verbot zu übertreten und zu sehen, wohin die Reise geht, wirst du nie ankommen.« Das Mädchen folgte dem Befehl und merkte bald darauf, wie der Mann immer schneller lief. Sie getraute sich jedoch nicht die Augen aufzumachen, weil sie Angst hatte, sonst mitten in der Nacht allein gelassen zu werden.

In sausender Fahrt ging die Reise über die verschneite Tundra, und erst als die Sonne wieder erschien, fühlte das

Mädchen, wie sie plötzlich zu Boden gesetzt wurde. Als sie sich umsah, fand sie sich neben einer Hütte. Der Mann nahm sie bei der Hand und eilte mit ihr hinein, wo eine Frau die beiden in Empfang nahm. Im Hintergrunde aber lag der junge Mann, der die Hütte ihrer Eltern so plötzlich verlassen hatte. Als er das Mädchen sah, lächelte er schwach. Die Frau, die sich bisher an der Tranlampe zu schaffen gemacht hatte, sagte: »Die Braut soll für ihren zukünftigen Mann sorgen.« Darauf brachte sie neue Kleider, die ebenfalls mit Wolfsfell verziert waren, hieß das Mädchen sich umkleiden und verschwand anschließend mit den alten Sachen.

Wochenlang pflegte das Mädchen den jungen Mann, der, vom Blutverlust geschwächt, teilnahmslos auf seinem Lager dahindämmerte. Schließlich aber war er soweit hergestellt, daß er vor der Hütte in der Sonne sitzen konnte. Langsam kehrten die Kräfte zurück, und kaum einen Mond später ging er wieder auf die Karibujagd, als ob nie etwas geschehen wäre. Da ermahnte ihn sein Vater, daß nun die Zeit gekommen sei, die Braut zu ihren Eltern zurückzubringen, denn sicherlich sorgten sich diese um ihre Tochter. Der Sohn belud den Schlitten mit Wildpret, legte darüber eine Ladung warme Felle, setzte schließlich das Mädchen darauf und wickelte sie so warm ein, daß ihr Gesicht kaum mehr zu sehen war. Dann warnte er sie, auf der Reise unter keinen Umständen die Augen zu öffnen, und ehe das Mädchen sich versah, hielt der Schlitten vor der Hütte ihrer Eltern.

Täglich wanderte der junge Mann nun hinaus auf die Jagd. Stets brachte er Beute zurück, und bald waren die Vorratslager gefüllt. So geschickt war er, daß ein Teil der Beute auf dem Hüttendach verstaut werden mußte, weil die Vorratsgestelle voll waren. Aber sooft er hinausging, um Robben zu jagen, kam er mit leeren Händen zurück. Auch als der Vater des Mädchens ihm seine eigene Harpune gab, hatte er kein Glück, obgleich diese Waffe ihren Blutdurst bei so mancher Jagd bewiesen hatte. Der Vater jedoch meinte: »Der junge Mann stammt eben aus dem Inneren und nicht von der Küste, wie sollte er sich da auf die Robbenjagd verstehen.« Mit solchen und ähnlichen Überlegungen erklärte er sich das Jagdpech seines Besuchers. Niemand hatte eine Ahnung, wie der junge Mann zu seiner Beute kam, denn jedesmal, wenn der Jäger die Hütte verließ, schärfte er den Zurückbleibenden ein, unter keinen Umständen vor die Hütte zu gehen, bis er wieder zurück sei. Zwar wunderte sich der Vater darüber, aber da ja jeder Jäger seine persönlichen Jagdtabus und geheimen Riten hatte, die ihm den Erfolg bescherten, nahm er an, daß gerade von der Einhaltung dieser Vorschrift der Erfolg der Jagd abhänge. So sah er streng darauf, daß niemand die Hütte verließ. Die Tiere aber sahen nur einen Wolf, der täglich durch die Gegend strich.

Bald waren die Eltern des Mädchens für lange Zeit mit Vorräten versorgt; auf den Speichergestellen und auf dem Hüttendach häuften sich die erlegten Karibus, die, steif gefroren, ihre Beine grotesk in die Luft streckten. Da schlug der junge Jäger vor, zu den Seinen zurückzukehren. Eines Morgens belud er den Schlitten mit Tran und Robbenfellen, und als es zu dunkeln begann, setzte er seine Braut obenauf, wikkelte sie wiederum in warme Felle und machte sich auf den Weg. Doch der Schlitten war zu schwer, und als die Sonne wieder über dem Horizont erschien, waren die beiden noch weit entfernt von ihrem Ziel. So lagerten sie in der Einsamkeit, suchten Windschutz hinter ein paar Felsbrocken und wärmten sich an einem kleinen Reisigfeuer. Am Abend ging die Fahrt weiter, tief schnitt der beladene Schlitten in den Schnee, doch schließlich erreichten sie die Eltern des Jägers.

Das Mädchen wunderte sich manchmal über die Familie, in die sie heiraten sollte, denn trotz aller Freundlichkeit schienen diese Menschen ein tiefes Geheimnis zu haben. Nicht einmal den Namen ihres Verlobten hatte man ihr gesagt. Sie aber wußte gut genug, daß man niemanden nach seinem Namen fragen durfte, ohne den so Beleidigten zu zwingen, sich einen neuen Namen zu suchen.

Eines Tages nun erschienen einige Jäger aus einer entfernten Siedlung, um den jungen Mann zu einer Tanzfeier einzuladen. »Wolfsbruder, du darfst bei diesem Fest nicht fehlen! Wir alle wissen, daß du der beste Tänzer weit und breit bist; keiner ist so ausdauernd wie du.« Doch der junge Jäger, dessen Namen das Mädchen soeben erfahren hatte, hörte auch seinen Vater warnen: »Nimm das Mädchen nicht mit, denn sie würde nicht lebend zurückkommen.« Wolfsbruder aber bedachte sich nicht lange, sondern lud seinen Schlitten voll mit Geschenken für die Gastgeber und setzte das Mädchen wohlverpackt auf den vollen Schlitten. Nach vielen Mühen erreichten sie das Dorf, in dem der Tanz abgehalten werden sollte. Hier verteilte Wolfsbruder seine Geschenke an die Gastgeber, die erstaunt waren über den Reichtum, der sich durch solche Gaben kundtat. Wie alle Bewohner des Binnenlandes, die sich aus der Tundra ernähren müssen und kein Robbenfett kannten, waren sie keine reichen Leute, sondern hielten sich recht und schlecht am Leben, oft sogar, ohne ihre Hütten heizen zu können.

Am Abend, als der junge Jäger sich zur Ruhe begeben wollte, merkte er mit einem Male, daß seine Braut verschwunden war. Alles Suchen blieb erfolglos, und niemand wußte, wohin sie gekommen war. Keiner der Anwesenden hatte bemerkt, daß sie vor den Eingang getreten war, um das Nordlicht zu bewundern. Dort hatte ein Kind sie angesprochen und aufgefordert, zur Großmutter mitzukommen. Zuerst hatte das Mädchen gezögert, aber dann war sie halb aus Neugierde, halb aus Hilfsbereitschaft doch mitgegangen. Die beiden waren in Richtung auf das Flußufer verschwunden, ohne daß sie einem einzigen Menschen begegnet wären. Dort am Ufer hatte das Mädchen sie plötzlich in eine Höhle geführt, in der eine alte Frau am Feuer saß und in einem Topf rührte. Der ganze Raum roch seltsam nach Blut, und das Gebräu über dem Feuer schien tatsächlich Blut zu sein. Die alte Frau befahl der Besucherin, ihre Kleidung abzulegen, damit sie sich waschen könne. Willenlos gehorchte das Mädchen. Darauf begann die Alte die Braut und das Mädchen, das sie hierhergeführt hatte, zu waschen. Doch kaum war dies geschehen, da trug sie dem Kind auf, das Wasser im Flusse auszugießen. Das kleine Mädchen aber schüttete wie auf Verabredung das Wasser über die Besucherin, die sogleich zu schrumpfen begann und im Nu die Größe des Kindes hatte. Währenddessen jedoch war das Kind gewachsen und hatte die Gestalt der Braut angenommen. Rasch fuhr die falsche Braut in die Kleider der Besucherin und stand gleich darauf als deren Ebenbild da. Die wahre Braut aber mußte sich mit den zerrissenen Kleidern des Kindes zufrieden geben, und als sie aufbegehren wollte, merkte sie, daß ihre Stimme sich vollkommen verändert hatte.

Die falsche Braut war unterdessen zu Wolfsbruder zurückgekehrt. Am nächsten Morgen jedoch erschien in der gleichen Hütte ein kleines Mädchen in Lumpen und versuchte, allerdings vergeblich, mit Wolfsbruder zu reden. Dieser bedeutete dem Kinde, die Hütte zu verlassen, da hier in Kürze Hochzeit gefeiert werden sollte. Den ganzen Tag tanzten die Männer des Dorfes zu Ehren von Wolfsbruder und dessen Braut. Das kleine Mädchen jedoch, das niemand anders als die wirkliche Braut war, wurde überall fortgewiesen.

In der nächsten Nacht, die die verwandelte Braut zusammengekauert im Freien verbrachte, erschien mit einem Male ein Kind, schüttelte die Halberfrorene und bat diese, zu ihrer Großmutter zu kommen. Dort angekommen, trug die alte Frau ihr auf, sich zum Bade bereitzumachen. Kaum aber fühlte sie das Wasser auf ihrer Haut, als sie wieder ihre ursprüngliche Gestalt annahm. Bald stand sie als die Braut von Wolfsbruder da, die allerdings nun nicht länger in die Kinderkleider passen wollte. Nur mit einem Fell bedeckt, den Topf mit Wasser in der Hand, so eilte sie zurück zu der

Hütte, in der sie Wolfsbruder mit seiner jungen Frau wußte, jenem Mädchen, das in Wirklichkeit ein Zauberwesen war.

Barfuß und fast nackend lief sie durch den Schnee, immer darauf bedacht, nichts von dem Wasser zu verschütten. So gelangte sie am Ende in die Hütte. Bisher war alles so abgelaufen, wie es die Großmutter jenes Mädchens prophezeit hatte; als nächstes sollte sie der falschen Braut von dem Wasser ins Ohr gießen. Sobald das Wasser diese auch nur berührte, begann sie zu schrumpfen, wurde immer kleiner und hatte bald ihre frühere Gestalt wieder angenommen. Aus der Ecke, wo sie sich niedergekauert hatte, sah die richtige Braut, wie dort plötzlich ein schmutziges kleines Mädchen neben Wolfsbruder auf der Schlafstelle lag. Da warf sie den Wassertopf und den Fellschurz hinaus in den Gang, der die Bewohner vor dem Wind schützte, und sprach: »Kehrt zurück zu dem, der euch sein eigen nennt, und sagt meinen Dank«, worauf Fell und Topf in der Nacht verschwanden. Wolfsbruder, der mittlerweile erwacht war, sprang auf, ergriff das Kind, das neben ihm lag, bei den Haaren und warf es zur Hütte hinaus. Dann berichtete die wirkliche Braut von ihrem Erlebnis, und Wolfsbruder beschloß, noch am nächsten Morgen das Dorf zu verlassen.

Lange Zeit nach diesem Ereignis, als Wolfsbruder und seine Frau wieder einmal bei den Eltern des Mädchens lebten, fragte der alte Vater den jungen Jäger nach seiner Familie. Da sprach Wolfsbruder: »Du hättest deine Neugierde bezähmen sollen, denn was habe ich dir getan, daß du mich fragst! Nun aber werden wir beide, deine Tochter und ich, für immer Abschied nehmen.« Bei diesen Worten verwandelten sich die beiden in Wölfe und verschwanden in der Nacht, denn der junge Jäger war einer der Wolfsleute gewesen, der menschliche Gestalt angenommen hatte. Noch oft hörten die Eltern den Jagdruf des Wolfes um die Hütte, aber ihre Tochter haben sie nie wiedergesehen.

NACHWORT

Märchen und Sagen sind wie Zugvögel; an keinen Ort gebunden, wandern sie über Grenzen und Meere. Mit den Märchen der Indianer ist es kaum anders, auch sie sind aus zahlreichen Quellen geflossen, haben Stammesgrenzen überquert und sind oft weite Strecken gewandert. Die vergleichende Märchenforschung hat es sich zur Aufgabe gemacht, solche Wanderwege aufzuzeigen. Das Thema dieses Buches ist jedoch nicht, Varianten zu vergleichen und Verwandtschaften festzustellen. Der an diesen und ähnlichen Fragen interessierte Leser sei auf den bibliographischen Teil verwiesen, wo er eine bescheidene Auswahl der zahlreichen Sammlungen aufgeführt finden wird, die zu diesem Thema existieren.

Bei der Zusammenstellung der Märchen kam es mir vor allem darauf an, einen Überblick über den Märchenschatz der nordamerikanischen Indianer zu geben. Unter Nordamerika sei hier das Gebiet nördlich der mexikanischen Grenze verstanden, eine Einteilung, die zwar von der geographisch üblichen abweicht, ethnographisch aber seit langem allgemein akzeptiert ist. Der Rahmen der vorliegenden Sammlung verbot es, alle Stämme in diesem Gebiet zu Wort kommen zu lassen, so mußte das Typische – das, was ein Märchen zum Indianermärchen macht – als einzige Richtschnur dienen. Gleichzeitig ist versucht worden, eine geographische Auswahl zu treffen, um zu zeigen, daß ein Zusammenhang zwischen Stammeskultur und Märchenstil besteht. Die Tatsache, daß erkennbare Entlehnungen europäischer und afrikanischer Provenienz nach Möglichkeit ausgeschlossen wurden, sei hier vermerkt. Nur in den Fällen, in denen die Entlehnung zum Bestandteil der indianischen Kultur geworden ist, sind solche Märchen in die Sammlung aufgenommen worden. Bei dem engen kulturellen Kontakt der Indianer mit den weißen Siedlern ist es zu einem Austausch nach beiden Seiten gekommen; so finden sich indianische Motive in vielen Märchen der Weißen.

Leider haben falsche Sentimentalität und romantische Vorstellungen das Bild des nordamerikanischen Indianers vielfach verzerrt, und das nicht nur in Abenteuerschmökern. Auch die indianischen Märchen haben dazu herhalten müssen, dichterisch bearbeitet zu werden, oft zum Nachteil der Märchen. Longfellows *Hiawatha* sei hier als Beispiel erwähnt, obgleich sich die Liste beliebig verlängern ließe. Die Märchen der vorliegenden Sammlung stammen in den meisten Fällen aus Quellen, die den Wortlaut der Erzählung in der Sprache des Erzählers festgehalten haben. Bei denjenigen Stämmen, deren Untergang erfolgt war, ehe Sprache und Kultur wissenschaftlich erfaßt werden konnten, ist auf Reisebeschreibungen, Tagebücher usw. zurückgegriffen worden, die oft volkskundliches Material enthalten. Durch Vergleiche mit Märchen sprachlich verwandter Stämme habe ich versucht, die literarischen Einflüsse, denen solche Märchen ausgesetzt waren, zu beseitigen.

Eine Übertragung aus der Vorstellungswelt der Indianer in die Begriffe einer europäischen Sprache bedingt naturgemäß eine gewisse Angleichung an die Sprachgewohnheiten und Eigenarten der neuen Umgebung. Die vorliegenden Märchen sind daher nicht als reine Übersetzungen zu werten, sondern als Nacherzählungen, die dem Geist des Originals weitestmöglich gerecht zu werden versuchen. Wo notwendig, ist gekürzt worden, besonders an solchen Stellen, an denen die Erklärungsversuche der indianischen Erzähler die Geschlossenheit der Handlung beeinträchtigten, ohne zum Verständnis beizutragen. Ermüdende Wiederholungen sind gleichfalls fortgelassen worden. Indianische Sitten und Gebräuche, deren Verständnis für die Handlung von Bedeutung ist, sind in unauffälligen Nebensätzen erläutert, um Anmerkungen zu vermeiden.

Alle Völker, selbst die primitivsten Gruppen, haben ihre Märchen, ja im Vergleich zu den oft recht prosaischen Zivilisationen des Westens sind die sogenannten Naturvölker oft überraschend reich an mündlichen Überlieferungen. Denn Märchen sind Überlieferungen des Stammes oder der sprachlichen Gemeinschaft. Unsere Begriffe von Sage, Märchen, Schwank, Legende usw. lassen sich bei der Betrachtung fremder Kulturen kaum aufrechterhalten. Die Grenzen verwischen sich, Geschichtliches mischt sich mit Mythologischem, und das Endprodukt ist oft nicht von Überlegungen bestimmt, die dem westlichen Betrachter ohne weiteres verständlich wären. Daß die Indianer selbst sehr wohl zwischen verschiedenen Formen unterscheiden, sei hier angemerkt, doch stimmen die Kategorien der Erzähler nicht mit den unsrigen überein. Aus diesem Grunde habe ich den Begriff Märchen gewählt, um darunter alle Formen zusammenzufassen.

Die indianischen Märchen zeigen, wie eng das tägliche Leben und die gesamte Kultur der Gruppe mit der Religion und der Vorstellungswelt dieser Menschen verknüpft sind. Der Versuch, die unverständlichen Geschehnisse der oft feindlichen Natur faßbar zu machen, d. h. in erzählerischer Form zu bannen und zu erklären, und das Bestreben, die Zuhörer zu unterhalten, haben den Märchen ebenso ihren Stempel aufgedrückt wie der Wunsch, auf mündlichem Wege das festzuhalten, was seit alters her Besitz der Gruppe gewesen ist.

Mündliche Überlieferungen sind stets ein Bestandteil jeder eigenständigen Kultur. Dies trifft auch für die Indianer zu, denn überall dort, wo die angestammte Kultur, besonders die eng mit dem Leben verbundene Stammesreligion, aufgegeben wurde, sind auch die Überlieferungen im Verschwinden begriffen. Statt der alten Märchen findet man in solchen Fällen europäische Entlehnungen oft biblischen Ursprungs, die, von Missionaren verbreitet, das Alte verdrängt haben. Manchmal sind solche Geschichten in indianische Form gekleidet und stark verändert worden, und häufig ist es nicht leicht, den ursprünglichen Kern zu entdecken. Das ist besonders in jenen Fällen häufig, in denen die Entlehnung zu einer Zeit erfolgte, als das alte Leben und die alten Vorstellungen noch ihren Wert hatten.

Trotz aller Verschiedenheit zeigen die Märchen der nordamerikanischen Indianer gewisse Ähnlichkeiten. Besonders die Grundeinstellung zur umgebenden Natur ist die gleiche. Sind doch die Indianerkulturen Nordamerikas aus einfachen Sammler- und Jägerformen hervorgegangen, wenn auch die ackerbautreibenden Stämme dies Stadium bereits lange vor der Entdeckung hinter sich gelassen hatten. Allen Kulturen jedoch war die Vertrautheit mit der Natur und ihren Geschöpfen gemeinsam. Die Grundhaltung war die eines naturverbundenen Menschen, der ehrfurchtsvoll und staunend die Schöpfung zu begreifen suchte und sich dabei als Teil dieser Schöpfung sah. Mensch und Tier waren gleichberechtigt, zwei Ausdrucksformen eines Geistes, ja zwei Formen eines Wesens. Nicht der Mensch hat in Nordamerika die Umwelt geformt, sondern die Indianer haben sich kulturell an die Gegebenheiten dieser Umwelt angepaßt, so sehr angepaßt, daß sie häufig zu einem Leben in einer veränderten Umwelt untauglich wurden. Der Indianer ist ein Teil der Natur, nicht ihr Meister. Hier müssen auch die totemistischen Auffassungen erwähnt werden, die nur aus dieser Grundhaltung zu verstehen sind. Selbst dort, wo der Druck der weißen Besiedlung zu einer Mischkultur geführt hat, schimmert diese Einstellung zur Natur noch durch. Wie überall, so erweist sich auch hier das indianische Element als sehr zäh und lebenstüchtig.

Unser Wissen über die Indianer Nordamerikas ist beileibe nicht lückenlos, doch ist uns die Entwicklung in großen Zügen heute bekannt. Auch die wesentlichen Probleme der indianischen Märchen sind ziemlich klar. Wohl in kaum einem anderen außereuropäischen Gebiet ist so intensiv gesammelt worden wie in Nordamerika. Noch immer hält diese Tätigkeit an, neue Varianten tauchen auf, sprachliche Zusammenhänge werden erhellt, und ein gewisser Überblick wird endlich möglich. Daß der Volkskundler hier Hand in Hand mit dem Sprachwissenschaftler und dem Ethnologen arbeiten muß, ist selbstverständlich. Aus dieser unermüdlichen Sammeltätigkeit der drei Fachgebiete entstand das Bild des Indianers, wie er wirklich war.

Die nordamerikanischen Indianer bilden weder sprachlich oder kulturell noch rassisch eine Einheit, obwohl sie gewisse gemeinsame Züge aufweisen. Alle Indianer sind Mongolide, deren Vorfahren zu verschiedenen Zeiten aus Asien gekommen sind. Der Beginn dieser Völkerwanderung dürfte am Ende der letzten Eiszeit zu suchen sein, während einige Gruppen sicher erst viel später, etwa zur Zeit des europäischen Mittelalters, über die Beringstraße gekommen sind. Das drückt sich auch in den Märchen aus, die, ganz wie zu erwarten, asiatische Elemente enthalten. Die einzigartige geographische Lage verhinderte einen direkten oder indirekten hellenistischen Einfluß auf die Entwicklung der indianischen Kulturen im Gegensatz zu denen der Alten Welt, die alle mehr oder minder stark hellenistisch beeinflußt sind.

Während die rassische Differenzierung in Nordamerika zwar durchaus sichtbar, aber doch verhältnismäßig gering ist – kaum größer als zwischen Europäern –, sind die kulturellen Unterschiede wesentlich. In ihren Extremen, wie etwa im Falle von Eskimo- und Pueblo-Indianern, waren sie kaum geringer als jene zwischen Indianern und Weißen. In Nordamerika läßt sich eine Anzahl von Kulturbereichen unterscheiden, deren Grenzen fließend sind und an deren Rändern wir Mischkulturen finden.

Den südöstlichen Maisbauern, deren Einfluß sich stellenweise bis in die Plains erstreckte, standen die nordöstlichen Waldbewohner kulturell nahe, die gleichfalls von Ackerbau und Jagd lebten. Nördlich von diesen begann die Zone der reinen Jäger, die den ganzen subarktischen Waldgürtel besetzt hielten. Die Plains waren in historischer Zeit von berittenen Jägerstämmen besiedelt, deren Kultur auf die Bisonjagd abgestimmt war. Daneben hatte sich am Missouri eine ältere Form von Maisbau und Jagd erhalten. Im Südwesten beherrschten neben der hochentwickelten Landwirtschaft der Pueblo-Indianer und verwandter Gruppen Sammler- und Jägerkulturen das Bild. Zu diesen gehörten u. a. ursprünglich auch die Apachen und Navaho. Das sogenannte Plateau, ein kulturelles Rückzugsgebiet, wurde vornehmlich von Sammlern bewohnt, die im nördlichen Teil in geschichtlicher Zeit unter den Einfluß der Plainskulturen gerieten und zu Reitervölkern wurden. Im Gebiet des heutigen Kalifornien existierte eine Reihe von Kulturen von Sammlern und Jägern, deren Hauptnahrung die Eichel war. In viele Splittergruppen aufgeteilt, fehlte hier das politische Element fast völlig, so daß man wohl von Dörfern, aber kaum mehr von Stämmen reden kann. Die pazifische Nordwestküste war von Stämmen mit einer hochentwickelten Fischereikultur besetzt, deren soziale Schichtung streng geregelt war. Im Inneren von Alaska und von Nordwest-Kanada lebten subarktische Jäger. Nördlich von diesen, besonders an den Küsten des Eismeeres von Alaska bis Grönland, lag die Heimat der Eskimo, eines Stammes von arktischen Jägern, deren Lebensunterhalt vorwiegend aus der Jagd auf arktische Meersäuger bestritten wurde. Daneben hatten einige Inlandgruppen, die Karibu-Eskimo, sich auf die Jagd der Karibus spezialisiert.

Der federgeschmückte Reiter, der den Wagenzug der Siedler überfiel, gehörte also zu einer Minderheit, die erst in historischer Zeit zu Reitern geworden war, nachdem nämlich die Spanier das Pferd in Nordamerika eingeführt hatten. Auch die kriegerischen Waldindianer des Nordostens, deren Taten wir aus dem *Lederstrumpf* kennen, sind nur für dieses Gebiet typisch. Die strengen und unbeweglichen Gesichter, mit denen die Indianer der Romane gern bedacht werden, wurden in jedem Falle nur für den Verkehr mit Weißen oder für offizielle Gelegenheiten aufgesetzt; im täglichen Leben lachen die Indianer genauso gerne wie ihre weißen Brüder.

Die Verschiedenheit der indianischen Kulturen in Nordamerika wird noch unterstrichen durch die bunte Fülle der Sprachen und Dialekte. Über fünfzig unabhängige Sprachfamilien, die sich ihrerseits wieder in etwa siebenhundert Dialekte unterteilen, beweisen, daß zahlreiche Gruppen an der Besiedlung des Landes beteiligt waren, die in verhältnismäßig langer Isolierung ihre Sprachgewohnheiten entwickeln konnten, zumal das fixierende Element der Schrift unbekannt war. Alle Einzelsprachen und Dialekte verfügen über einen großen Wortschatz, der es durchaus möglich macht, zwischen feinsten Nuancen zu unterscheiden, abstrakte Ideen auszudrücken und spezielle grammatische Unterscheidungen deutlich zu machen. Die Indianersprachen Nordamerikas haben nichts Primitives an sich, sie sind hochentwickelte, komplizierte Gebilde.

Die Sprachfamilien variierten, wie auch die Stammesgebiete, in ihrer Größe. Besonders an der Westküste findet sich eine Fülle von Splittergruppen. Darin ähnelt die pazifische Küste den mittelamerikanischen Gebieten. Im Osten und Norden dagegen finden wir größere Einheiten, die wir kurz betrachten wollen. Das hier entworfene Bild schildert die Verhältnisse vor der weißen Landnahme.

Von Grönland bis Alaska sprechen die Eskimo eine einzige Sprache, die sich im ganzen Gebiet nur durch geringfügige Dialektverschiedenheiten unterscheidet. In Alaska existieren daneben weitere Eskimo-Dialekte, die von der Hauptsprache mehr oder minder stark abweichen. Die Gruppe der Athapasken, zu deren nördlichen Vertretern fast alle Jägerstämme im Inneren von Alaska und der größte Teil der Indianer im Inneren von West-Kanada gehörten, erscheint im Südwesten als Navaho und Apachen. Die Vertreter der algonkischen Sprachfamilie siedelten vom Felsengebirge in Süd-Kanada bis an den Atlantischen Ozean; im Osten reichten sie von den Großen Seen bis nach Tennessee. Die irokesischen Sprachen finden sich im Gebiet zwischen St. Lorenz und dem nördlichen Georgia. Das Gebiet zwischen dem Felsengebirge und der pazifischen Bergkette, das sogenannte Plateau, wurde vor allem von Mitgliedern der uto-aztekischen Sprachfamilie besiedelt, deren Vertreter bis tief nach Mexiko hinein verstreut lebten; zu dieser Familie gehörten z. B. die Azteken. In den beiden Carolinas und in Virginia finden wir Vertreter einer Sprachfamilie, zu der auch zahlreiche Stämme der Plains gehörten und die nach den Sioux benannt ist. Die Familie des Muskogean findet sich vor allem im Südosten des nordamerikanischen Gebietes, in den heutigen Staaten Mississippi, Alabama, Georgia und Florida. Daneben gab es viele kleinere Gruppen, oft wohl versprengte Reste, deren sprachliche Verwandtschaft sich nicht feststellen läßt und die daher als eigenständig angesehen werden müssen.

Alle in dieser Sammlung vertretenen Stämme sind am Ende mit kurzen Erläuterungen gesondert aufgeführt. Bei dieser Gelegenheit sei auch auf die Karte verwiesen, die den Ursprungsort jedes Märchens der Sammlung angibt. Dabei sei angemerkt, daß das gleiche Märchen auch bei anderen Stämmen vorkommen mag.

Herrn Reinhard Lettau danke ich für die wertvolle Hilfe bei der Durchsicht des Manuskripts.

Mein besonderer Dank gilt jedoch jenen Männern und Frauen, die durch ihre oft mühevolle Kleinarbeit ihr Interesse und ihr Verständnis für die Gedankenwelt der Indianer diese Sammlung ermöglicht haben. Ihre Namen sind zu zahlreich, um hier einzeln erwähnt zu werden. Ihrer Arbeit ist es zu verdanken, daß die Märchenschätze in den Sprachen der indianischen Erzähler festgehalten werden konnten.

Boston, Massachusetts
Januar 1963 Gustav A. Konitzky

ANHANG

Verbreitungsgebiet der
nordamerikanischen Indianerstämme

In dieser Sammlung vertretene Stämme

(Die Nummern beziehen sich auf die nebenstehende Karte)

Alsea (1): Ein kleiner Stamm, sprachlich den Yakona verwandt und kulturell zum nordwestlichen Küstengebiet gehörend. Die Alsea sind heute fast völlig verschwunden. Ihre Hauptnahrung bestand aus Fischen.

Apachen: Zusammen mit den Navaho gehören die Apachen zu den südlichen Athapasken. Der Name Apache stammt wahrscheinlich aus der Sprache der Zuni-Indianer und bedeutet »Feind«. Einst beherrschten die Apachen große Teile von Neu Mexiko, Arizona, Texas und Colorado, ihre Kriegszüge hielten weite Teile von Nordmexiko in Unruhe. Die südlichen Athapasken sind wahrscheinlich erst spät in ihre heutigen Stammesgebiete eingewandert. Als wahrscheinliche Wanderroute kommt der östliche Rand des Felsengebirges in Betracht. Auf jeden Fall stammen die Athapasken aus dem Norden. Die Apachen gliedern sich in mehrere Gruppen, von denen die *Chiricahua-Apachen* (2) den Mescaleros eng verwandt sind. Die *Jicarilla-Apachen* (3) bildeten mit den Lipan-Apachen eine eigene Untergruppe. Auch die *White-Mountain-Apachen* (4) waren wiederum in verschiedene Gruppen geteilt. Die Apachen gehören zu den bekanntesten Indianern Nordamerikas, da sie wegen ihrer kriegerischen Taten lange Zeit der Schrecken der neuen Siedler waren. Von den Spaniern übernahmen sie schon früh das Pferd, später auch Feuerwaffen. Von der ursprünglichen Kultur der einfachen Sammler und Jäger ist heute nicht mehr viel zu finden. Die rund siebentausend Apachen leben heute meist als Viehzüchter.

Arikara (5): Ein zur Sprachfamilie der Caddo gehörender Stamm, der sich erst in jüngerer Zeit von den zur gleichen Familie gehörenden Pawnees getrennt hat. Sie lebten zur Zeit ihrer Entdeckung in befestigten Dörfern im Missouri-Tal, trieben Landwirtschaft, gingen aber regelmäßig auf die Jagd. Im 19. Jahrhundert wurde der Stamm durch Epidemien und Kriegshandlungen weitgehend dezimiert. Von den ursprünglich rund 3000 Arikara sind heute kaum mehr als 600 übrig.

Caddo (6): Eine Liga von verschiedenen Untergruppen, kulturell als Bindeglied zwischen den Maiskulturen des Südostens und den Jägerkulturen der Plains anzusehen. Die Caddo trieben Landwirtschaft und siedelten in großen Dörfern, deren runde Häuser mit Gras gedeckt waren.

Cherokee (7): Weitläufig den Irokesen sprachlich verwandter Stamm im südlichen Appalachengebirge, kulturell zu den Maiskulturen des Südostens gehörig. Die Cherokee und ihre Nachbarn kamen schon im 18. Jahrhundert unter weiße Einflüsse. Große Teile der Cherokee wurden im 19. Jahrhundert nach Westen umgesiedelt und fanden in Oklahoma eine neue Heimat.

Chippewa (8): Auch als Ojibwa bekannter Stamm, der zur Sprachfamilie der Algonquin gehört. Heute leben in den USA und in Kanada rund 45 000 Chippewa-Indianer, meist mit weißem Blut gemischt. Nach der Übernahme von

Feuerwaffen im 18. Jahrhundert begannen die Chippewa ihr Stammesgebiet nach Westen auszudehnen und zwangen so ihre westlichen Nachbarn, aus den Waldgebieten in die offene Prärie auszuweichen.

Chippewyan (9): Zu den nördlichen Athapasken gehörende Gruppe von Indianern, die im nördlichen Waldgebiet hauptsächlich von Jagd und Pelzhandel leben. Diese nördlichen Gruppen kannten keine strikte politische Organisation, sondern bildeten mehr oder weniger verbündete Gruppen. Wichtig war die Jagd auf das amerikanische Rentier (Caribou) und der Handel mit reinem Kupfer.

Creek (10): Eigentlich versteht man unter diesem Namen die Muskogee-Indianer, unter deren Initiative und Leitung eine Liga verbündeter Stämme entstand, die ebenfalls als Creek-Indianer bezeichnet wurden. Die Muskogee gehörten zu den wichtigsten Vertretern der südöstlichen Maisbaukultur. Der Name Creek deutet darauf hin, daß ihre Siedlungen stets an Bächen (engl. creek) angelegt waren.

Eskimos: Die Eskimos gehören zu den Indianern, wenn sie auch eine Sonderentwicklung darstellen. Von den Eskimos am Kap *Prince of Wales* (13) bis zu den *Polar-Eskimos* (12) in Grönland sprechen diese Menschen die gleiche Sprache. Auch die Aleut gehören sprachlich zu den Eskimos, wenn ihr Dialekt auch stark abweichend ist. Die Eskimos in *Point Barrow* (11) gehören zu den besten Märchenerzählern, denn hier grenzen verschiedene Gruppen aneinander, was zu regem Kulturaustausch geführt hat.

Fox (14): Zur Sprachfamilie der Algonquin gehörender Stamm, der mit den Kickapoo und Sauk eng verwandt ist und eine Unterabteilung bildet. Kulturell gehören diese Indianer zum östlichen Waldgebiet. Die Fox-Indianer sind durch die Beschreibung Maximilian v. Wieds bekannt geworden.

Hopi (15): Eine Abweichung des eigentlichen Stammesnamen »Hopitu«, die Friedfertigen. Die Hopis bilden eine eigene Untergruppe der Uto-Aztekischen Sprachfamilie und sind den Schoschonen verwandt. Kulturell gehören die Hopis zu den Pueblo-Indianern. Seit dem 16. Jahrhundert in Kontakt mit Europäern, haben die Hopis ihre eigene Kultur überraschend gut bewahrt. Heute existieren rund 3000 Mitglieder dieses Stammes.

Irokesen (16): Liga von ursprünglich fünf, später sechs Stämmen verwandter Sprache mit hochentwickelter politischer Organisation. Unter dem Einfluß europäischer Kontakte begannen die Irokesen mit Hilfe von Feuerwaffen ihr Einflußgebiet rasch auszudehnen. Dies führte dazu, daß benachbarte Stämme, meist zu den Algonquin gehörend, in die irokesischen Stämme aufgenommen wurden, ohne politisch selbständig zu bleiben. Die Stämme der Liga gehören kulturell zu den nordöstlichen Waldindianern, haben aber gewisse kulturelle Beziehungen zum Südosten. Heute leben rund 20 000 Irokesen in den USA und in Kanada.

Karok (17): Eigentlich Karuk, ein Stamm von Indianern am Klamath-Fluß und vermutlich zur Hokan-Familie gehörend. Die Karok lebten hauptsächlich vom

Lachsfang. Von der ursprünglichen Kultur sind kaum mehr als Spuren vorhanden, insgesamt wurden 1930 noch 755 Mitglieder dieses Stammes gezählt.

Keres (18): Zu den Keresan-Pueblos, einer sprachlich eigenständigen Gruppe, gehört eine Anzahl von Dörfern in Neu-Mexiko. Seit dem 16. Jahrhundert in Kontakt mit Europäern, haben diese Indianer einen Großteil ihrer Kultur bewahrt, wenn auch die zwangsweise Christianisierung durch die Spanier viel Altes vernichtet hat.

Kutenai (19): Sprachlich wahrscheinlich eigenständig, gehören die Kutenai in Britisch-Columbia zu den Stämmen, deren Stammesgebiet sich noch in historischer Zeit veränderte. Wie alle Stämme des Plateaugebietes haben auch die Kutenai sowohl von den Plains als auch vom nördlichen Waldgebiet Einflüsse erfahren. Als mehr oder minder typische Vertreter der Kulturen am oberen Columbia-Fluß spielt bei diesem Stamm naturgemäß der Fischfang eine große Rolle.

Kwakiutl (20): Zusammen mit den Bellabella gehören die Kwakiutl zu einer der beiden Unterabteilungen der Wakaschan-Sprachfamilie, deren zweiter Zweig von den Nutka gebildet wird. Alle Stämme gehören kulturell zur Fischereikultur der Nordwestküste, die sich durch strikte Sippenorganisation, kapitalistische Wirtschaftsweise, eigenwillige Ornamentik, besonders in der Schnitzkunst, große Häuser aus Zedernholz, Seefahrt und Handel auszeichnet. Heute ist von der alten Kultur nur noch wenig vorhanden, doch konnte der größte Teil des Kulturgutes vor dem Zerfall der Stämme wissenschaftlich erfaßt werden.

Maidu (21): Ursprünglich als sprachlich eigenständig angesehen, werden die Maidu heute meist zu der Penutian-Sprachfamilie gerechnet. Die Maidu gehören zu den typischen Stämmen Kaliforniens; ohne starken stammesmäßigen Zusammenhalt lebten diese Indianer friedlich in zahlreichen kleinen Siedlungen, nährten sich in der Hauptsache von Sammeln und von der Jagd. Töpferei war unkannt, gekocht wurde in wasserdichten Körben, in denen mit Hilfe von heißen Steinen das Wasser zum Sieden gebracht wurde. Heute sind nur noch kümmerliche Reste (unter hundert) dieses einst zahlreichen Stammes vorhanden.

Menomini (22): Zur Sprachfamilie der Algonquin gehörender Stamm, den Cree- und Fox-Indianern eng verwandt. Der Stammesname bedeutet »Leute des wilden Reises«, da diese Indianer hauptsächlich vom Sammeln dieser Pflanze lebten. Neben wildem Reis spielte die Jagd, wie eben bei allen nordöstlichen Waldstämmen, eine große Rolle. Rund 2000 Menomini existierten 1937. Die Menomini haben den größten Teil ihrer eigenständigen Kultur eingebüßt, wenn auch der wilde Reis noch immer eine wichtige Rolle in ihrem Leben spielt.

Modoc (23): Eigentlich *Moatokni* – Südleute, ein kleiner Stamm von ursprünglich kaum mehr als 500 bis 800 Indianern, der zur Sprachfamilie Shapwailutan gehört. Kontakte mit den weißen Siedlern traten verhältnismäßig spät auf, führten aber bald zu gegenseitigen Reibereien, die im sog. Modoc-Krieg (1872–73) endeten. Die Modoc wurden damals durch ihren verbissenen Widerstand gegen weiße Bevormundung bekannt. Kaum dreihundert Mitglieder zählt der Stamm heute, von denen die meisten ihre alte Kultur völlig eingebüßt haben.

Navaho (24): Zusammen mit den Apachen bilden die Navaho, auch Navajo geschrieben, die südlichen Athapasken. In ihrer ursprünglichen Kultur und in ihrer Sprache unterscheiden sie sich kaum von den Apachen, haben aber seit dem Zeitpunkt ihrer Einwanderung in den Südwesten große Teile ihrer jetzigen Kultur von ihren Nachbarn entlehnt. Während große Teile der Mythologie und der Zeremonien den Pueblokulturen entstammen, gehen Silberschmieden, Weben, Schafzucht und Pferd auf spanisch-mexikanische Einflüsse zurück. Der Stamm wuchs durch verbesserte Hygiene und weiße Wirtschaftseinflüsse, vor allem Schafzucht, von rund 8000 im Jahre 1850 auf über 70 000 im Jahre 1956.

Nez Perce (25): Die Nez Perce gehören zur Schahaptian-Abteilung der Schapwailutan-Sprachfamilie. Der Name stammt von französischen Pelzhändlern und bedeutet »Durchlöcherte Nasen«, ein Name, der wahrscheinlich aus der Zeichensprache entnommen ist. Die Nez Perce wurden nach der Einführung des Pferdes überwiegend zu Reitern und Bisonjägern, gehören aber ursprünglich nicht zu den typischen Plains-Indianern.

Osage (26): Ein Stamm der Siouan-Sprachfamilie, der am gleichnamigen Fluß (Osage-River) und am Missouri-Fluß lebte. Die Osage waren berühmt bei den Stämmen der südlichen Plains wegen ihrer Tapferkeit. Bedeutend war die gesellschaftliche Organisation der Osage-Indianer.

Ottawa (27): Der Name bedeutet soviel wie »Händler«, denn die Ottawa waren bekannt als Zwischenhändler. Sie gehören zur Sprachfamilie der Algonquin, und ihre nächsten Verwandten sind die Chippewa und Potawatomi. Die Manitoulin-Inseln gelten als die Urheimat der Ottawa, erst später siedeln sie in Michigan. Die Ottawa waren treue Verbündete der Franzosen und geschätzt als Hilfstruppen. Pontiac war der berühmteste Häuptling der Ottawa. Rund 2000 Ottawa leben heute in den USA und etwa 1500 in Kanada.

Paiute (28): Dieser Sammelname bezeichnet zwei grundsätzlich verschiedene Gruppen. Die nördlichen Paiute waren kein eigentlicher Stamm, sondern gliederten sich in kleinere Gruppen, die alle zur Schoschonischen Untergruppe der Uto-Aztekischen Sprachfamilie gehörten. Die südlichen Paiute, auch als Digger bezeichnet, lebten als einfache Sammler in den wüstenähnlichen Gebieten von Utah, Arizona und Nevada. Die Paiute gehören zu den einfachsten Indianerkulturen Nordamerikas; zahlenmäßig gering, verschwand diese Kultur rasch unter dem Einfluß weißer Siedler.

Pawnee (29): Einer der Hauptstämme der Caddo-Sprachfamilie, die Arikara trennten sich erst spät von den Pawnee. Stets freundlich gegenüber den Weißen, stellten die Pawnee den größten Teil der Pfadfinder in den Indianerkriegen. Dennoch wurde der Stamm nach Oklahoma umgesiedelt, um Platz zu machen für weiße Siedler. Die Pawnee sind bekannt wegen ihrer Feindschaft gegen die Sioux, ihrer halblandwirtschaftlichen Kultur und ihrer Zahl. Ursprünglich etwa 12 000 bis 13 000 Menschen stark, verloren sie durch Seuchen den größten Teil ihrer Bevölkerung. Heute leben noch etwa 1000 Pawnee in Oklahoma.

Pima (30): Dieses Wort bedeutet in der Stammessprache »Nein« und ist sicher nur irrtümlich zum Namen geworden. Sie gehören als eigene Untergruppe zur Uto-Aztekischen Sprachfamilie. Ihre nächsten Verwandten sind die Papago und Quahatika in den USA und die Nevome in Mexiko. Rassisch gehören die Pima und ihre Nachbarn zu den ältesten Indianergruppen Nordamerikas.

Salish: Unter dieser Bezeichnung versteht man eine Anzahl von Gruppen der Salishan-Sprachfamilie, die sich in zwei große Abteilungen gliedert. Neben den Küstenstämmen dieser Sprachfamilie sind es besonders die *Inland-Salish* (Salisch), zu denen auch die *Sanpoil* (31) gehören, die in geschichtlicher Zeit mit den Stämmen des Columbiabeckens identifiziert worden sind. Die Gruppen am *Thompson-River* (32) gehören ebenfalls zur gleichen Sprachfamilie. Einige Stämme der *Inland-Salish* kamen als Flathead-Indianer (*Interior-Salish*) (33) unter den Einfluß der Plains-Kultur.

Sioux (34): Eigentlich Dakota, d. h. »Verbündete«, haben diese Indianer einer Sprachfamilie ihren Namen gegeben, zu der außer den Plains-Dakota auch noch eine Reihe weiterer Stämme gehören. Ursprünglich in Wisconsin und Minnesota ansässig, wurden sie in geschichtlicher Zeit in die Plains gedrängt, wo sie rasch zu typischen Bisonjägern wurden. Diese Verdrängung geht wahrscheinlich auf die Chippewa zurück. Die Dakota gehören zu den »klassischen Indianern«, nicht zuletzt durch ihren hartnäckigen Widerstand gegen die weißen Siedler. Gewöhnlich teilt man die Dakota in folgende Gruppen ein: Mdewkanton, Wahpeton, Wahpekute, Sisseton, Yankton, Yanktonai und Teton. Gegenwärtig zählen die Dakota rund 33 000 Mitglieder.

Tanaina (35): Stamm von nördlichen Jägern, der sprachlich zu den nördlichen Athapasken gehört. Das Stammesgebiet liegt in Süd-Alaska. Seit ihrer Entdekkung haben die Tanaina teilweise Gebiete besetzt, die vormals zum Siedlungsraum der Eskimo gehört haben müssen. Bedingt durch die Geographie, blieben diese Indianer lange Zeit ungestört von weißen Siedlern. Heute zählt der Stamm etwa 800 Mitglieder.

Tlingit (36): Die sprachliche Zugehörigkeit der Tlingit ist noch umstritten, kulturell gehören sie zur Fischereikultur der Nordwestküste. Der Untergang dieser Kultur hat sich erst vor einem Menschenalter vollzogen, als der Einfluß der westlichen Zivilisation übermächtig wurde. Daher besitzen wir genaue wissenschaftliche Unterlagen für diese Gruppen. Die ursprüngliche Hauptstadt von Russisch-Alaska, Sitka, lag auf dem Gebiet der Tlingit. Heute zählt der Stamm noch rund 4500 Mitglieder.

Tsimshian (37): Der Kultur der Nordwestküste zugehöriger Stamm von Fischern an der Mündung des Skeena-Flusses. Sprachlich gesehen sind die Tsimshian Mitglieder der Chimmesyan-Sprachfamilie. Die Tsimshian sind besonders durch ihre Schnitzkunst berühmt, die nur noch von den Haida übertroffen wurde. Zusammen mit diesen bildeten sie den Kern der Fischereikultur dieses Gebietes. Es ist anzunehmen, daß die Tsimshian erst verhältnismäßig spät aus dem Innern an die Küste vorgestoßen sind, wo sie vermutlich Teile der Tlingit verdrängten. Heute zählt der Stamm rund 1800 Mitglieder.

Wintu (38): Ein Stamm von Indianern im Tale des oberen Sacramento-Flusses ohne entwickelte Stammesorganisation. Man rechnet die Wintu und ihre Nachbarn, die Wintun, heute im allgemeinen zur Penutian-Sprachfamilie. Ursprünglich waren sie einfache Sammler und Jäger, doch verschwand ihre Kultur bald unter dem Einfluß der weißen Besiedlung, besonders unter dem Einfluß der Goldsucher. Wie bei allen kalifornischen Stämmen spielte auch bei den Wintu die Eichel als Nahrungsquelle eine große Rolle. Heute ist der Stamm fast völlig verschwunden, insgesamt wird die Zahl der Wintu auf unter 200 geschätzt.

Wishram (39): Sprachlich zur Chinook-Familie gehörig, sprachen die Wishram den gleichen Dialekt wie die Wasco. Sie lebten am Nordufer des Columbia-Flusses. 1937 existierten noch etwa 100 Mitglieder dieses Stammes, die ihre alte Kultur allerdings ganz eingebüßt hatten. Ursprünglich gehörten die Wishram zu den Kulturen des Columbia-Beckens, bei denen Fischfang, vor allem Lachsfang, eine wichtige Rolle spielte.

Yana (40): Kleinerer, heute völlig ausgestorbener Stamm von Indianern in Kalifornien, die hauptsächlich Jäger und Sammler waren. Die ihnen verwandten Yahi, heute ebenfalls verschwunden, gehörten gleich den Yana zur Hokan-Sprachfamilie. Über die Kultur dieser Stämme ist verhältnismäßig wenig bekannt. 1930 ergab eine Statistik noch 9 Yana, die allerdings sämtlich mit weißem Blut vermischt waren.

Yellow Knives (41): Eigentlich Tatsanottine oder auch Kupfer-Indianer genannt wegen des fast reinen Kupfers, das in ihrem Gebiete gefunden wird. Seit alter Zeit fertigten diese Indianer daraus Messer an, die an Nachbarstämme verhandelt wurden, daher der Name Yellow Knives (Gelbmesser). Sprachlich gehören sie zu den nördlichen Athapasken, kulturell sind sie wie auch ihre Verwandten, die Chippewyan, Jäger.

Yuchi (42): Sprachlich eigenständiger Stamm im südöstlichen Maisgebiet, seit alter Zeit wegen seiner kriegerischen Tüchtigkeit gefürchtet. Ursprünglich lag das Stammeszentrum wahrscheinlich im östlichen Tennessee. Teile der Yuchi sickerten in das Gebiet der Creek-Indianer und nach West-Florida ein. Auch unter den Cherokee gab es Splitter dieses Stammes. Heute ist der Stamm völlig verschwunden.

Zuni (43): Sprachlich eigenständige Gruppe von Pueblo-Indianern. Die Siedlungen der Zunis gaben den Anlaß zur Legende von den sieben Städten von Cibola (Zuni). Auf Grund dieser Legende zog der Spanier Coronado von Mexiko aus, um die Reichtümer der sieben Städte zu erobern. Bitter enttäuscht, fanden die Spanier nur einfache Pueblo-Siedlungen, die keinerlei Reichtümer enthielten und außerdem noch im Sturm genommen werden mußten. Die Zuni, seit dem 17. Jahrhundert unter dem Einfluß spanischer Padres, haben es verstanden, ihre alte Kultur und Religion zu bewahren, während die Missionskirche heute als Ruine dasteht. Fleißige Bauern, die auf dem spärlichen Boden mit Hilfe von künstlicher Bewässerung erstaunliche Erträge erzielen, sind die Zunis auch heute noch kulturell ungebrochen. Etwa 2000 Indianer gehören zu dieser Gruppe.

Bibliographie

Die hier aufgeführten Abkürzungen basieren auf dem System der American Folk-Lore Society und des Bureau of American Ethnology.

AA	American Anthropologist
BAM	Bulletin of the American Museum of Natural History, New York
BBAE	Bulletin of the Bureau of American Ethnology, Washington
CI	Publications of the Carnegie Institution, Washington
CU	Columbia University Contributions to Anthropology
FM	Field Museum of Natural History (früher Field Columbian Museum), Anthropological Series, Chicago
JAFL	Journal of American Folk-Lore
JE	Publications of the Jesup North Pacific Expedition
MAAA	Memoirs of the American Anthropological Association
MAFLS	Memoirs of the American Folk-Lore Society
PaAM	Anthropological Papers of the American Museum of Natural History, New York
PAES	Publications of the American Ethnological Society
RBAE	Annual Report of the Bureau of American Ethnology, Washington
UCal	University of California Publications in American Archeology and Ethnology

Adamson, Thelma
Folk Tales of the Coast Salish, MAFLS, Bd. XXVII, New York, 1934
Bancroft, Hubert Howe
The Native Races of the Pacific States of North America, New York, 1875
Barett, S. A.
The Material Culture of the Klamath Lake and Modoc Indians of Northeastern California and Southern Oregon, UCal, Bd. V, No. 4, Berkely, 1910
Bartlett, John Russell
Personal Narrative of Explorations and Incidents in Texas, New Mexico, California, Sonora, Chihuahua, etc. 2 Bände, New York, 1856
Beauchamp, William M.
Iroquois Folk Lore, The Onondaga Historical Association, Syracuse, N. Y., 1922
Bloomfield, Leonard
Menomini Tales, PAES, Bd. XII, New York, 1928
Boas, Franz
»Die Tsimshian«, Zeitschrift für Ethnologie, Bd. XX, 1888
Chinook Texts, BBAE, No. 20, Washington, 1894
Indianische Sagen von der nord-pacifischen Küste Amerikas, Berlin, 1895
»The Social Oganization and the Secret Societes of the Kwakiutl Indians«, Report of the U. S. National Museum for 1895, Washington, 1897

»The Mythology of the Bella Coola Indians«, JE, Bd. I, Leiden und New York, 1898
Kathlamet Texts, BBAE, No. 26, Washington, 1901
Tsimshian Texts, BBAE, No. 27, Washington, 1902
»The Kwakiutl of Vancouver Island«, JE, Bd. V, New York, 1909
Kwakiutl Tales, CU, Bd. II, New York, 1910
Tsimshian Texts, PAES, Bd. III, 2. Teil; New York, 1912
Tsimshian Mythology, RBAE (31), Washington, 1916
Kutenai Tales, BBAE, No. 59, Washington, 1918
Keresan Texts, PAES, Teil 1 (1928) und 2 (1925), New York
Primitive Art, New York 1927, 1955
Bella Bella Tales, MAFLS, Bd. XXV, New York, 1932
Kwakiutl Culture as reflected in Mythology, MAFLS, Bd. XXVIII, New York, 1935
–, (Ed.)
Folk-Tales of the Salishan and Sahaptian Tribes, MAFLS, Bd. XI, New York, 1917
– und Hunt, George
Kwakiutl Texts, JE, Teil 1 in Bd. III (1902, 1905), Teil 2 in Bd. X (1906), New York und Leiden
Bogoras, Waldemar
Koryak Texts, PAES, Bd. V, Leiden und New York, 1917
Bourke, John G.
»Notes on Apache Mythology«, JAFL, Bd. III, 1890
The Snake Dance of the Moquis of Arizona, New York, 1884
Brinton, Daniel G.
American Hero-Myths, a study in the native religion of the western continent, Philadelphia, 1882
Browne, J. Ross
Adventures in Apache Country, etc., New York, 1869
Buliard, Roger
Inuk, New York, 1951
Bunzel, Ruth L.
Zuni Texts, PAES, Bd. XV, New York, 1933
Bushnell, David I. jr.
»Myths of the Louisiana Choctaw«, AA, Bd. XII, No. 4, 1910
The Choctaw of Bayou Lacomb, BBAE, No. 48, Washington, 1909
Catlin, George
Letters and Notes on the Manners, Customs, and Conditions of the North American Indians, 2 Bde., New York, 1841
Chapman, John W.
»Notes on the Tinneh Tribe of Anvik, Alaska«, Congrès International des Américanistes, XV Session, 2. Teil, Quebec, 1907
Corbusier, William F.
»The Apache-Yumas and Apache-Mojaves«, American Antiquarian, Bd. VIII, 1886
Crane, Warren E.
Indianermärchen, Zürich, 1948

Cremony, John C.
Life among the Apaches, San Francisco, 1877
Culin, Steward
»Games among the North American Indians«, RBAE (27), Washington, 1907
Curtin, Jeremiah
Myths of the Modocs, Boston, 1912
Creation Myths of Primitive America, Boston, 1898
»Seneca Fiction, Legends, and Myths«, RBAE (32), Washington, 1918
Curtis, Edward S.
The North American Indian, 20 Bde. und 20 Bildmappen; Cambridge (Mass.), 1907 ff.
Davis, Edward H.
The Papago Ceremony of Vikita, Museum of the American Indian, Heye Foundation, Indian Notes and Monographs, Bd. III, No. 4, New York, 1920
Deloria, Ella
Dakota Texts, PAES, Bd. XIV, New York, 1932
Dixon, Roland B.
The Northern Maidu, BAM, Bd. XVII, Teil 3, New York, 1905
»The Mythology of the Central and Eastern Algonkins«, JAFL, Bd. XXII, 1909
The Chimariko Indians and Language, UCal, Bd. V, No. 3, Berkeley, 1910
Maidu Texts, PAES, Bd. IV, Leiden und New York, 1912
Dorsey, George A.
Traditions of the Arapaho, FM, Bd. V, 1903
Traditions of the Arikara, CI, No. 17, 1904
Traditions of the Osage, FM, Bd. VII, No. 1, 1904
Traditions of the Skidi Pawnee, MAFLS, Bd. VIII, New York, 1904
The Mythology of the Wichita, CI, No. 21, 1904
Traditions of the Caddo, CI, No. 41, 1905
The Ponca Sun Dance, FM, Bd. VII, No. 2, 1905
The Pawnee: Mythology, Teil I, CI, No. 59, 1906
Dorsey, James Owen and Swanton, John R.
A Dictionary of the Biloxi and Ofo Languages, accompanied with 31 Biloxi texts, etc. BBAE, No. 47, Washington, 1912
Drucker, Philip
Indians of the Northwest Coast, Anthropological Handbook No. 10, American Museum of Natural History, New York, 1955
Du Bois, Constance Goddard
The Religion of the Luiseño Indians of Southern California, UCal, Bd. VIII, No. 3, 1908
Eggan, Fred (Ed.)
Social Anthropology of North American Indian Tribes, Chicago, 1937
Eickhoff, H.
»Die Kultur der Pueblos in Arizona und New Mexico«, Studien und Forschungen zur Menschen- und Völkerkunde, Bd. IV, Stuttgart, 1908
Forde, C. Daryll
Ethnography of the Yuma Indians, UCal, Bd. XXVIII, No. 4, 1931

Frachtenberg, Leo J.
Alsea Texts and Myths, BBAE, No. 67, Washington, 1920
Coos Texts, CU, Bd. I, New York, 1913
Lower Umpqua Texts, CU, Bd. IV, New York, 1914
Garber, Clark M.
Stories and Legends of the Bering Strait Eskimos, Boston, 1940
Gifford, Edward W.
Clans and Moities in Southern California, UCal, Bd. XIV, No. 2, Berkeley, 1918
»Yuma Dreams and Omens«, JAFL, Bd. XXXIX, 1926
The Kamia of Imperial Valley, BBAE, No. 97, Washington, 1931
The Southeastern Yavapai, UCal, Bd. XXIX, No. 3, 1932
Goddard, Pliny Earle
Hupa Texts, UCal, Bd. I, Berkeley, 1904
Kato Texts, UCal, Bd. V, Berkeley, 1909
Jicarilla Apache Texts, PaAM, Bd. VIII, New York, 1911
Chippewyan Texts, PaAM, Bd. X, New York, 1912
Chilula Texts, UCal, Bd. X, Berkeley, 1914
San Carlos Apache Texts, PaAM, Bd. XXIV, New York, 1919
White Mountain Apache Texts, PaAM, Bd. XXIV, New York, 1920
Navaho Texts, PaAM, Bd. XXXIV, New York, 1933
Goodwin, Grenville
»The Social Divisions and Economic Life of the Western Apache«, AA, Bd. XXXVII, No. 1, 1935
»White Mountain Apache Religion«, AA, Bd. XL, No. 1, 1938
Myths and Tales of the White Mountain Apache, MAFLS, Bd. XXXIII, New York, 1939
Grinell, George Bird
Pawnee Hero Stories and Folk-Tales, New York, 1889
Blackfoot Lodge Tales, New York, 1903
Haile, Berard
Head and Face Masks in Navaho Ceremonialism, St. Michaels, 1947
Harrington, John P.
»A Yuma Account of Origins«, JAFL, Bd. XXI, 1908
Karuk Indian Myths, BBAE, No. 107, Washington, 1932
Hearne, Samuel
A Journey from Prince of Wales' Fort in Hudson Bay to the Northern Ocean, London, 1795
Hewitt, J. N. B.
Iroquoian Cosmology, RBAE (21), Washington, 1903
Hibben, Frank C.
Treasure in the Dust, New York, 1951
Himmelheber, H.
Der gefrorene Pfad, Eisenach, 1951
Hodge, Frederick Webb
»The Early Navaho and Apache«, AA, Bd. VIII, No. 3, 1895
Handbook of American Indians North of Mexico, BBAE, No. 30, 2 Bde., Washington, 1907 und 1910

Hoijer, Harry
»The Southern Athabaskan Languages«, AA, Bd. XL, No. 1, 1938
Chiricahua and Mescalero Apache Texts, University of Chicago Publications in Anthropology, Chicago, 1938
Holtved, Erik
The Polar Eskimo, 2 Teile, Meddelelser om Grønland, Bd. 152, No. 1 und 2, Kopenhagen, 1951
Jenness, Diamond
Myths and Traditions from Northern Alaska, the Mackenzie Delta and Coronation Gulf, Report of the Canadian Arctic Expedition 1913–18, Southern Party 1913–16, Bd. XIII, Teil A, Ottawa, 1924
Jones, William
Fox Texts, PAES, Bd. I, New York, 1907
Kickapoo Tales, PAES, Bd. IX, New York, 1915
Ojibwa Texts, PAES, Bd. VII, New York, 1917 (1. Teil); 1919 (2. Teil)
Konitzky, Gustav A.
»Navajos, die letzten Nomaden Nordamerikas«, Kosmos, Bd. L, Stuttgart, 1954
»Die Indianer der Mesa Verde«, Kosmos, Bd. LI, Stuttgart, 1955
»Indianermasken in Nordamerika«, Kosmos, Bd. LII, Stuttgart, 1956
Krause, Aurel
Die Tlingit Indianer, Jena, 1885
Krickeberg, W.
Indianermärchen aus Nordamerika, Jena, 1924
Kroeber, A. L.
»A Preliminary Sketch of the Mohave Indians«, AA, New Series, Bd. IV, 1902
Indian Myths of South Central California, UCal, Bd. IV, 1907
Gros Ventre Myths and Tales, PaAM, Bd. I, New York, 1908
Yuman Tribes of the Lower Colorado, UCal, Bd. XVI, No. 8, 1920
Handbook of the Indians of California, BBAE, No. 78, Washington, 1925
Cultural and Natural Areas of Native North America, UCal, Bd. XXXVIII, Berkeley, 1939
Leland, Charles, G.
The Algonquin Legends of New England, New York, 1884
Letherman, Jona
»Sketch of the Navajo Tribe of Indians, Territory of New Mexico«, Smithsonian Report for 1855, Washington
Lloyd, J. William
Aw-aw-tam Indian Nights, Westfield, N.J., 1911
Long, S. H.
Account of an Expedition from Pittsburgh to the Rocky Mountains, performed in the years 1819, 1820, etc., Cleveland, Ohio, 1905
Lowie, Robert H.
»The Test-theme in North American Mythology«, JAFL, Bd. XXI, 1908
Chippewyan Tales, PaAM, Bd. X, New York, 1912
Social Life of the Crow Indians, PaAM, Bd. IX, 2. Teil, New York, 1912
Myths and Traditions of the Crow Indians, PaAM, Bd. XXI, 1924
Notes on Shoshonean Ethnography, PaAM, Bd. XX, New York, 1924

MacCauley, Clay
The Seminole Indians of Florida, RBAE (5), Washington, 1888
McGee, W. J.
The Siouan Indians, RBAE (16), Washington, 1895
Mason, J. Alden
»The Papago Harvest Festival«, AA, new series, Bd. XXII, 1920
Matthews, Washington
Ethnography and Philology of the Hidatsa Indians, U.S. Geological and Geographical Survey, miscellaneous publications, No. 7, Washington, 1877
»A Part of the Navajo's Mythology«, American Antiquarian, Bd. V, No. 3, Chicago, 1883
Navaho Legends, MAFLS, Bd. V, Boston und New York, 1897
Navaho Myths, Prayers, and Songs, UCal, Bd. V, No. 2, Berkeley, 1907
Mechling, W. H.
Malecite Tales, Canadian Department of Mines, Geological Survey, Memoir 49 (No. 4 Anthropological Series), Ottawa, 1914
Mooney, James
The Siouan Tribes of the East, BBAE, No. 22, Washington, 1884
Myths of the Cherokee, RBAE (19), Washington, 1900
Morgan, Lewis H.
League of the Hode-no-sau-nee or Iroquois, 2 Bde., New York, 1901
Mowat, Farley
People of the Deer, Boston, 1952
Murdock, George Peter
Our Primitive Contemporaries, New York, 1934
O'Bryan, Eileen
The Diné: Origin Myths of the Navaho Indians, BBAE, No. 163, Washington, 1956
O'Kane, Walter Collins
Sun in the Sky, Norman, Oklahoma, 1950
Opler, Morris Edward
»The Concept of Supernatural Power among Chiricahua and Mescalero Apaches«, AA, Bd. XXXVII, No. 1, 1935
»A Summary of Jicarilla Apache Culture«, AA, Bd. XXXVIII, No. 2, 1936
»The Influence of Aboriginal Pattern and White Contact on a Recently Introduced Ceremony, the Mescalero Peyote Cult«, JAFL, Bd. IL, 1936
»The Kinship System of the Southern Athabaskan-Speaking Tribes«, AA, Bd. XXXVIII, 1936
»An Outline of Chiricahua Apache Social Organization«, (s. Eggan, Fred)
Dirty Boy: A Jicarilla Tale of Raid and War, MAAA, No. 52, 1938
Myths and Tales of the Jicarilla Apache Indians, MAFLS, Bd. XXXI, New York, 1938
Myths and Legends of the Lipan Apache Indians, MAFLS, Bd. XXXVI, New York, 1940
An Apache Life-Way, The Economic, Social and Religious Institutions of the Chiricahua Indians, Chicago, 1941
Myths and Tales of the Chiricahua Apache Indians, MAFLS, Bd. XXXVII, 1942

Parson, Elsie Clews
»Die Flucht auf den Baum«, Zeitschr. für Ethnologie, 54. Jahrgang, 1922
Tewa Tales MAFLS, Bd. XIX, New York, 1927
»Notes on the Pima, 1926«, AA, new series, Bd. XXX, 1928
Kiowa Tales, MAFLS, Bd. XXII, New York, 1929
Petitet, Emile
Traditions Indiennes du Canada Nord-Ouest, Paris, 1886
Pike, Warburton
The Barren Grounds of Northern Canada, London, 1892
Poncins, Gontran de
Kabloona, New York, 1941
Powell, J. W.
Exploration of the Colorado River of the West and its Tributaries, Washington, 1875
Powers, Stephen
Tribes of California, Contributions to North American Ethnology, Smithsonian Institution, Washington, 1877
Prince, John Dyneley
Passamaquoddy Texts, PAES, Bd. X, New York, 1921
Radin, Paul
Some Myths and Tales of the Ojibwa of Southeastern Ontario, Canada Department of Mines, Geological Survey, Memoir 48, (No. 2, Anthropological Series), Ottawa, 1914
Rand, Silas Tertius
Legends of the Micmacs, New York, 1894
Rasmussen, Knud
Myter og sagn fra Grønland, 3 Bde., Kopenhagen, 1921–25
Reichard, Gladys A.
»Literary Types and Dissemination of Myths«, JAFL, Bd. XXXIV, 1921
Riggs, Stephen Return
Dakota Grammar, Texts and Ethnography, Contributions to North American Ethnology, Smithsonian Institution, Washington, 1893
Robinson, Doane
A Comprehensive History of the Dakota or Sioux Indians, South Dakota Historical Collections, Bd. II, 1904
Roe, Frank Gilbert
The Indian and the Horse, Norman, Oklahoma, 1955
Roediger, Virginia More
Ceremonial Costumes of the Pueblo Indians, Berkeley, 1941
Russell, Frank
The Pima Indians, RBAE (26), Washington, 1908
Sapir, Edward
Wishram Texts, PAES, Bd. II, New York, 1909
Texts of the Kaibab Paiutes and Uintah Utes, Proceedings of the American Academy of Arts and Sciences, Bd. LX, No. 2, Boston, 1930
Schoolcraft, Henry R.
Oneota, or characteristics of the Red Race of America, New York und London, 1845

Notes on the Iroquois, Albany, N.Y., 1847
Information respecting the History, Condition and Prospects of the Indian Tribes of the United States, Philadelphia, 1854
Shinn, Hazen G.
Shoshonean Days, Recollections of a residence of five years among the Indians of Southern California, 1885–1889. Glendale, California, 1941
Simms, Stephen Chapman
Traditions of the Crows, FM, Bd. II, Chicago, 1903
Simpson, James H.
Report of an Expedition into Navajo Country in 1849, Senate Executive Documents, 64, 31. Congress, 1. Periode, 1850
Skinner, Alanson
Notes on the Eastern Cree and Northern Saulteaux, PaAM, Bd. IX, New York, 1911
Speck, Frank G.
Ethnology of the Yuchi Indians, Anthropological Publications of the University Museum, University of Pennsylvania, Bd. I, No. 1, 1909
Spier, Leslie
Southern Diegueno Customs, UCal, Bd. XX, 1923
Havasupai Ethnography, PaAM, Bd. XXIX, 1928
Klamath Ethnography, UCal, Bd. XXX, 1930
Yuman Tribes of the Gila River, University of Chicago Publications in Anthropology, Chicago, 1933
Spinden, Herbert
Nez Percé Tales, MAFLS, Bd. XI, New York, 1917
Stephen, A. M.
»The Navajo«, AA, Bd. IV, Washington, 1893
Steward, Julian H.
Notes on Hiller's Photographs of the Paiute and Ute Indians, taken on the Powell Expedition of 1873. Smithsonian Miscellaneous Collection, Bd. 98, No. 18
Swanton, John R.
Haida Texts and Myths, BBAE, No. 29, Washington, 1905
Tlingit Texts and Myths, BBAE, No. 39, Washington, 1909
Indian Tribes of the Lower Mississippi Valley and adjacent coast of the Gulf of Mexico, BBAE, No. 43, Washington, 1911
Early History of the Creek Indians and their Neighbors, BBAE, No. 73, Washington, 1922
Myths and Tales of the Southeastern Indians, BBAE, No. 88, Washington, 1929
The Indian Tribes of North America, BBAE, No. 145, Washington, 1953
Teit, James
Traditions of the Thompson River Indians of British Columbia, MAFLS, Bd. VI, New York, 1898
Thompson, Stith
European Tales among the North American Indians, Colorado College Publications, General Series, No. 100 und 101, Colorado Springs, 1919

Tales of the North American Indians, Cambridge (Mass.), 1929
The Folktale, New York, 1951
Voth, Henry R.
The Traditions of the Hopi, FM, Bd. VIII, Chicago, 1905
Wagner, Guenther
Yuchi Tales, PAES, Bd. XIII, New York, 1931
Waterman, T. T.
»The Explanatory Element in the Folk-tales of the North American Indians«, JAFL, Bd. XXVII, 1914
Wissler, Clark
The American Indian, New York, 1950
North American Indians of the Plains, American Museum of Natural History, Anthropological Handbook Series, No. 1, New York, 1927
and Duvall, D. C.
Mythology of the Blackfoot Indians, PaAM, Bd. II, Teil 1, New York, 1908

INHALT